刀剣画報 PRESENTS

並べてわかる戦国時代
日本史・世界史
並列年表

監修
安藤優一郎

Hobby JAPAN

はじめに

日本は島国であるがゆえに、陸続きの他国に比べれば国際情勢の影響を受けにくい環境下にあった。その象徴的な時代と言えば、何といっても鎖国というフレーズとセットで語られることの多い江戸時代だろう。

しかし、それは日本の歴史が世界の歴史の影響を受けなかったことを意味するものでは全くない。古来、日本の政治・経済・社会・文化は中国大陸や朝鮮半島の動向に強く影響されていたからだ。

そうした流れが室町時代まで続くが、戦国時代に突入すると、日本を取り巻く環境は新たな展開をみせる。世界が大航海時代に入ったことを契機に、ポルトガルやオランダなどヨーロッパ諸国がキリスト教の布教や貿易のため日本に来航するようになった。それまでは中国など東洋社会の影響を受けるのみだったが、ここに西洋社会の影響も受ける段階に入る。

まさしく、グローバル化の波が日本に押し寄せてきた。日本の歴史と世界の歴史が切り結ぶ時代に入っていくのである。戦国時代の歴史とは世界史の影響を本格的に受けはじめた時代だった。

本年表はそんな視角のもと、戦国時代と世界史の流れを同時に理解できるように工夫された優れ物だ。この年表を通して、戦国時代が世界史とリンクしながら展開している様子をリアルに感じていただければ望外の喜びとするところである。

安藤優一郎

並べてわかる戦国時代　日本史・世界史並列年表

第3章 天下人の登場と、覇権国家への階段を駆け上るイングランド

第4章

“徳川の平和”の始まりと戦乱の続くヨーロッパ　106

押さえておきたい!

室町時代

戦乱の時代を招いた弱い将軍と強すぎる補佐役

カリスマなる義満の死と、義教の「万人恐怖」政治

1408年(応永15)、武家・公家・寺家の「三界」に君臨していた足利義満が51歳で没すると、室町幕府の権威は揺らぎ始める。

1428年(正長元)に4代将軍足利義持が没すると、義満の第3子で僧籍にあった義円が、くじ引きで将軍に選ばれ、還俗して「義教」に改名。幕府の第6代将軍となった。義教は「万人恐怖」と形容される専制支配を行なったため、有力守護の赤松満祐に殺害された。これを「嘉吉の変」と呼ぶ。

義教が殺された翌年、1442年(嘉吉2)、義教の子義勝が将軍職に就任した。義勝はまだ9歳。政務などとれるはずもなく、一切は管領の細川持之が取りしきった。事実上の将軍不在という事態に、幕府重職者の思惑や利害が絡み、互いが互いを敵視する空気が幕府内に醸成され始めた。

1443年(嘉吉3)、足利義勝が10歳で病没すると、義勝の弟で8歳になる三春丸が、足利将軍家の家督を相続した。三春丸が後見人となった実母の日野重子のもとで育成されている最中、幕府内では重職者たちによる政争がますます激化。三春丸が征夷大将軍に就任し、室町幕府の第8代将軍義政となった際には、事態は最早、如何ともしがたい状態になっていた。

応仁・文明の乱により、有力守護の足元も揺らぐ

こうしたなか将軍を補佐すべきはずの管領家畠山氏で、家督争いが勃発。さらに関東では同地を統べる鎌倉公方が、古河公方と堀越公方に分裂していた。そして1467年(応仁元)、「応仁・文明の乱」が勃発する。京都を主戦場とする近畿一帯で、有力守護たちが東軍・西軍に分かれて激突したのだ。乱は1477年(文明9)に終結するまで足かけ10年にわたった。

この間、乱に参陣していた有力守護の国許では、守護の統制力低下を受けて、守護代・国人などの土着勢力が台頭し始めた。

1493年(明応2)、京都で「明応の政変」が勃発する。第10代将軍足利義材(のちに義稙)が河内(大阪府東部)で軍事行動を行なっている最中、幕府管領細川政元がクーデターを敢行し、足利義澄を将軍の座に据えてしまったのだ。

家臣が自身の一存で将軍の首を挿げ替えた現実を見た有力守護は、将軍の権威が失墜していること、幕府が機能不全に陥っていることを察し、次々と帰国。幕府を権威に頼らず、自前で領国を経営していく道を選んだ。

これは公の裁定によらず、暴力で問題を解決することを意味していた。領国内では守護と力をつけた守護代や国人との争いも発生し、勝利した者が戦国大名となり、武力による版図の拡大に乗り出し始めるのである。

その頃世界は!?

室町時代の世界情勢

- 1339年　英仏百年戦争が勃発する。
- 1348年頃　西ヨーロッパでペストが大流行する。
- 1351年　中国で紅巾の乱が勃発する。
- 1356年　神聖ローマ帝国で金印勅書が出される。
- 1368年　朱元璋、明を建国する。
- 1370年　中央アジアでティムール帝国が成立する。
- 1378年　カトリック教会大分裂が起こる。(~1417年)

戦国時代を招いた 室町幕府の統治機構と戦国大名化3つのパターン

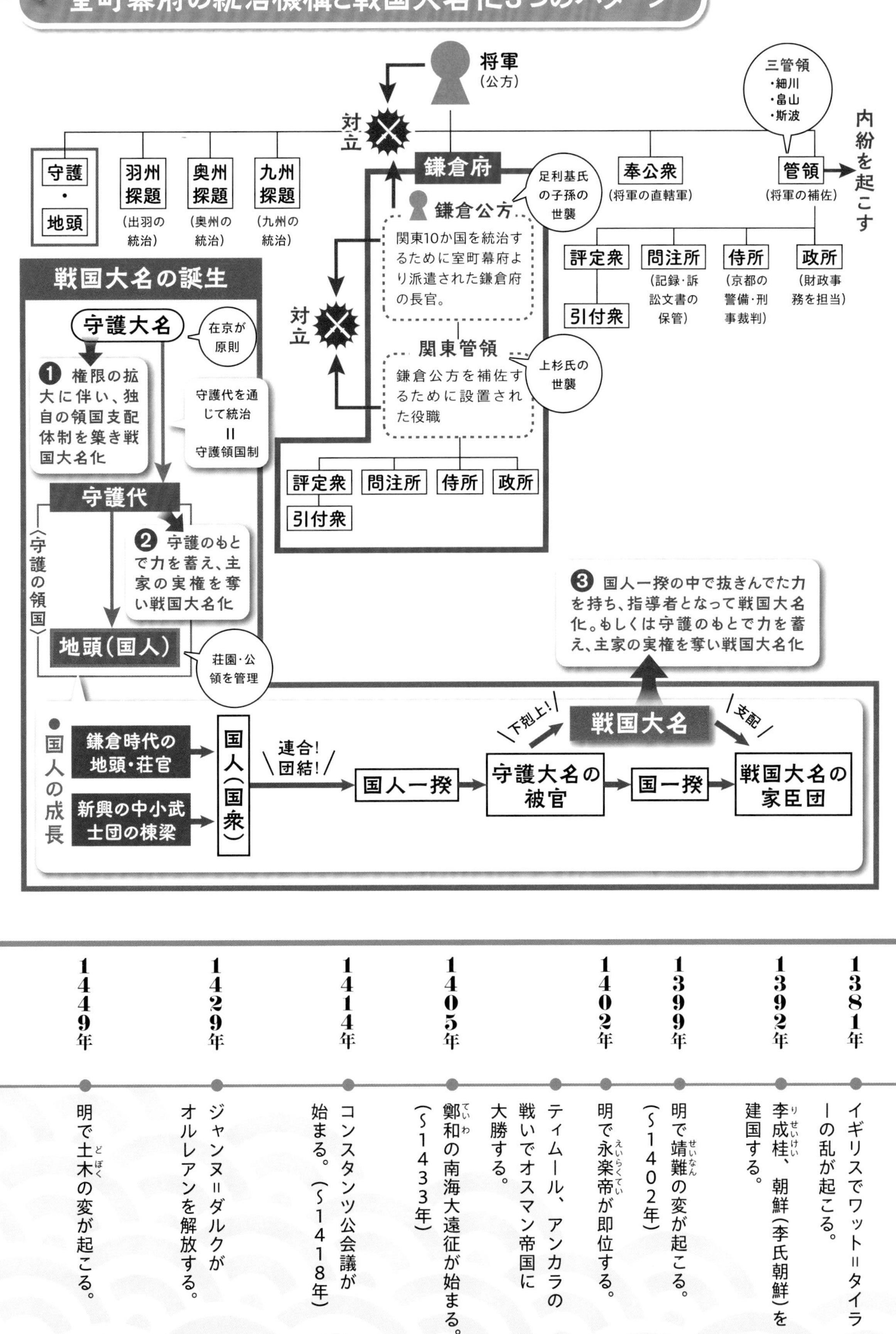

1381年 イギリスでワット＝タイラーの乱が起こる。

1392年 李成桂（りせいけい）、朝鮮（李氏朝鮮）を建国する。

1399年 明で靖難（せいなん）の変が起こる。（〜1402年）

1402年 明で永楽帝（えいらくてい）が即位する。
ティムール、アンカラの戦いでオスマン帝国に大勝する。

1405年 鄭和（ていわ）の南海大遠征が始まる。（〜1433年）

1414年 コンスタンツ公会議が始まる。（〜1418年）

1429年 ジャンヌ＝ダルクがオルレアンを解放する。

1449年 明で土木（どぼく）の変が起こる。

1468年（応仁2）頃の勢力図

朝倉孝景の自立

応仁・文明の乱のさなか、朝倉孝景が一乗谷で自立し、越前を手に入れる。

加賀一向一揆

1488年（長享2）、守護の権力強化を進める富樫政親を一向宗門徒が襲撃。自刃へと追い込み、加賀で自治を開始する。

太田道灌の活躍

長尾春景の乱の鎮圧に貢献した太田道灌が、文明18年（1486）、主の扇谷上杉定正に謀殺される。

北条早雲の駿河入り

北条早雲（伊勢宗瑞）が駿河へと下向し、姉（妹）の嫁ぎ先である今川氏の家督争いに介入。さらにその後、伊豆へ討ち入って同地にて独立した。

この頃の世界史

1453年
- オスマン帝国によりコンスタンティノープル陥落し、ビザンツ帝国が滅亡する。
- 英仏百年戦争が終結する。

1455年
- イギリスでばら戦争が勃発する。
- グーテンベルクが活版印刷術を発明する。

1474年
- トスカネリが地球球体説に基づく「世界地図」を作成する。

1479年
- スペイン王国が成立する。

1480年
- モスクワ大公国が自立する。

1485年
- ボズワースの戦いでリチャード3世が敗死し、ばら戦争が終結する。
- イギリスでヘンリー7世がテューダー朝を開く。

1488年
- ポルトガル人ディアスが喜望峰に到達する。

1492年
- グラナダが陥落し、ナスル朝が滅亡する（レコンキスタ完了）。
- コロンブスがアメリカ大陸に到達する。

第1章

戦国時代の始まりと中世の終わり

室町時代中期の日本――。関東では、鎌倉公方家を渦の中心とする争いが全域に拡大。
一方、京都では、将軍家の後継争いに、管領家の家督争いと
有力守護の権力争いが相乗りして応仁・文明の乱が勃発した。

その頃、ヨーロッパでは、ジャンヌ･ダルクやエドワード黒太子らが活躍した英仏の百年戦争が終結し、
オスマン帝国がビザンツ帝国を滅ぼすという出来事が同じ1453年に起こっている。
またイベリア半島ではスペイン、ポルトガルが大航海時代に突入するという
歴史の大きな転換点を迎えていた。ポルトガル人ディアスが喜望峰に到達し、
スペインの援助を得たコロンブスがアメリカ大陸に到達している。

1451年～1460年

関東が全国に先んじて戦国の世に突入した頃、オスマン帝国によりコンスタンティノープルが陥落した！

1450

日本

1450年（宝徳2）

4月、関東公方・**足利成氏**、江ノ島合戦で上杉勢を破る。

6月、**細川勝元**が龍安寺を建立する。

＼行ってみたい／
歴史スポット

石庭で名高い京都の龍安寺。

1454年（享徳3）

12月、関東公方・足利成氏が**関東管領**・上杉憲忠を謀殺し、**享徳の乱**が勃発する。（～1483年）

西洋

1453年

コンスタンティノープル陥落し、**ビザンツ帝国**が滅亡する。英仏の**百年戦争**が終結する。

1454年

イタリアの列強（フィレンツェ・ミラノ・ヴェネツィア・教皇・ナポリ）間で**ローディの和**が結ばれる。

世界史の絵画

『コンスタンティノープルの陥落』

（ジャン＝ジョゼフ＝バンジャマン・コンスタン）

ビザンツ帝国の都コンスタンティノープルは堅固な守りを誇ったが、出撃した兵士が戻ったあとに門を閉め忘れ、そこからオスマン兵に城壁内へなだれ込まれ陥落したという。

中国・東アジア

1453年

オイラートの**エセン・ハン**、大ハンを称する。

豆知識

コンスタンティノープル攻略に際し、封鎖された金角湾内へ艦隊を進出させるため、メフメト2世は金角湾北側の陸地に金角湾へとつながる道を通した。そこへ油脂を塗った丸太を敷き詰めると、艦隊を陸に引き上げて丸太の上に乗せ夜闇に乗じて山を越えて金角湾に運んでしまった。

メフメト2世

その他

西アジア・インド・アメリカなど

1451年

インドでロディー朝が成立する。

オスマン帝国で**メフメト2世**が即位する。

1453年

メフメト2世、コンスタンティノープルを攻略。

1455年（康正1）

1月、京都市中に**「三魔」**の落書が立つ。

6月、足利成氏、鎌倉を放棄して下総古河へ移る**（古河公方）**。

1457年（長禄1）

5月、蝦夷にて**コマシャインの戦い**が起こる。

この頃、**太田道灌**が江戸城を築く。

豆知識

管領家のひとつ畠山氏の家督争いが勃発。これに介入した足利義政は、この後もさらに政長の家督を取り上げて再び義就に戻すなど優柔不断な対応を見せた。応仁・文明の乱の発端はこうした将軍のあいまいな態度が原因のひとつとされる。

1459年（長禄3）

1月、8代将軍・**足利義政**の乳母・**今参局**、御台所・**日野富子**の讒訴により自害する。

1460年（寛正1）

9月、足利義政、**畠山義就**の家督を取り上げて政長に与える。

1455年

王位を巡り**ばら戦争**が勃発する。（～1485年）

王位を巡り争ったヨーク家とランカスター家の紋章が、それぞれ白ばらと赤ばらであったことから、「ばら戦争」の名で呼ばれる。

ヨーク家

ランカスター家

この頃、**グーテンベルク**の聖書が印刷される。

1459年

教皇ピウス2世、**オスマン帝国**に対する十字軍遠征を呼びかけるも不調に終わる。

ピウス2世

1460年

ばら戦争において**ヨーク公リチャード**が戦死し、長子の**エドワード**がヨーク家を継承する。

豆知識

ピウス2世の要請に応じる国はほとんどなく、1463年に再び十字軍を勧告する教書を発表し、十字軍の出発地となるアンコナに赴くが軍勢は現れず、失意のうちに同地で没した。

1455年

明で世祖が即位する。

1457年

土木の変で捕虜になっていた**天順帝**が明に帰還し、復位する**（正統帝）**。

正統帝

豆知識

土木の変で捕虜となった正統帝は、中国史上、統一王朝の皇帝のなかで唯一、野戦で捕虜となった皇帝とされる。

1460年

オスマン帝国、ギリシャ全土を制圧する。

この時代の

日本史

2人の鎌倉公方が並存 関東が戦国時代に突入

室町幕府は鎌倉府を置いて、関東8ヶ国と伊豆・甲斐(山梨県)の計10ヶ国を支配していた。

鎌倉府の長たる鎌倉公方は、初代公方の足利基氏の子孫が世襲し、公方を補佐する関東管領は、上杉氏が任じられていたが、両者は常に対立し、軍事衝突を繰り返した。

1454年(享徳3)、鎌倉公方・足利成氏が、関東管領・上杉憲忠を謀殺したことが引き金となって、享徳の乱が発生する。この翌年、足利成氏は上杉顕房と戦ったのち、下総国古河(栃木県古河市)に移った(古河公方)。関東が無秩序になったことを受けて、扇谷上杉氏に仕える太田道灌は1457年(長禄元)、江戸城を築いて、争乱の拡大に備えた。

これと同じ年、幕府は足利成氏征討のため、将軍・義政の異母兄の足利政知を新たに鎌倉公方に任じて派遣した。

しかし、鎌倉に入れなかったため、伊豆の堀越に御所を構えた(堀越公方)。鎌倉公方の分裂という異常事態により、関東は他の地域に先駆けて、戦国時代へと突入する。

将軍家と幕府に漂う不穏な雰囲気

京都では「三魔」が幕政を好き勝手にしたあたりから、幕府の屋台骨が揺らぎ始めていた。三魔とは8代将軍足利義政の乳母今参局、近臣の有馬持家、義政の生母・日野重子に近い烏丸資任のこと。3人とも名前に「ま」が入るので、「幕政は三魔の思うまま」と落書で揶揄されていた。3側近に政治を思うままにされたことで、幕府内部で将軍権力の弱体化が著しかった。

しかし、これに無自覚な義政は、管領家畠山氏の家督相続に介入。これが畠山氏内部の対立に、火に油を注ぐ結果となった。

この時代の

世界史

ビザンツ帝国の滅亡と、イギリスでヨーク朝樹立

1453年、ヨーロッパの東西で2つの大きな戦争が終結する。東での戦争終結は、オスマン帝国によるコンスタンティノープルの制圧だ。

これによりビザンツ帝国(東ローマ帝国)は、1000年の歴史に幕を下ろした。

一方、西での戦争終結とは、イングランドとフランスのあいだで行なわれた「百年戦争」の終結をいう。大陸におけるイングランド勢力を駆逐したいフランスに、イングランドのエドワード3世がフランスの王位継承権を主張して始まった戦争だ。

金細工業や毛織物業などの商工業によって、ヨーロッパ随一の経済圏となっていたフランドル地方の利権を確保したいイングランド側の思惑もあって、あいだを置きながらも、1339年から1453年まで行なわれた。

最終的にはフランスが、国土からイングランド勢力の駆逐を完了して終結している。

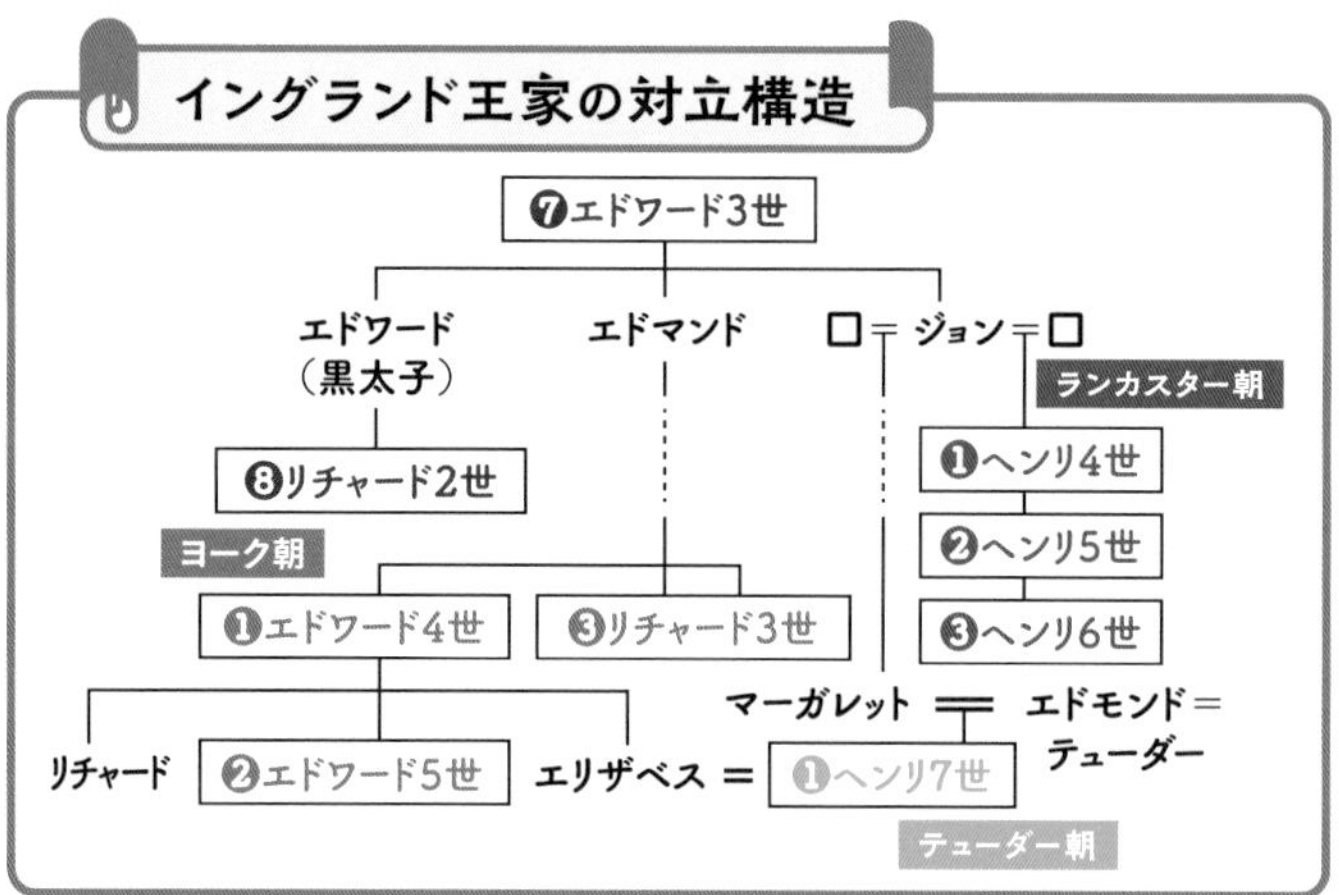

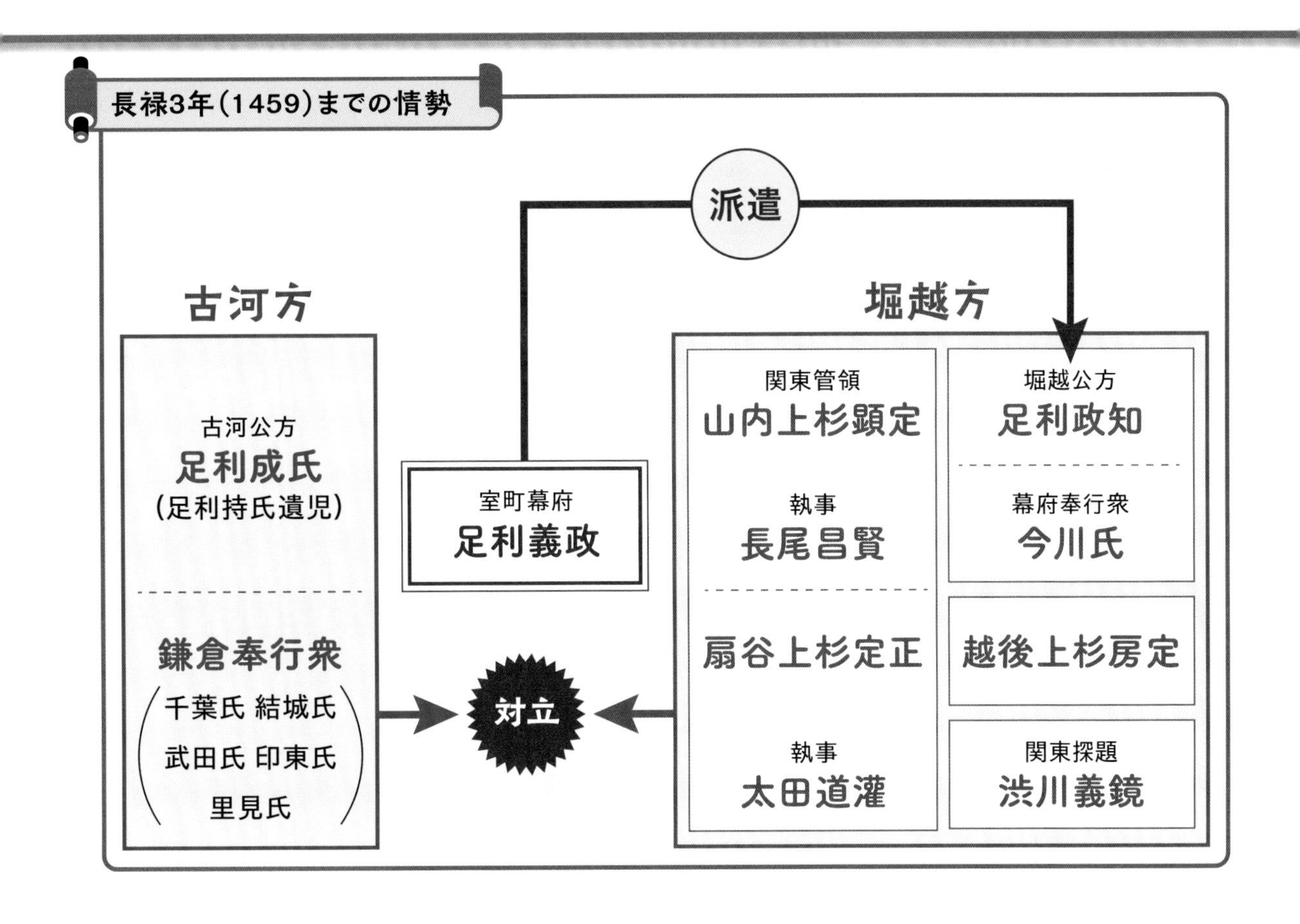

百年戦争に続き、ばら戦争が勃発

この2年後、イングランドで「ばら戦争」が勃発する。エドワード3世の孫ヨーク公リチャードが、イギリスを支配するランカスター家に対して、王位継承権を主張して決起したのだ。「百年戦争」によって、戦力維持のため大量の家臣団を召し抱えさせられて困っていた家臣団は、これ幸い！とばかり、ランカスター家かヨーク家について戦った。戦況はヨーク家側に有利に展開し、1460年にヨーク公リチャードが戦死するも、最終的にはヨーク家が勝利。子のエドワード4世によって、ヨーク朝が開かれた。

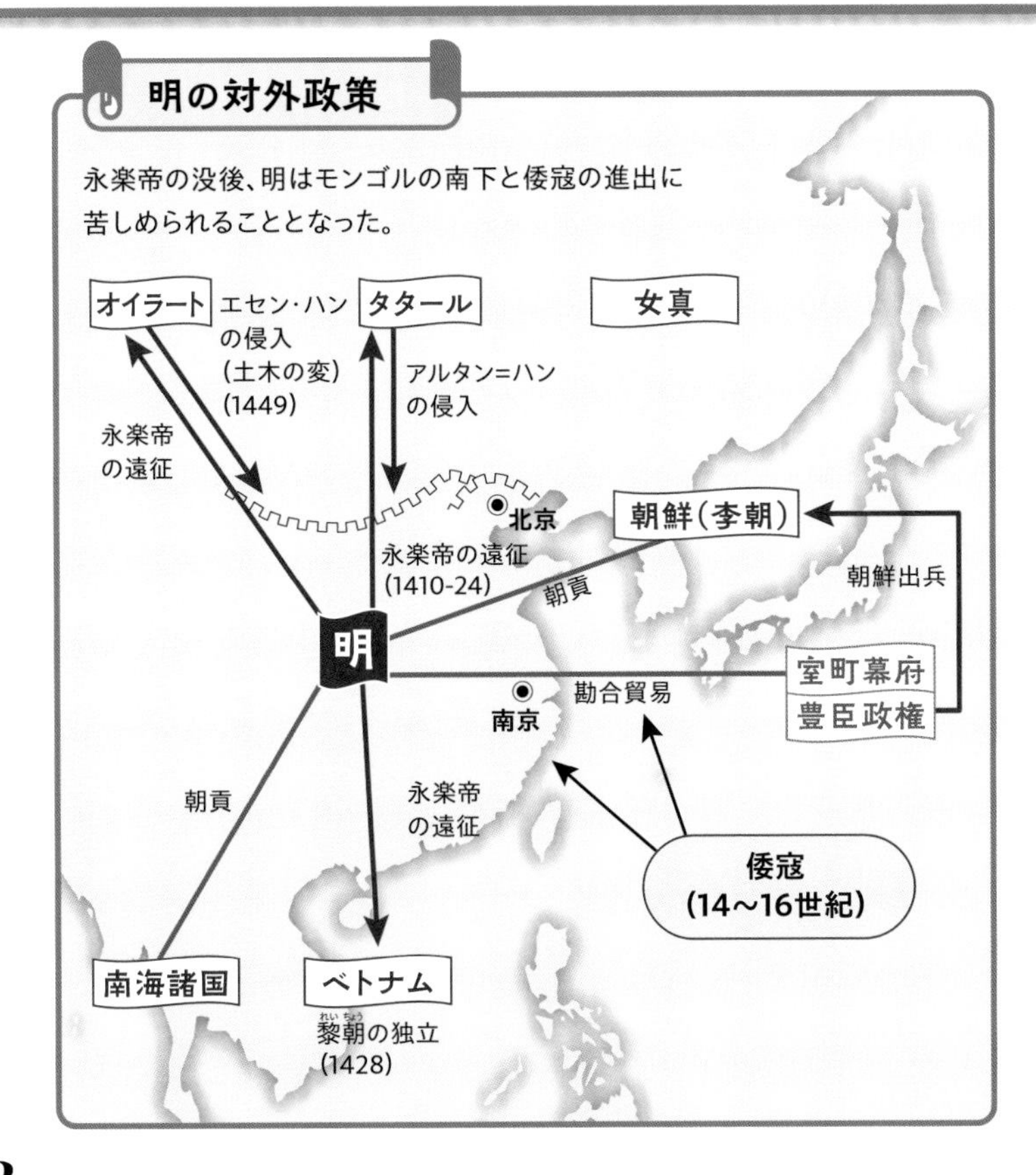

1461年～1470年

応仁・文明の乱が勃発した頃、〝ドラキュラ伯爵〟がオスマン兵を串刺しにした！

日本

1464年(寛正5)

9月、**畠山政長**、管領に就任する。

11月、**義政**の弟・義尋、還俗して**義視**を名乗る。

日本史の絵画

『洛中洛外図(部分)』
(狩野永徳)

上杉本『洛中洛外図』に描かれた「花の御所」。3代将軍足利義満による造営で、広大な敷地を誇ったが、その後放棄され、義政により再興された。

西洋

1461年

ビザンツ帝国のトレビゾンドが**オスマン帝国**に征服される。

1464年

フィレンツェで**コジモ・デ・メディチ**が没する。

豆知識

フィレンツェの支配権を握ったのちは、表舞台に立たずキングメーカーとして君臨。芸術家のパトロンとしても活躍し、画家のフィリッポ・リッピが修道士の身でありながら修道女と駆け落ちした際には教皇に掛け合って還俗させ破門を免れさせた。

コジモ・デ・メディチ

中国・東アジア

豆知識

ワラキアの独立を守ってきた英雄のひとりが、ドラキュラのモデルとなったヴラド・ツェペシュである。1462年、トゥルゴヴィシュテの戦いに勝利して、捕虜としたオスマン兵を串刺しにして戦慄させたが、弟の裏切りに遭って捕縛されオスマン帝国へ連行されてしまった。

その他
西アジア・インド・アメリカなど

1462年

オスマン帝国が**ワラキア**に侵攻する。

1463年

オスマン帝国がボスニアを征服する。

ヴラド・ツェペシュ

1465年(寛正6)

11月、**日野富子**、義尚を出産する。

1466年(文正1)

9月、**伊勢貞親**ら足利義視を讒訴して失敗し、京を追われる。**(文正の政変)**

この年、**斯波義廉・義敏**の家督争いが始まる。

1467年(応仁1)

5月、**応仁・文明の乱**が勃発する。

1468年(応仁2)

7月、**細川勝元**が管領に就任する。

解説

足利義政は義廉から家督を取り上げ義敏に与える対応を取る。義廉は山名宗全(持豊)を後ろ盾とし、義敏は細川勝元を後ろ盾として対抗した。一方、畠山氏では義就が宗全に、政長が勝元と結びついた。

翌年、政長が突如管領を罷免され、宗全の後押しを受ける斯波義廉が管領になったのを機に畠山政長が武装して出撃。上御霊神社にて義就の軍と一触即発の事態を迎える。

行ってみたい 歴史スポット

応仁・文明の乱勃発の地となった上御霊神社。1467年(応仁元)1月、畠山義就が畠山政長を破った乱の前哨戦となる戦いの場である。

1469年

アラゴン王子フェルナンドとカスティリャ王女イサベルが結婚する。

ロレンツォ・デ・メディチ(豪華王)がメディチ家の当主となる。

1470年

ポルトガル船、アフリカ西岸の黄金海岸に到達する。

1467年

明で**李施愛の乱**が起こる。

イサベル　フェルナンド1世

豆知識

スペイン王国成立のきっかけとなったふたりの結婚は駆け落ち婚。もともとイサベルは兄のエンリケよりポルトガル王との結婚を命じられていたが、これを拒否してアラゴンの王子フェルナンド(フェルナンド1世)とバリャドリッドで結婚式を挙げた。

『メフメト2世』

(ジェンティーレ・ベッリーニ)

1480年に描かれたオスマン皇帝メフメト2世の肖像。描いたのはヴェネツィアの画家ジェンティーレ・ベッリーニで、和平締結の際に招かれ、ルネサンスに興味を持つメフメト2世の依頼で制作したとされる。

この時代の

日本史

将軍家も管領家も内紛 天下の争乱を誘発する

室町幕府の権威が衰えるにつれ、幕府内部では将軍を支えるべき管領家で内部抗争が噴出した。

最初に勃発したのは、畠山氏内部の抗争である。

前年、8代将軍・足利義政の肝いりで家督を相続した畠山政長が1464年(寛正5)、管領職に就任したのだ。

義政から無理やり家督を奪われていた畠山義就はこれに激しく反発し、両者の対立は深まっていった。

斯波氏では惣領の斯波義健(よしたけ)が継嗣を残さないで病没すると、一族から迎えられた斯波義敏と、九州探題(たんだい)から迎えられた渋川義廉のあいだで家督相続争いが勃発。家臣団も義敏派と義廉派に分かれて、抗争は激化の一途を辿った。

将軍家と管領家の家督争いが相乗りして大乱が勃発

こうしたなか足利将軍家内部でも深刻な事態が生じた。継嗣がいないことに頭を悩ませていた足利義政は、次期将軍候補として僧籍に入って「義尋」となっていた実弟に白羽の矢を立て、1464年(寛正5)11月に還俗を求めた。これに応じて俗世に戻り「義視」を名乗る義政の弟。次期将軍候補にできて一安心と思っていたのが、1465年(寛正6)、足利義政の正妻・日野富子が「義尚」を出産した。これにより足利義視と、実子を次期将軍に据えたい日野富子との間で家督争いが勃発する。

これに目をつけたのが、細川勝元・山名宗全の2大実力者だ。幕政を意のままにしたい両者は、将軍家内部の家督争いに乗じて、激しく対立し、何度か小競り合いを繰り返したのち、1467年(応仁元)5月、全面的な戦闘状態に入った。これにより応仁・文明の乱が勃発する。

この時代の

世界史

東ヨーロッパに食い込む イスラム教のオスマン帝国

15世紀、イスラム教を奉じるオスマン帝国は、急速に勢力を拡大させていた。同帝国はアナトリア半島に興った帝国であり、オグズ族のオスマンを初代皇帝とする。

順調に版図を拡げるなか、4代スルタン・バヤジッド1世のとき、中央アジアに興ったティムール帝国との抗争で一時的に勢力が低迷したが、15世紀中頃から勢いを回復。1461年にビザンツ帝国のトレビゾンドを攻略するや、西に向けて食指を伸ばし、1462年には、「ドラキュラ公」の異名をとるヴラド3世を追い落としてワラキア公国を押さえ、さらに1463年には、ボスニアを征服して東ヨーロッパに食い込んだ。

オスマン帝国の拡大が大航海時代をもたらす

イスラム教を奉じるオスマン帝国は、ヨーロッパのキリスト教国家にとっては不倶戴天の仇のような存在であった。

宗教が異なるというだけではなく、東洋の産物を独占していたためだ。

たとえば、東南アジアに産する香辛料。冷蔵庫などない時代、香辛料は傷み始めた肉の臭みを消すのに欠かせない食品だった。また、流行のたびに膨大な死者を出すペスト(黒死病)の特効薬と考えられていた。香辛料をアジアで買い占めたオスマン帝国は、高値で西ヨーロッパに売りつけ、莫大な利益をあげていた。

オスマン帝国を介さず、東洋との直接貿易をする方法が模索されるなか、先んじたのはイベリア半島の国家ポルトガルだった。エンリケ航海王子の指導のもと、アフリカ大陸沿岸を南下してインド洋に出る航路を探索していたポルトガルは、1470年、アフリカ大陸の黄金海岸にまで到達した。

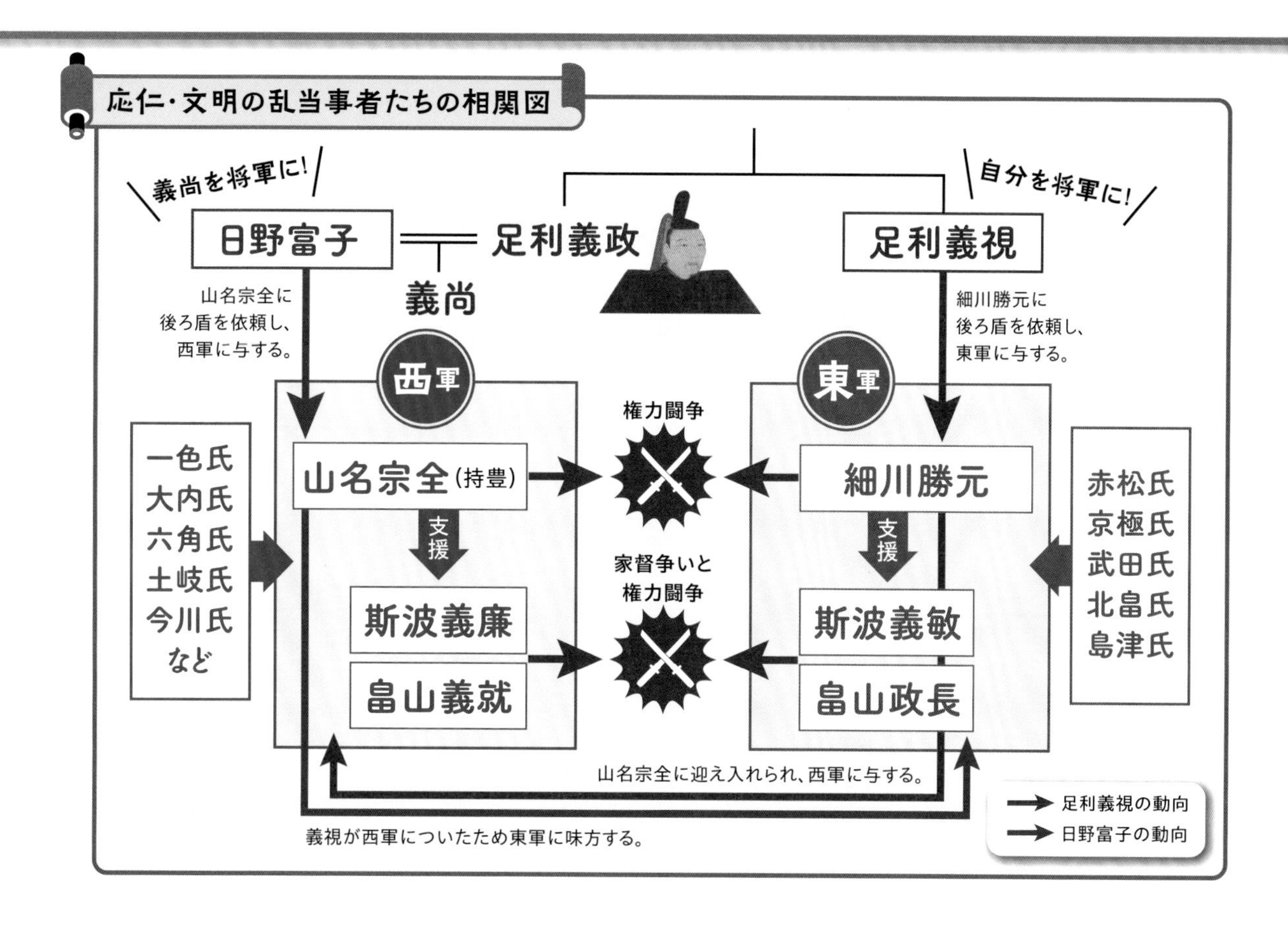
応仁・文明の乱当事者たちの相関図
義尚を将軍に!
日野富子
足利義政
義尚
自分を将軍に!
足利義視
山名宗全に
後ろ盾を依頼し、
西軍に与する。
細川勝元に
後ろ盾を依頼し、
東軍に与する。
西軍
東軍
権力闘争
山名宗全(持豊)
細川勝元
支援
支援
家督争いと
権力闘争
斯波義廉
畠山義就
斯波義敏
畠山政長
一色氏
大内氏
六角氏
土岐氏
今川氏
など
赤松氏
京極氏
武田氏
北畠氏
島津氏
山名宗全に迎え入れられ、西軍に与する。
義視が西軍についたため東軍に味方する。
足利義視の動向
日野富子の動向

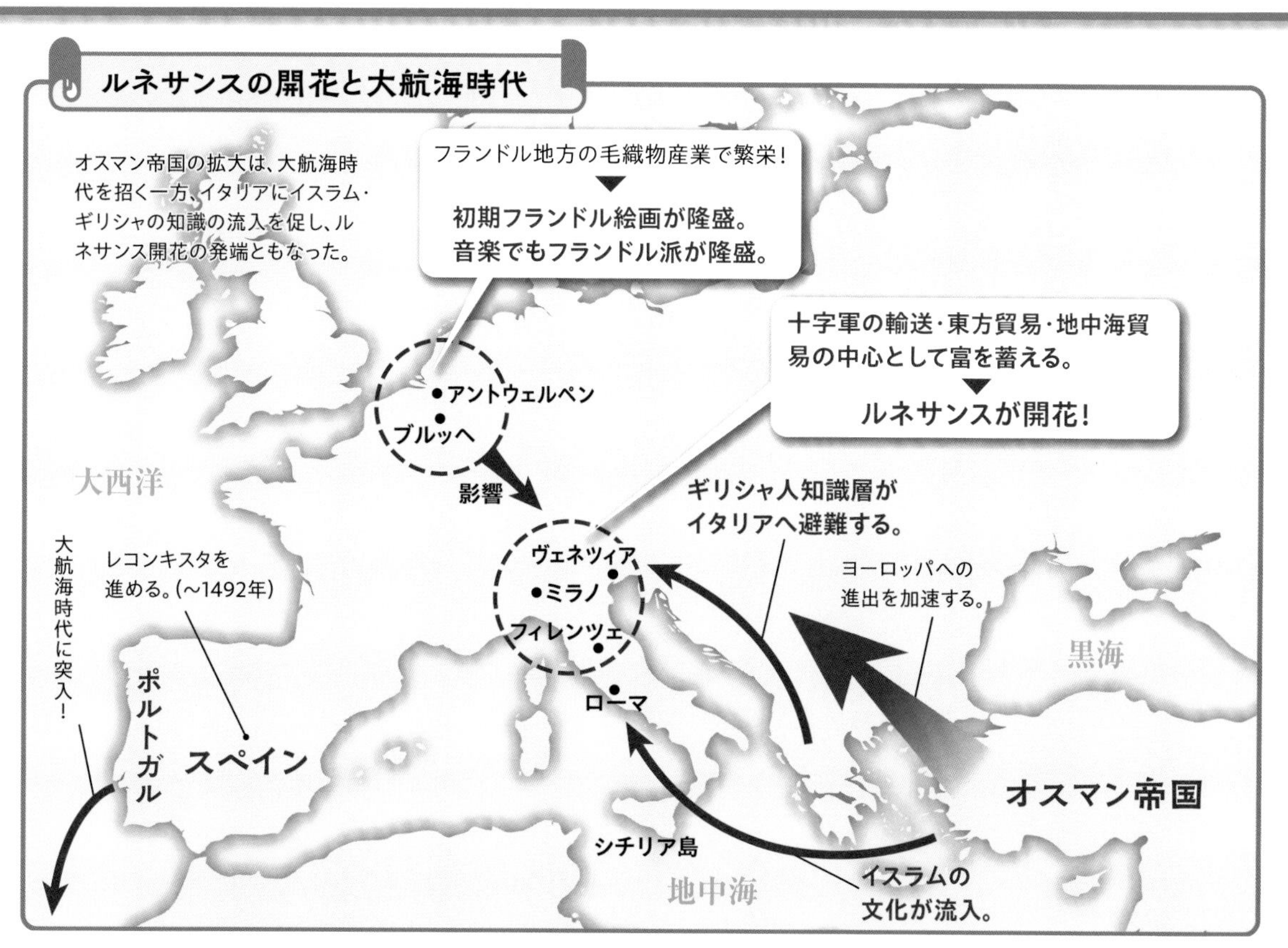
ルネサンスの開花と大航海時代
オスマン帝国の拡大は、大航海時代を招く一方、イタリアにイスラム・ギリシャの知識の流入を促し、ルネサンス開花の発端ともなった。
フランドル地方の毛織物産業で繁栄!
初期フランドル絵画が隆盛。
音楽でもフランドル派が隆盛。
十字軍の輸送・東方貿易・地中海貿易の中心として富を蓄える。
ルネサンスが開花!
アントウェルペン
ブルッヘ
影響
大西洋
ギリシャ人知識層が
イタリアへ避難する。
ヴェネツィア
ミラノ
フィレンツェ
ローマ
ヨーロッパへの
進出を加速する。
黒海
大航海時代に突入!
レコンキスタを
進める。(〜1492年)
ポルトガル
スペイン
オスマン帝国
シチリア島
地中海
イスラムの
文化が流入。

地図と年表で見る 戦国の三大争乱

応仁・文明の乱

10年にわたって続いた畠山・斯波両家の家督争いを端緒にした幕府中枢の主導権争い

応仁・文明の乱の勢力図

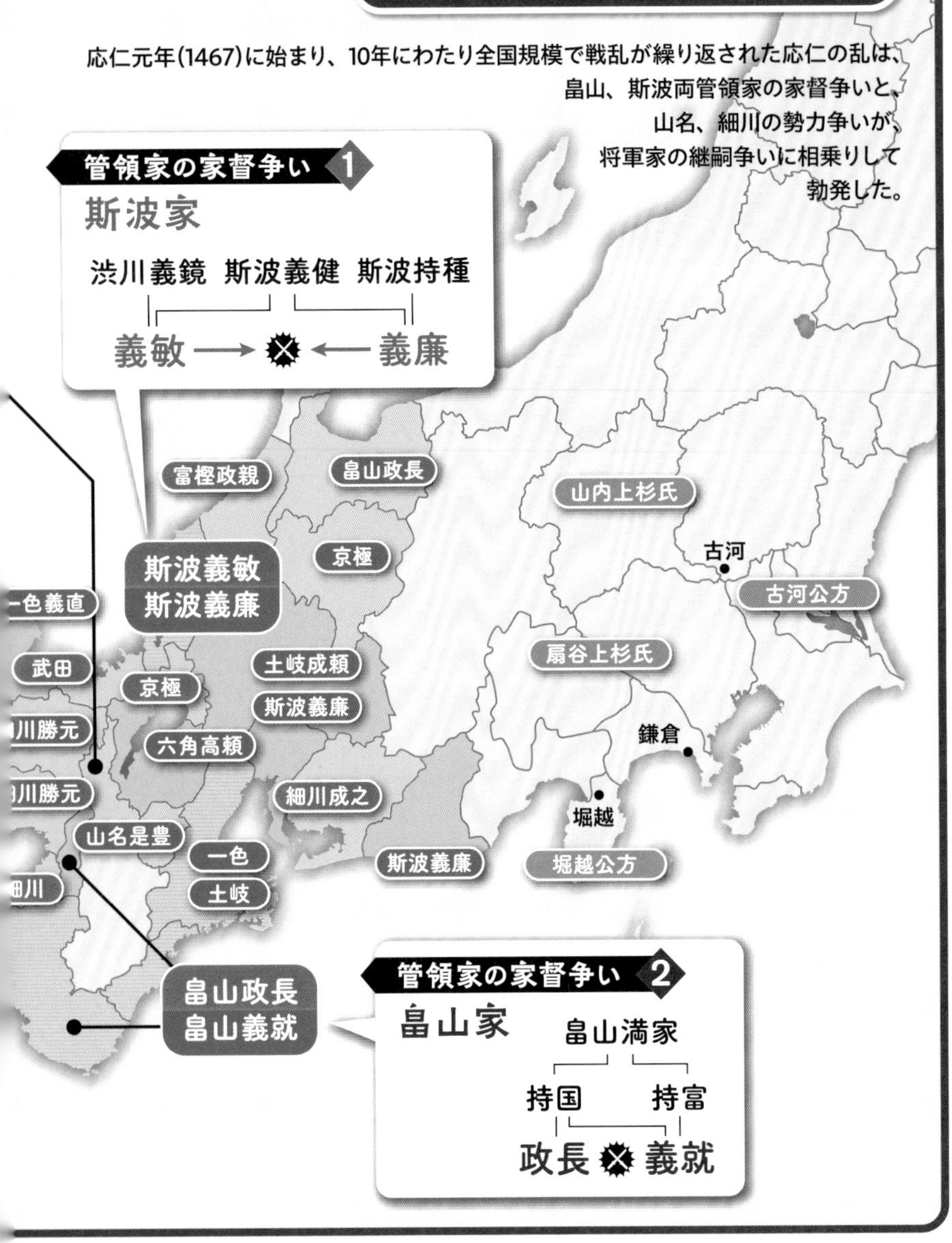

応仁元年(1467)に始まり、10年にわたり全国規模で戦乱が繰り返された応仁の乱は、畠山、斯波両管領家の家督争いと、山名、細川の勢力争いが、将軍家の継嗣争いに相乗りして勃発した。

管領家の家督争い 1
斯波家
渋川義鏡　斯波義健　斯波持種
義敏 → ✕ ← 義廉

管領家の家督争い 2
畠山家
畠山満家
持国　持富
政長 ✕ 義就

富樫政親
畠山政長
山内上杉氏
斯波義敏
斯波義廉
京極
古河
古河公方
一色義直
武田
土岐成頼
京極
斯波義廉
扇谷上杉氏
川勝元
六角高頼
鎌倉
川勝元
細川成之
堀越
山名是豊
一色
斯波義廉
堀越公方
細川
土岐
畠山政長
畠山義就

戦国時代の幕開けを告げる応仁・文明の乱。その発端となったのは三管領家のひとつ畠山氏と斯波氏で続いていた家督争いである。

さらに将軍家でも後継者争いが起こっていた。8代将軍・義政には男子がいなかったため、弟の義視を相続者として迎えていたのだが、その翌年に正室の日野富子が、のちに義尚となる男児を出産したのである。そのため、将軍家には二人の将軍候補が並び立ち、畠山氏・斯波氏の両陣営とともにそれぞれが二手に分かれて細川氏と山名氏を頼った。

こうして将軍家も有力大名も二つに分かれ、京都を戦場とする応仁・文明の乱が始まった。

決戦が行なわれないまま、果てしなく続いた争乱

東軍は、細川勝元・畠山政長・斯波義敏・足利義視・足利義政らの連合体で、対する西軍には、山名宗全(持豊)・畠山義就・斯波義廉・足利義尚・日野富子らがいた。

乱の勃発後まもなくは東軍が優勢で、室町御所を制圧し、西軍に

応仁・文明の乱 関連年表

1454年(享徳3)	畠山持国、甥の弥三郎を追うも、足利義政、弥三郎を畠山家の家督とする。
1455年(康正1)	畠山持国が死去し、畠山義就が畠山氏の家督を相続する。
1460年(寛正1)	足利義政、畠山政長の家督を認め、義就が追放される。
1464年(寛正5)	足利義政、弟の義尋(義視)を還俗させ、細川勝元を補佐役とする。
1465年(寛正6)	日野富子、義尚を出産し、山名宗全に後見を依頼。
1466年(文正1)	足利義政、伊勢貞親の讒言を受け、義視殺害を計画する。
1467年(応仁1)	1月、畠山義就と畠山政長が京・上御霊社で衝突し、応仁・文明の乱が勃発する。 5月、上京(洛北の戦いが起こる) 8月、西軍の大内政弘が大軍を率いて上洛する。 9月、東岩倉の戦いで西軍が勝利する。 10月、相国寺の戦いで東軍が大敗し、以後膠着状態となる。
1468年(応仁2)	日野富子、東軍に身を寄せる。
1473年(文明5)	山名宗全が病死する。 細川勝元が病死する。 足利義政、将軍職を義尚に譲る。
1474年(文明6)	山名政豊、細川政元と和睦し、西軍から東軍へ移る。
1477年(文明9)	畠山義就、河内へ引き上げ、応仁・文明の乱が終結する。

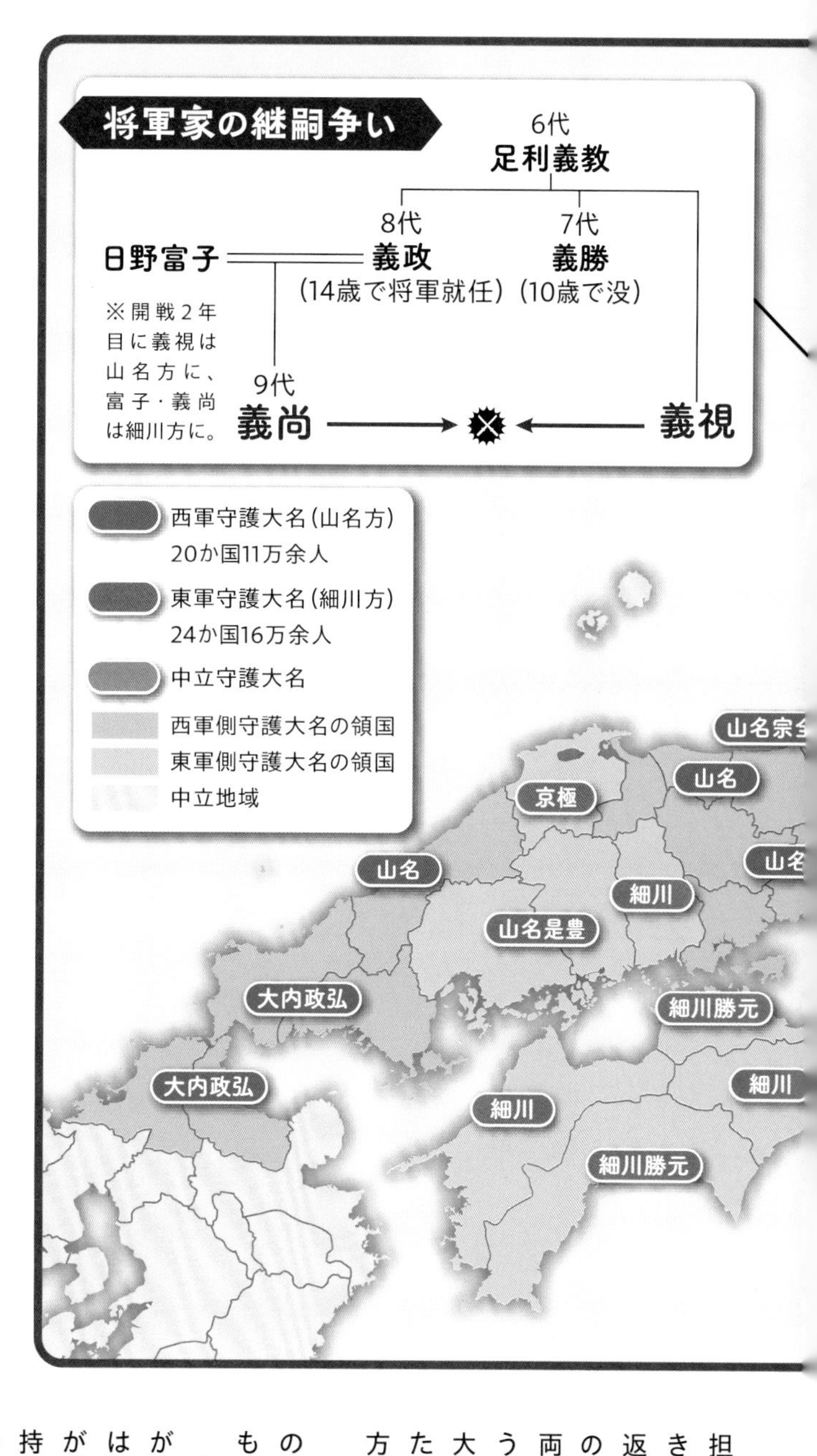

担がれていた義尚と日野富子を引き入れた。だが西軍も勢いを盛り返し、東軍が後押ししていたはずの義視を説得して西軍に迎え入れ、両軍の将軍候補が入れ替わるという奇妙な展開になった。さらに諸大名が、所領から軍を呼び寄せたため京には兵があふれ、争乱は地方にまで波及した。

京都では小規模な戦闘や敵方への焼き討ちが繰り返され、両軍とも疲弊するばかりだった。

1472年(文明4)には、西軍が東軍に和睦を申し入れる。これは幕府内で義尚を将軍にする動きが進められていたため、義視を支持する西軍は状況が不利になったからである。この時の和睦はまとまらなかったものの、交渉は続いた。

翌年には山名宗全と細川勝元が相次いで死去したが両軍の関係は変わらず、それぞれの後継者の間で講和が成立する。

義政は将軍職を退き、義尚が9代将軍となった。それでも畠山氏の家督争いは続き、大内氏も京都に居座ったままで、乱が終結するのは、さらに後の1477年(文明9)のことだった。

1471年～1480年

蓮如が本願寺を建立した頃、イヴァン3世によりロシアがモンゴルから独立した！

日本

1471年（文明3）
3月、古河公方・**足利成氏**と堀越公方・**足利政知**が争う。
5月、**朝倉孝景**、東軍に寝返る。

7月、**蓮如**、越前に**吉崎御坊**を建立する。

1472年（文明4）

9月、近江坂本で**馬借一揆**が起こる。

1473年（文明5）
3月、**山名宗全（持豊）**没する。
5月、**細川勝元**没する。
12月、**足利義尚**、将軍に就任する。

1474年（文明6）
2月、**一休宗純**、**大徳寺**の住持となる。

蓮如

豆知識
親鸞直系の子孫が継承する浄土真宗本願寺派の8世法主となった蓮如は、「御文」を用いてわかりやすく教えを庶民に説き、信者を増やした。28歳で結婚したが、精力絶倫で85歳で死ぬまでに、5人の妻との間に13男14女をもうけている。

西洋

1472年
モスクワ大公**イヴァン3世**、ビザンツ最後の皇帝の姪ソフィアと結婚する。

1474年
トスカネリの世界地図が完成する。

イヴァン3世

解説
この結婚によりロシアはビザンツ帝国の正統な継承国となり、ギリシャ正教の総本山となった。

中国・東アジア

1471年
ベトナムの**黎朝**、**チャンパー**を滅ぼす。

1472年
明、オルドス方面に**長城**を建設する。

その他
西アジア・インド・アメリカなど

1473年
オスマン帝国、オトゥルクベリの戦いで白羊朝を撃破。ユーフラテス川以西の東アナトリアを併合する。

一休宗純

豆知識

とんちで名高い臨済宗の僧であるが、応仁・文明の乱で荒廃した京都にあって全盲の森侍者という女性を溺愛し、88歳で「死にたくない」というひと言を残して没したという。

1477年(文明9)

11月、**応仁・文明の乱**が終結する。

\行ってみたい/ 歴史スポット

パッツィ家の陰謀の舞台となったサンタ・マリア・デル・フィオーレ教会。

1479年(文明11)

4月、蓮如、京都山科(やましな)に**本願寺**を建立する。

1480年(文明12)

9月、京都で**徳政一揆**が起こる。

世界史の絵画

『トスカネリの地図』

(トスカネリ)

地球球体説を基に描かれたトスカネリの地図。この地図を根拠に、コロンブスは西周りでインドを目指した。

1477年

ナンシーの戦いで**ブルゴーニュ**のシャルル突進公が戦死し、**ハプスブルク家**がネーデルラントを相続する。

シャルル7世(突進公)

解説

ブルゴーニュ公国の領土であったネーデルラントがシャルル突進公の戦死後、ハプスブルク家領となったのは、突進公の娘マリーがハプスブルク家のマクシミリアン(のちのマクシミリアン1世)の妻であったため。

1478年

パッツィ家、メディチ家排除を狙うも失敗する。**(パッツィ家の陰謀)**

1480年

モスクワ大公国が独立。**「タタールの軛(くびき)」**から解放される。

1475年

オスマン帝国がクリミア半島のカッファを占領し、クリム＝ハン国を属国とする。

\行ってみたい/ 歴史スポット

オスマン朝のスルタンの居城となったトプカプ宮。写真はきらびやかな装飾で彩られるハレムの皇帝の間。

1478年

イスタンブールに**トプカプ宮**が完成する。

1479年

オスマン帝国、**ヴェネツィア**と講和条約を締結する。

この時代の日本史

10年に及ぶ戦乱によって、社会不安が各地に蔓延

応仁・文明の乱が勃発するや、守護大名は両軍に分かれた。

軍勢の規模は細川方(東軍)が、畠山政長・斯波義敏ら24ヶ国16万人。山名方(西軍)は、畠山義就・斯波義廉ら20ヶ国11万人。計27万という大軍が、京都を中心とした近畿一帯で戦いを繰り広げた。

戦局は当初、将軍邸を占拠して、足利義政・足利義視・足利義尚の身柄を確保していた東軍に有利であったが、8月、周防・長門・豊前・筑前の西国4ヶ国の兵を連れてきた大内政弘が、西軍に合流したことによって一変。東軍は防戦を強いられるようになる。

こうしたなか足利義視が、将軍邸を密かに脱出して西軍側に走り、西軍が足利義視を将軍として奉戴したため、東西両幕府が並存するという事態となった。

両者とも決め手を欠いて戦局が膠着するなか、１４７３年(文明5)3月に山名宗全が、5月に細川勝元が相次いで没した。これにより両軍のあいだで和睦の気運が高まり、主戦派の大内政弘と畠山義就が帰国するに及んで、１４７７年(文明9)11月に応仁・文明の乱は終結した。

武士の支配にＮＯ！勢力を伸ばす本願寺派

乱の最中、人々は蔓延した社会不安から逃れるため、宗教に救いを求めた。

このような状況下で急速に教勢を伸ばしたのが、浄土真宗本願寺派だ。同派8世蓮如の「御文」を通じた布教は、戦乱で疲弊していた人々の心をとらえた。越前(福井県北東部)の吉崎御坊を拠点に北陸で教えを説いていた蓮如は、１４７９年(文明11)4月、京都山科に本願寺を建立する。京都に進出したことで、浄土真宗本願寺派の教勢はさらに拡大した。

この時代の世界史

モスクワ大公イヴァン3世 タタールの軛を完全に排除

13世紀以降、ロシア諸公国はモンゴル帝国から派生したキプチャク・ハン国の支配下に入った。

間接的支配であったが、バスカクと呼ばれた徴税官が「税を払えぬ者はその子を出せ。子のない者はその妻を出せ。妻のいない者はその首を出せ」と口にするほど、苛烈な支配であった。これをロシアでは歴史上、「タタールの軛」と呼ぶ。軛とは束縛の意。ロシアの発展が阻害された時代という意味になる。

モンゴルの支配を脱したモスクワ大公国

15世紀に入ると、キプチャク・ハン国分裂などの影響もあり、ロシア諸公国のあいだで、統一国家を作ろうとする動きが出始める。その中核が、モスクワ大公国のイヴァン3世だった。

妻をなくしてひとり身だったイヴァン3世は１４７２年、ローマ教皇パウルス2世の強力な後押しにより、最後のビザンツ皇帝コンスタンティノス11世パレオゴロスの姪にあたる女性と結婚をした。

イヴァン3世は周辺諸公国の統合を推し進めるかたわら、分裂したキプチャク・ハン国中、正統とされる大オルダとの対決姿勢をより鮮明にした。これを受けて税の納入を渋るようなっていたモスクワ大公国に怒りを募らせていた大オルダの王アフマド・ハンは、１４８０年10月、大軍を率いてモスクワに大規模な遠征を仕掛けた。これに対しイヴァン3世は、アフマド軍の渡河を阻止すべく、ウグラ川に大軍を集結させた。

にらみ合いが数週間続き、アフマド軍はモスクワ攻略を諦めて撤退した。これはモスクワ大公国をタタールの軛から完全に解放する画期的な出来事となった。

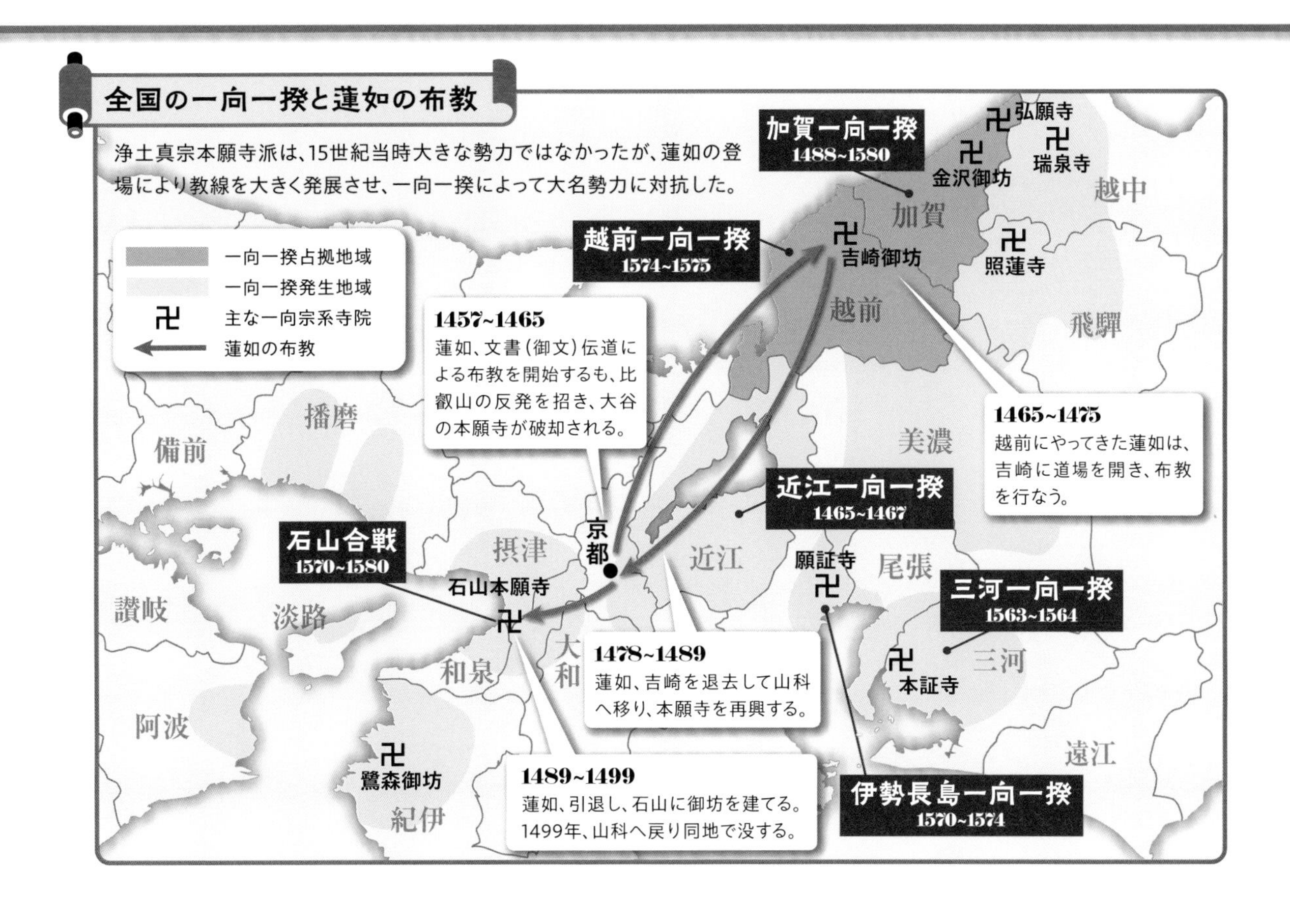

全国の一向一揆と蓮如の布教
浄土真宗本願寺派は、15世紀当時大きな勢力ではなかったが、蓮如の登場により教線を大きく発展させ、一向一揆によって大名勢力に対抗した。
一向一揆占拠地域
一向一揆発生地域
主な一向宗系寺院
蓮如の布教
加賀一向一揆
1488~1580
弘願寺
瑞泉寺
金沢御坊
越中
加賀
越前一向一揆
1574~1575
吉崎御坊
照蓮寺
越前
飛騨
1457~1465
蓮如、文書（御文）伝道による布教を開始するも、比叡山の反発を招き、大谷の本願寺が破却される。
1465~1475
越前にやってきた蓮如は、吉崎に道場を開き、布教を行なう。
播磨
備前
美濃
近江一向一揆
1465~1467
石山合戦
1570~1580
京都
摂津
近江
願証寺
尾張
石山本願寺
讃岐
淡路
三河一向一揆
1563~1564
大和
和泉
1478~1489
蓮如、吉崎を退去して山科へ移り、本願寺を再興する。
本証寺
三河
阿波
遠江
鷺森御坊
紀伊
1489~1499
蓮如、引退し、石山に御坊を建てる。1499年、山科へ戻り同地で没する。
伊勢長島一向一揆
1570~1574

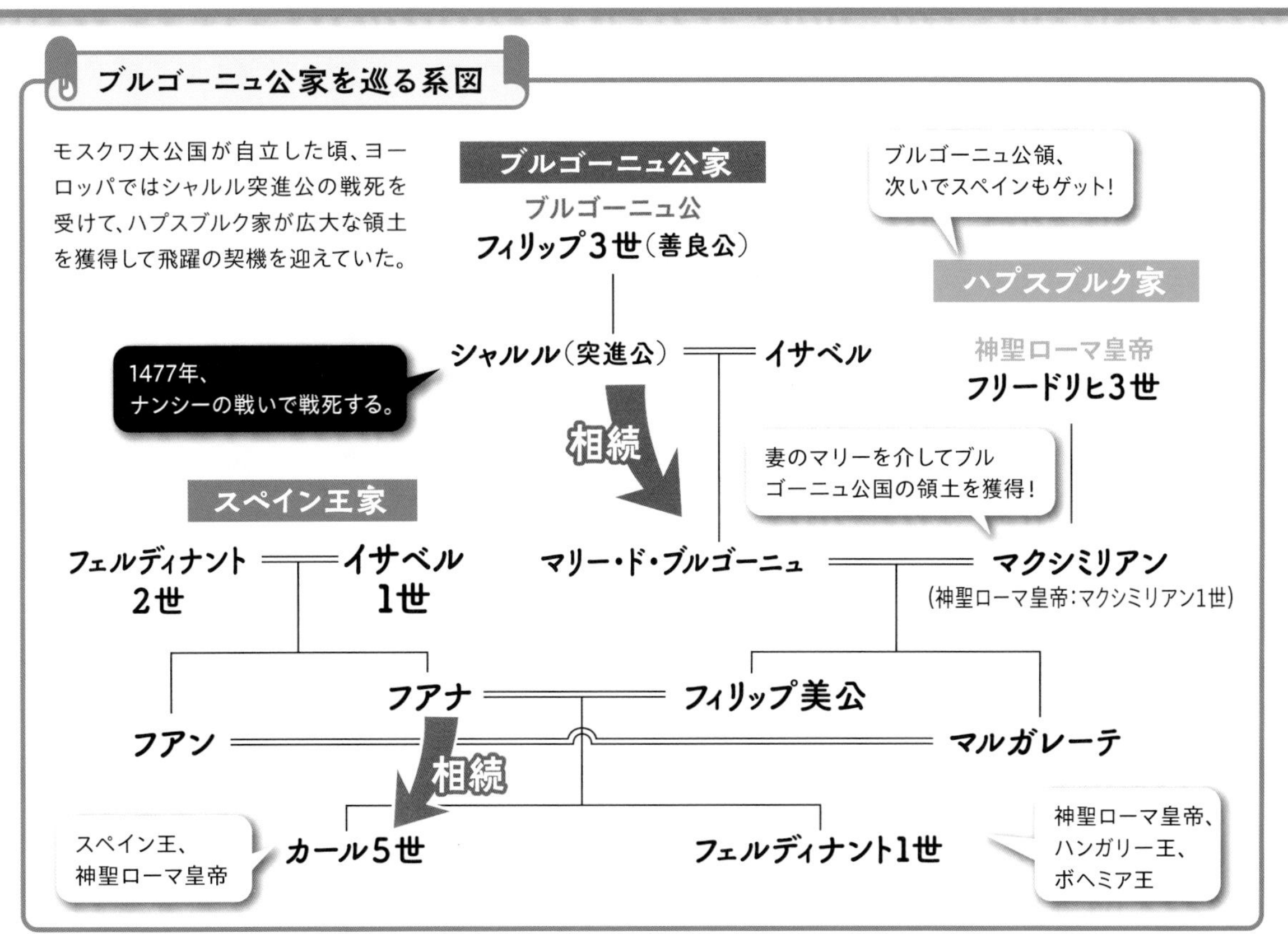

ブルゴーニュ公家を巡る系図
モスクワ大公国が自立した頃、ヨーロッパではシャルル突進公の戦死を受けて、ハプスブルク家が広大な領土を獲得して飛躍の契機を迎えていた。
ブルゴーニュ公家
ブルゴーニュ公
フィリップ3世（善良公）
ブルゴーニュ公領、次いでスペインもゲット！
ハプスブルク家
神聖ローマ皇帝
フリードリヒ3世
シャルル（突進公）
イサベル
1477年、ナンシーの戦いで戦死する。
相続
妻のマリーを介してブルゴーニュ公国の領土を獲得！
スペイン王家
フェルディナント2世
イサベル1世
マリー・ド・ブルゴーニュ
マクシミリアン
（神聖ローマ皇帝：マクシミリアン1世）
フアナ
フィリップ美公
フアン
マルガレーテ
相続
スペイン王、神聖ローマ皇帝
カール5世
フェルディナント1世
神聖ローマ皇帝、ハンガリー王、ボヘミア王

1481年～1490年

山城の国一揆が起こった頃、バウトロメウ・ディアスが喜望峰に到達した！

日本

1481年（文明13）
この年までに、『朝倉孝景条々（あさくらたかかげじょうじょう）』制定される。

1485年（文明17）
12月、山城にて**国一揆**が起こる。（～1493年）

＼行ってみたい／
歴史スポット

街並みが復元された朝倉氏の本拠・一乗谷。

西洋

1482年
アラスの和が結ばれ、ブルゴーニュ公家が断絶する。
○ボッティチェリ
『**春ープリマヴェーラ**』
『**ヴィーナスの誕生**』

1485年
ボズワースの戦いでリチャード3世が戦死し、**ばら戦争**が終結。ヘンリ7世がイングランド王として即位する。

リチャード3世

世界史の絵画
『ヴィーナスの誕生』
（サンドロ・ボッティチェリ）

フィレンツェのロレンツォ・メディチの庇護のもとで描かれた本作のヴィーナスのポーズは「恥じらいのポーズ」と呼ばれ、後世のヴィーナス像において盛んに流用された。

豆知識
リチャード3世は、兄エドワード4世の子であるエドワード5世の即位後、これを否定して自ら王位につき、エドワード5世とその弟ヨーク公リチャードをロンドン塔に幽閉。殺害したと言われている。

中国・東アジア

その他
西アジア・インド・アメリカなど

1482年
ポルトガルがガーナの黄金海岸にエルミナ要塞を建設する。

1486年（文明18）

7月、**扇谷上杉定正**、**太田道灌**を殺害する。尼子経久、**月山富田城**を奪う。

1487年（長享1）

9月、**足利義尚**、**六角高頼**追討のために近江に親征する。

1488年（長享2）

6月、加賀の**一向一揆**が守護の富樫政親を討つ。

足利義尚

解説

日野富子らの反対を押し切って強行した六角高頼追討であったが、義尚は翌年、流れ矢に当たって陣没する。

1488年

バウトロメウ・ディアス、アフリカ南端の**喜望峰**に到達する。

1489年

ヴェネツィア、キプロス島を占領する。

ヘンリ7世

豆知識

近年、ロンドン塔に幽閉されていたエドワード5世とヨーク公リチャードを殺害したのは、実はヘンリ7世だったのではないかともいわれている。ふたりが生きている場合、ヘンリ7世は王位に就くことができなかったためである。

1488年

モンゴルの**ダヤン・ハン**、明への侵攻を始める。

ダヤン・ハン

解説

モンゴルの第34代（北元としては第20代）ハンで、中国本土からの撤退以来分裂していた元を再統一した中興の祖とされる。

＼行ってみたい／ 歴史スポット

ヴェネツィアの総督府であったドゥカーレ宮殿。当時のヴェネツィア共和国は、イタリアの都市国家ながら、地中海の覇権を握っていた。

チチェン・イツァのピラミッド

この頃のマヤ文明は後古期（950-1524）にあたる。ユカタン半島北部でチチェン・イツァを中心とする文明が栄え、チチェン・イツァの衰退後、12世紀頃からマヤパンが中心となり、15世紀中頃に衰退。その後、小勢力の分立状態となっていた。

この時代の日本史

頻発する土着勢力の一揆
自治によって国を運営

応仁・文明の乱終結後も、管領家の畠山政長と畠山義就は、戦いを止めようとせず、1485年(文明17)、南山城3郡の支配権を巡って対峙した。周辺の交通が遮断され、地域内における無理な物資調達も続くなか、事態に対応したのは、「国人」と呼ばれる在地の武士たちであった。南山城の国人中、「三十六人衆」と呼ばれた人々は、住人たちの支持のもとに決起。求めに応じない場合は、容赦なく攻める」との恫喝付きで、双方に撤退を要求した。応じて畠山両軍は南山城を撤退した。この事件を「山城の国一揆」と呼ぶ。

旧支配勢力に対抗した3種の一揆

一揆とは「揆を一にする」の意であり、集団が志と目的をひとつにして行動することをいう。

山城の国一揆では、畠山両軍を撤退させて以降、独自の法である「国掟」を制定し、政務処理のための「月行事」などで国を運営し、1492年(明応2)に幕府の再支配を受け入れるまでの8年間、自治的な支配を実現した。

1488年(長享2)に北陸で起こった加賀(石川県南部)の一向一揆(一向宗=浄土真宗本願寺派)では、守護の富樫政親を一揆軍が敗死させた。

これにより加賀は「百姓の持ちたる国」として、約100年間の自治が続いた。

じつは室町時代後半、在地武士や農民など、土着勢力が中心となった「土一揆」が頻発している。一揆の種類は、

①国人が守護勢力に対して起こした国一揆
②経済的困窮に起因する徳政一揆
③宗教を基礎に団結した宗教一揆

の3種類に大別される。

この時代の世界史

イギリスは絶対主義へ移行
ポルトガルは喜望峰に到達

イギリスでヨーク朝が開かれたあと、ランカスター家が一時的に勢力を盛り返し、ヘンリ6世を復位させた。しかし、ヨーク家側はほどなくして態勢を回復し、ランカスター家勢力を駆逐した。

エドワード4世が没して内乱状態になると、ランカスター家とヨーク家の対立は再燃。1485年にはランカスター家の血を引くリッチモンド伯ヘンリ=テューダーが、ヨーク朝の新王リチャード3世とボズワースで激突。この新王を敗死に追い込んだ。

勝利したヘンリ伯はヘンリ7世を称してテューダー朝を樹立。翌年にはヨーク家の王女エリザベスと結婚し、ランカスター家とヨーク家を和解させた。これにより1455年以来続いていたばら戦争は完全に終結した。和解の象徴としてテューダー朝では、赤と白のばらを紋章して採用した。

ランカスター家とヨーク家のあいだで続いた28年の戦争をばら戦争と呼ぶのは、この紋章に由来する。

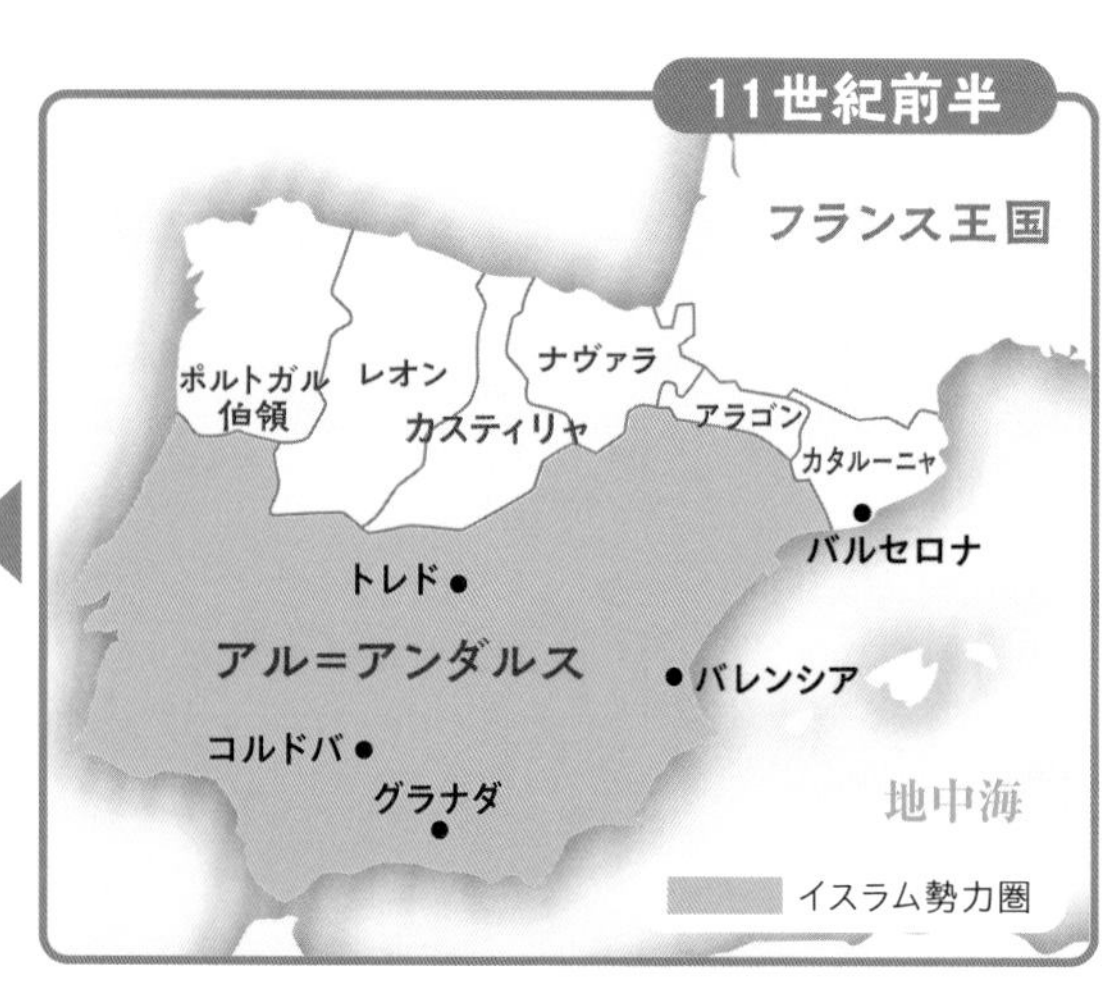

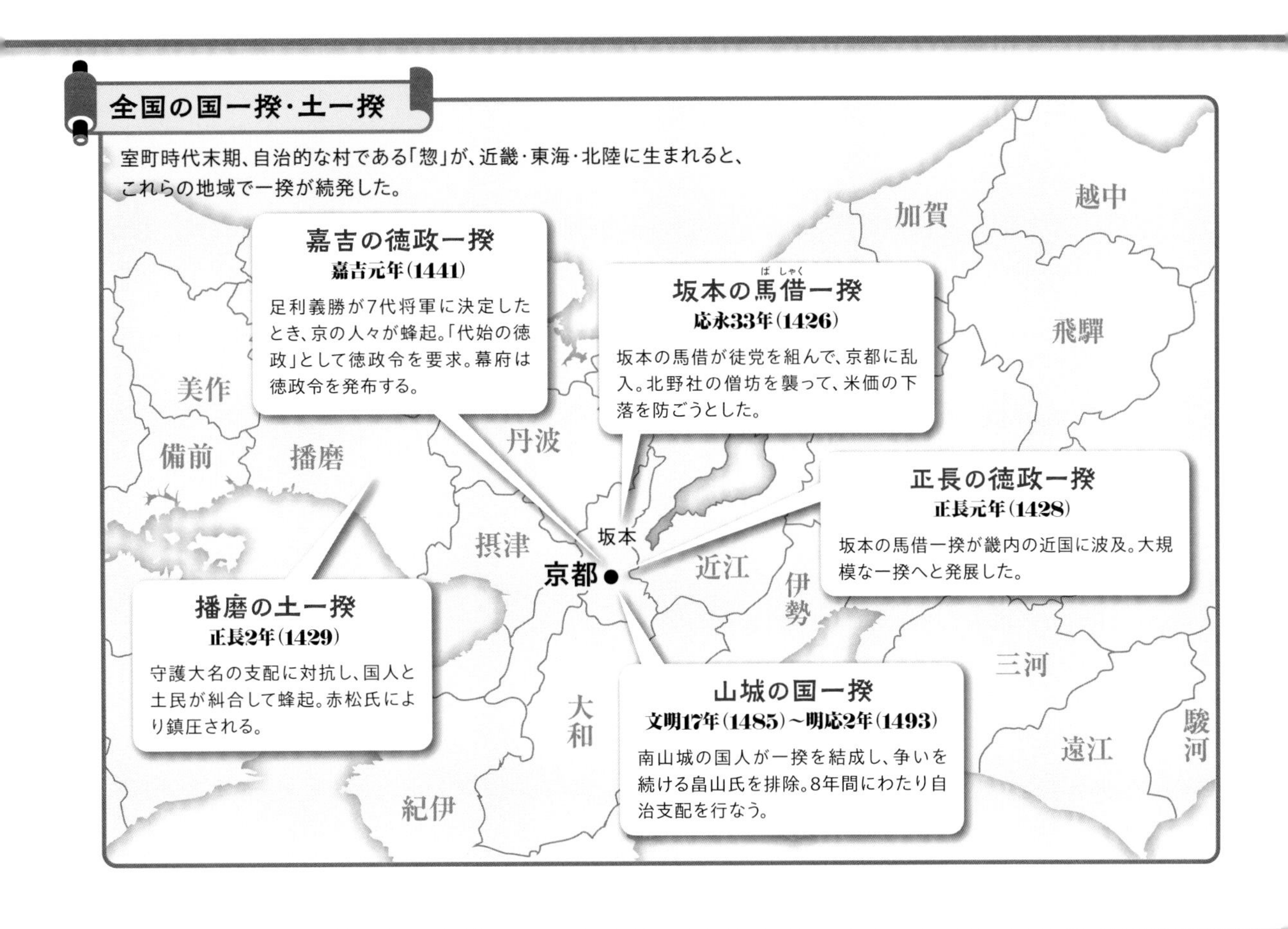

全国の国一揆・土一揆
室町時代末期、自治的な村である「惣」が、近畿・東海・北陸に生まれると、
これらの地域で一揆が続発した。
嘉吉の徳政一揆
嘉吉元年(1441)
足利義勝が7代将軍に決定したとき、京の人々が蜂起。「代始の徳政」として徳政令を要求。幕府は徳政令を発布する。
坂本の馬借一揆
応永33年(1426)
坂本の馬借が徒党を組んで、京都に乱入。北野社の僧坊を襲って、米価の下落を防ごうとした。
正長の徳政一揆
正長元年(1428)
坂本の馬借一揆が畿内の近国に波及。大規模な一揆へと発展した。
播磨の土一揆
正長2年(1429)
守護大名の支配に対抗し、国人と土民が糾合して蜂起。赤松氏により鎮圧される。
山城の国一揆
文明17年(1485)~明応2年(1493)
南山城の国人が一揆を結成し、争いを続ける畠山氏を排除。8年間にわたり自治支配を行なう。
加賀
越中
飛騨
美作
備前
播磨
丹波
摂津
坂本
京都
近江
伊勢
三河
大和
紀伊
遠江
駿河

ヘンリ7世は封建貴族の勢力を弱めるため、伝統的な家臣団を解散し、経済の活性化をはかるため、これまで国内でばらつきがあった貨幣と度量衡を統一。さらに国王直属の裁判所を設けるなどして、中央集権化を推し進めた。

これによりイギリスは、他のヨーロッパ諸国に先駆けて、絶対主義の時代へと移行し始める。

アフリカ東岸を南下した新興国ポルトガル

アフリカを経由するポルトガルの海洋進出も順調に進んでおり、1488年にはバルトロメウ・ディアスが、アフリカ大陸最南端の喜望峰に到達した。ポルトガルがアジア世界に展開する契機となる出来事だった。

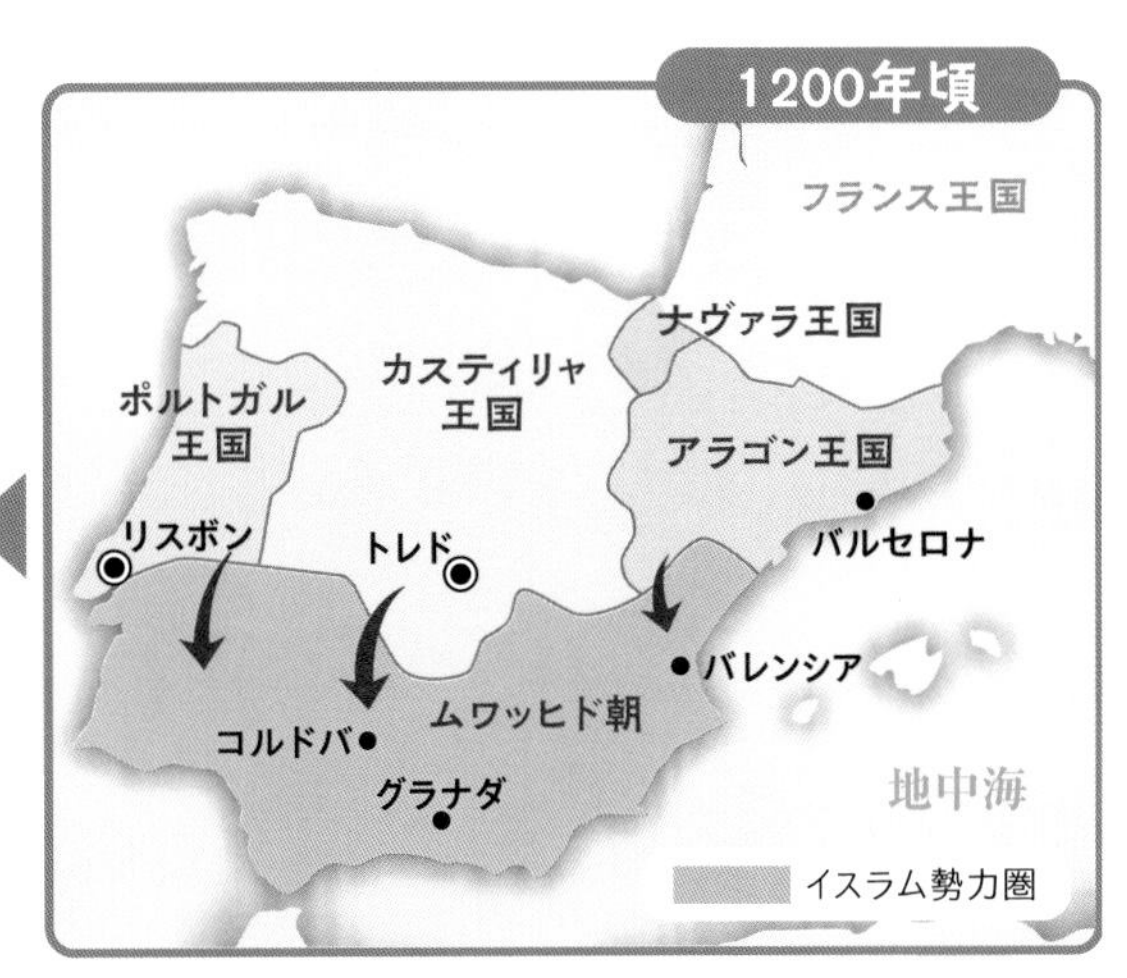

北条早雲が小田原城を奪った頃、コロンブスがアメリカ大陸に到達し、ダ・ヴィンチの『最後の晩餐』が完成した

日本

1491年(延徳3)
9月、**伊勢宗瑞(北条早雲)**、堀越公方・**足利茶々丸**を滅ぼす。

1493年(明応2)
4月、**細川政元**、10代将軍・**足利義材**を廃して政知の子・**清晃(義澄)**を擁立する。**(明応の政変)**

1494年(明応3)
10月、扇谷上杉定正、武蔵高見で**山内上杉顕定**と対陣中、病に倒れる。

足利義材

豆知識
陣没した義尚に代わり将軍となったのは、義視の息子である義材であった。日野富子と管領・細川政元の傀儡となるはずであったが、主導権を握ろうしたために明応の政変で廃された。その後は、義尹、義稙と名を変えながら復権を狙い続けた。

西洋

1492年
1月、スペイン王国、**グラナダ**を占領。イベリア半島の**レコンキスタ**が終了する。
8月、**コロンブス**、アメリカに到達する。
8月、**教皇アレクサンデル6世**が即位する。

1494年
1月、**シャルル8世**がイタリアに侵攻。**イタリア戦争**が始まる。
6月、スペイン・ポルトガル間で**トルデシリャス条約**

サヴォナローラ

豆知識
厳格なドミニコ会修道士のサヴォナローラは、メディチ家への不信が高まるフィレンツェにおいて、ルネサンスの華美を糾弾し、工芸品や美術品を焼却する「虚栄の焼却」を断行した。これに賛同したひとりがボッティチェリで、自身の作品も火のなかに投じたという。

世界史の絵画
『グラナダの陥落』
(フランシスコ・プラディーリャ・オルティス)

グラナダの陥落を描いた作品。画面左のスペイン両王に、グラナダ王国最後の王ボアブディルがアルハンブラ宮殿の鍵を渡す場面である。この出来事により、イベリア半島は完全にキリスト教国のものとなった。

中国・東アジア

その他
西アジア・インド・アメリカなど

北条早雲（伊勢宗瑞）

豆知識

早雲は、1432年（永享4）生まれで、62歳で伊豆討ち入りを果たし88歳で没した大器晩成の人物とされてきたが、近年では24歳若い1456年（康正2）生まれとする説が有力。また、出自も素浪人などではなく、備中伊勢氏の出身で、駿河下向時には幕府の申次衆という高官であったことがわかっている。

1495年（明応4）
9月、伊勢宗瑞、**小田原城**を奪取する。

1496年（明応5）
蓮如、**大坂本願寺（石山御坊）**を建立する。

1498年（明応7）
8月、三河・遠江で大地震が発生し、浜名湖が外海とつながる。

1499年（明応8）
7月、延暦寺僧徒とともに義材（義尹）が復権を狙うも敗れ、周防の大内氏を頼る。

が締結され、世界が分割される。
この頃、フィレンツェにて**サヴォナローラ**が神権政治を始める。

1498年
4月、フィレンツェでサヴォナローラが処刑される。
5月、**ヴァスコ・ダ・ガマ**、**インド航路**を発見する。
○**レオナルド・ダ・ヴィンチ『最後の晩餐』**

1499年
フランス王**ルイ12世**、イタリア遠征を行なう。

アレクサンデル6世

1498年
朝鮮において**戊午士禍**が起こる。

世界史の絵画

『最後の晩餐』
（レオナルド・ダ・ヴィンチ）

ダ・ヴィンチがミラノ時代に制作した代表作のひとつ。過越の晩餐において、「この中に裏切り者がいる」ことを宣言したキリストを中心に、その衝撃が同心円状に広がっていく様子が描かれる。

解説

サヴォナローラの厳格な神権政治を不安視した教皇アレクサンデル6世は、1497年にサヴォナローラを破門。死に追いやった。教皇自身はボルジア家の出身で権謀術数に長け、実子チェーザレ・ボルジアとともに一族の繁栄と教皇権の伸長に努めた。

1498年
5月、**ヴァスコ・ダ・ガマ**、インドのカリカットに到達する。

1499年
イランでサファヴィー教団の指導者イスマーイールが挙兵する。
オスマン帝国がヴェネツィアと開戦する。

1500年
ポルトガルのカブラル、ブラジル海岸に漂着する。

この時代の日本史

幕府の求心力は急低下し、戦国時代がここに始まる

足利義尚が近江遠征中に死去後、足利義視の子・義材(よしき)が室町幕府第10代将軍の座についたが、１４９３年(明応2)4月に「明応の政変」が勃発する。

足利義材が河内(大阪府東部)で軍事行動をとっている最中、幕府重鎮の細川政元が先年、足利茶々丸に殺された堀越公方・足利政知の子・清晃(のちに義澄)を奉じて挙兵。京都を武力制圧したうえで、清晃を将軍の座に据えたのだ。

この翌年、足利義澄は将軍となり、細川政元は管領に就任した。これを受けて義材は身ひとつで越中(富山県)へと入り、自身の正統性を主張。義材のもとに参じる武士もいた。

明応の政変は家臣の一存により、将軍の首の挿げ替えができることを天下に示す結果となった。これを受けて在京の守護たちは、幕府の支配に見切りをつけて、次々と領国に帰国した。これにより守護の在京を義務付けていた「守護在京制」は完全に崩壊し、幕府の求心力は低下した。

戦国乱世の到来を告げる北条早雲の台頭

室町幕府が機能不全に陥ったことで地方では、自主独立の気運が高まり、１４９５年(明応4)9月、伊勢宗瑞(北条早雲)による小田原城奪取という事件が起こる。伊勢宗瑞は現在の岡山県の人だ。伊豆に到るや、堀越公方家の内紛に乗じて同家を滅亡に追い込んで伊豆を領有。版図を関東に拡げるため、大森氏が拠る小田原城を謀略によって奪ったのだ。

これまで兵を動かすには、前提として政治的対立があった。だが、伊勢宗瑞は単に奪うために兵を動かした。これは領土を奪い合う戦国時代の幕開けを告げるものだった。

この時代の世界史

コロンブスの新大陸発見 ガマのインド航路開拓

イスラム勢力に支配されて以来、イベリア半島ではレコンキスタ(国土回復運動)が行なわれていた。

アラゴン王国のフェルナンドとカスティリャ王国イザベルが結婚することで誕生したスペイン王国は１４９２年、ナスル朝の首都グラナダを占領。イスラム勢力を完全にイベリア半島から駆逐し、レコンキスタを完成させた。

ほどなくスペイン王室に、クリストファー・コロンブスなる人物から「大西洋を西に横断することでアジア世界に到達する」という計画がもたらされる。大西洋の果てなど誰も行ったことがなく、計画は絵空事のように思えたが、アフリカ大陸南下航路がポルトガルに抑えられている以上、スペインとしてはコロンブスの案に賭けるしかなかった。

こうしてコロンブスはスペイン王室の支援のもとに準備を進め、大西洋横断航海をし、アメリカに到達した。

世界を勝手に二分したスペインとポルトガル

海洋進出はポルトガルとスペインの独擅場であり、１４９４年には両国間でトルデシリャス条約が締結される。世界を2分割することを他国の同意もなく、勝手に決めた条約だ。後にこれを改めたサラゴサ条約では、日本はポルトガルの領土となる予定だった。

スペインが新大陸に到達したことに焦りを隠せないポルトガルが、アジア世界への展開を急いだ結果、１４９８年にはヴァスコ・ダ・ガマがインド航路を発見する。ガマはインド洋を横断し、インドのカリカットに到達する。これによりアジア世界とヨーロッパ世界が海路で結ばれた。

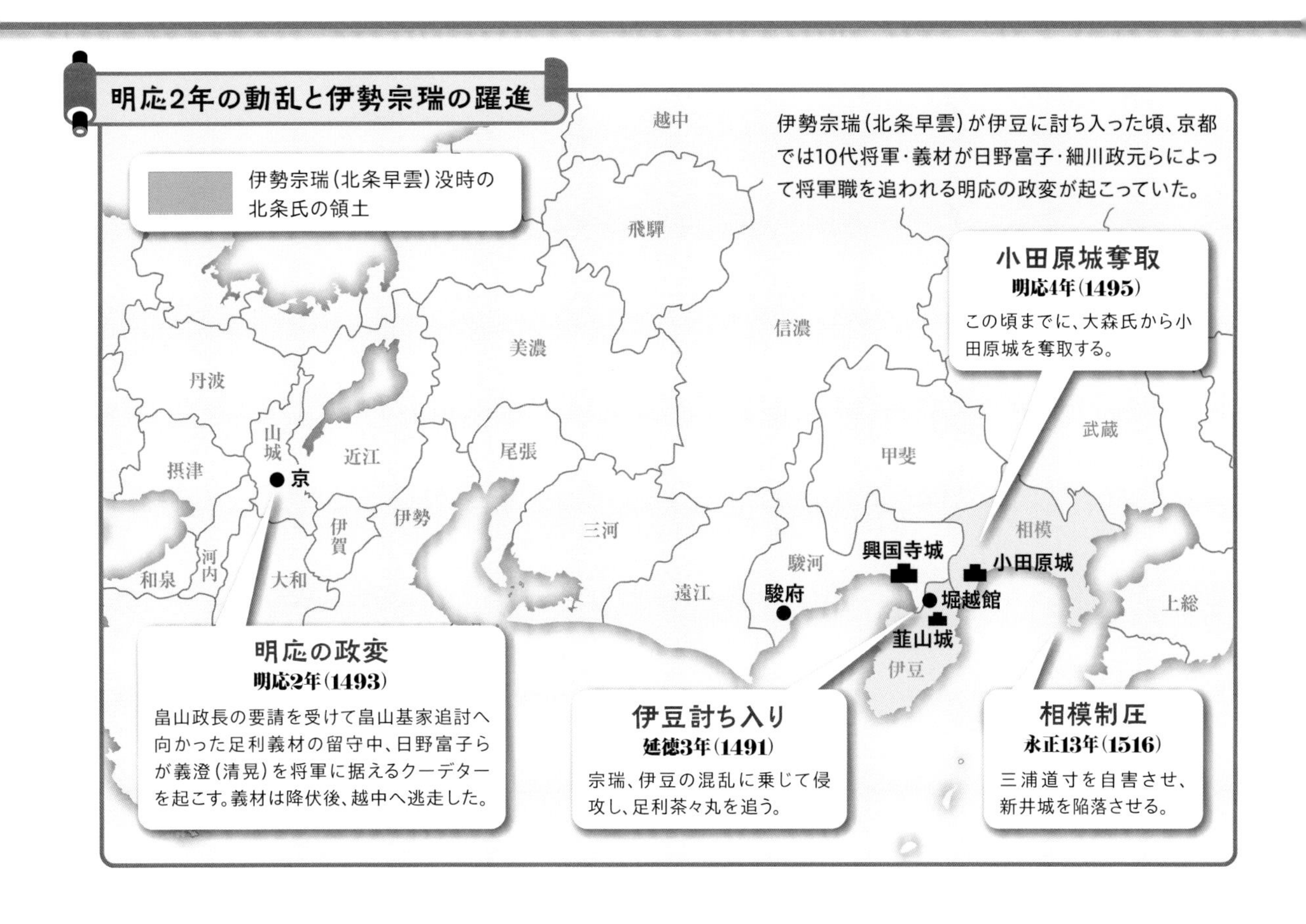
明応2年の動乱と伊勢宗瑞の躍進
伊勢宗瑞（北条早雲）没時の北条氏の領土
伊勢宗瑞（北条早雲）が伊豆に討ち入った頃、京都では10代将軍・義材が日野富子・細川政元らによって将軍職を追われる明応の政変が起こっていた。
小田原城奪取
明応4年（1495）
この頃までに、大森氏から小田原城を奪取する。
明応の政変
明応2年（1493）
畠山政長の要請を受けて畠山基家追討へ向かった足利義材の留守中、日野富子らが義澄（清晃）を将軍に据えるクーデターを起こす。義材は降伏後、越中へ逃走した。
伊豆討ち入り
延徳3年（1491）
宗瑞、伊豆の混乱に乗じて侵攻し、足利茶々丸を追う。
相模制圧
永正13年（1516）
三浦道寸を自害させ、新井城を陥落させる。
越中
飛騨
信濃
美濃
丹波
山城
京
近江
尾張
甲斐
武蔵
摂津
伊賀
伊勢
三河
相模
河内
和泉
大和
駿河
遠江
駿府
興国寺城
小田原城
堀越館
韮山城
伊豆
上総

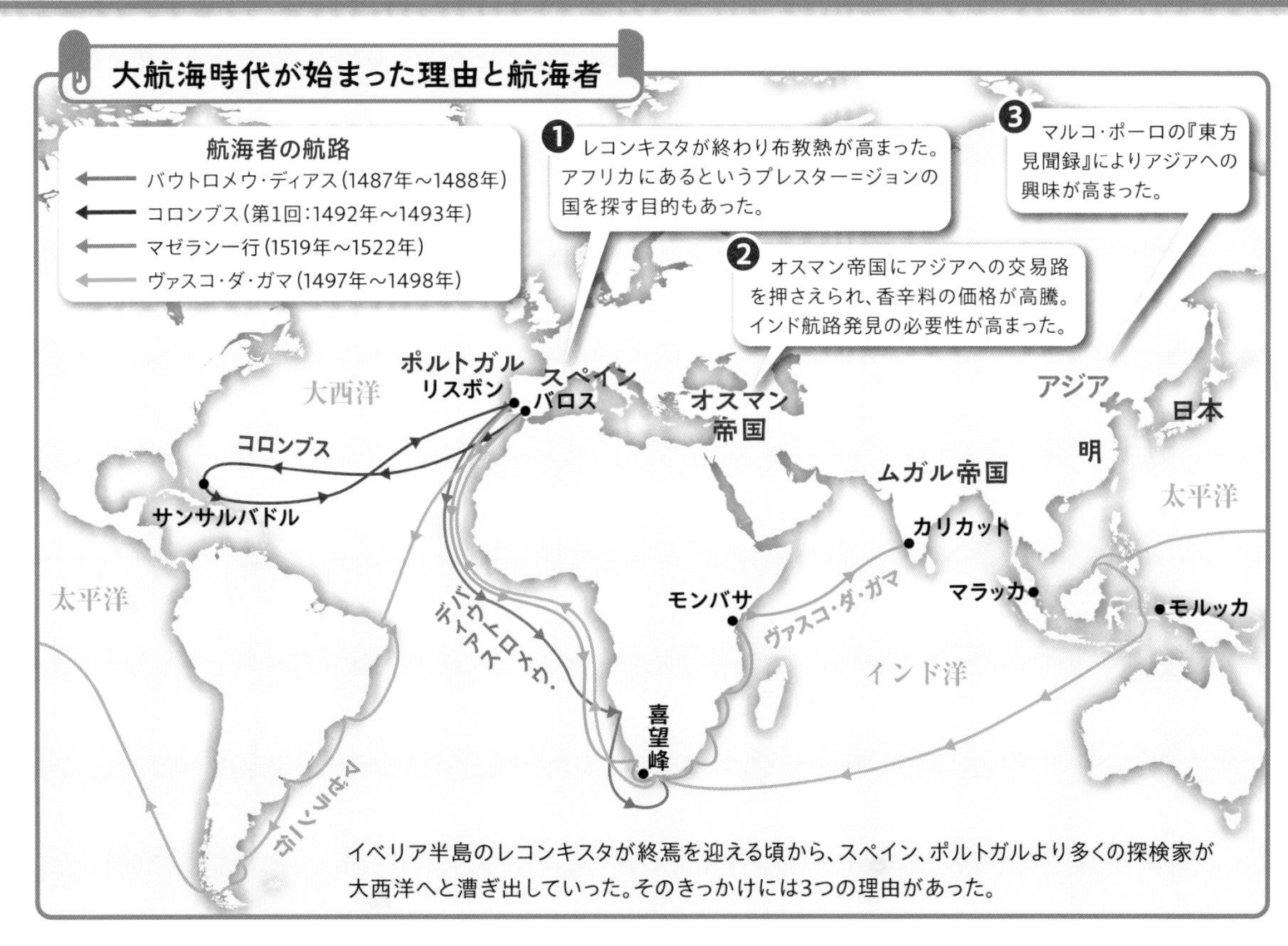
大航海時代が始まった理由と航海者
航海者の航路
バウトロメウ・ディアス（1487年～1488年）
コロンブス（第1回：1492年～1493年）
マゼラン一行（1519年～1522年）
ヴァスコ・ダ・ガマ（1497年～1498年）
❶ レコンキスタが終わり布教熱が高まった。アフリカにあるというプレスター＝ジョンの国を探す目的もあった。
❷ オスマン帝国にアジアへの交易路を押さえられ、香辛料の価格が高騰。インド航路発見の必要性が高まった。
❸ マルコ・ポーロの『東方見聞録』によりアジアへの興味が高まった。
ポルトガル
リスボン
スペイン
パロス
大西洋
オスマン帝国
アジア
日本
明
ムガル帝国
太平洋
コロンブス
サンサルバドル
カリカット
マラッカ
モルッカ
モンバサ
ヴァスコ・ダ・ガマ
インド洋
太平洋
バウトロメウ・ディアス
喜望峰
マゼラン一行
イベリア半島のレコンキスタが終焉を迎える頃から、スペイン、ポルトガルより多くの探検家が大西洋へと漕ぎ出していった。そのきっかけには3つの理由があった。

比較！

絵画と彫刻

狩野派の襖絵が戦国武将の心を捉えた。三大巨匠が活躍した。

合させ、日本の絵画に新風を吹き込んだ。

彫刻では能の隆盛を受けて能面が、工芸では金工師の後藤祐乗が、刀剣装飾で優れた作品の数々を残している。

日本が戦国時代に移行する時期、ヨーロッパではルネサンス期に入ろうとしていた。これは中世カトリックの伝統的世界観からの脱却を目指した、学問・芸術の復興運動絵であり、イタリアを中心に各地で多くの創造的芸術家が活躍し、優れた作品が生み出された。

レオナルド＝ダ＝ヴィンチ、ミケランジェロ、ラファエロの３名がルネサンス３大巨匠と呼ばれている。

『唐獅子図屏風』
狩野永徳（三の丸尚蔵館所蔵）

『秋冬山水図』のうち秋景
雪舟
（東京国立博物館所蔵）

『天橋立図』
雪舟
（京都国立博物館所蔵）

左隻

右隻

『洛中洛外図屏風（上杉本）』 狩野永徳（上杉博物館所蔵）

『ヴィーナスの誕生』
サンドロ・ボッティチェリ
（ウフツィ美術館所蔵）

『最後の晩餐』レオナルド・ダ・ヴィンチ
（サンタ・マリア・デッレ・グラツェ教会所蔵）

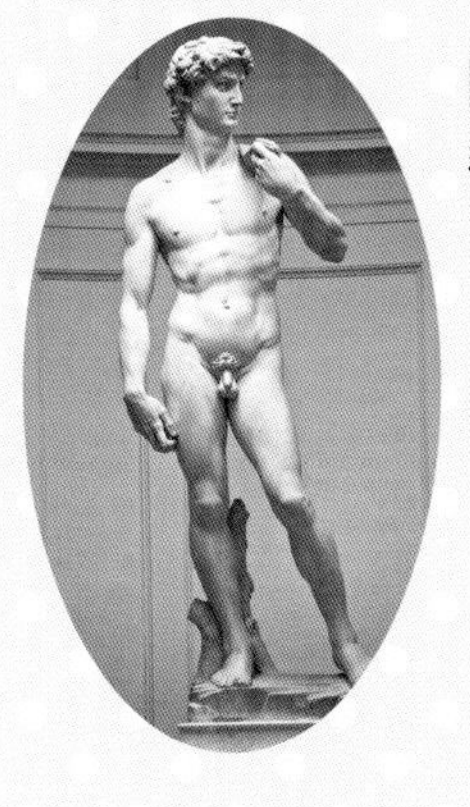

『ダビデ像』
ミケランジェロ・ブオナローティ
（アカデミア美術館所蔵）

『カール5世騎馬像』
ティツィアーノ・ヴェチェリオ
（プラド美術館所蔵）

五彩花卉文水注
明（万暦）
（大英博物館所蔵）

『漢宮春暁図
台北故宮博物院（部分）』
仇英（所蔵）

徹底

戦国日本と世界の文化❶

日本では仏教に根差した水墨画と豪壮な
一方、西洋ではルネサンスが開花し、

日本の絵画では水墨画と大和絵が、顕著な発展を遂げた。水墨画とは墨の濃淡で自然や人物を象徴的に表現した絵画をいう。禅宗の伝来とあわせて、中国からもたらされた絵画であり、当初は純日本画とはいえなかったが、室町時代後期、明から帰国した雪舟（せっしゅう）が新境地を開拓。水墨画の作画技術を一新し、日本的な水墨画様式を成立させた。

大和絵とは平安時代、国風文化の成立を受けて誕生した、日本独特の絵画様式だ。時代とともに発展し、室町時代後期には土佐派・狩野派などの流派が成立した。とくに狩野派は水墨画と大和絵を融

『宮廷の恋人たち』
リザー・アッバースィー
（メトロポリタン美術館所蔵）

1546年（天文15）頃の勢力図

北畠
安東
南部
斯波
武藤
小野寺
葛西
最上
大崎
留守
揚北衆
伊達
畠山
蘆名
相馬
長尾
二階堂
田村
一向一揆
神保
高梨
小笠原
村上
那須
白川
岩城
朝倉
山内上杉
宇都宮
田
井
斎藤
木曽
佐竹
足利
武田
織田
小笠原
小田
鹿島
角
北条
賀
長野
人衆
千葉
今川
北畠
里見

織田信秀の台頭

尾張守護代・織田大和守家に仕える清洲三奉行のひとり織田信秀が台頭する。

武田信玄の信濃侵攻

父・信虎以来の目標である信濃攻略を進める。

伊達晴宗の米沢移動

1548年（天文17）、伊達晴宗、本拠地を米沢に移す。

甲相駿三国同盟

武田・今川・北条３氏が同盟を締結。それぞれの目標制圧に注力する。

この頃の世界史

- 1501年 ● イランでイスマーイールがサファヴィー朝を建国する。
- 1507年 ● ティムール帝国が滅亡する。
- 1517年 ● ルターが『九十五ヶ条の論題』を掲示し、宗教改革が始まる。
- 1519年 ● マゼランが世界周航に出発する。
- 1521年 ● コルテスがアステカ帝国を征服する。
- 1526年 ● インドにムガル帝国が成立する。
- 1533年 ● ピサロがインカ帝国を征服する。
- 1534年 ● ヘンリ8世、首長令を制定し、イギリス国教会が成立する。
  ● イエズス会が結成される。
- 1543年 ● ポーランドのコペルニクスが地動説を発表する。
- 1555年 ● アウグスブルクの宗教和議で、カール5世がルター派を容認する。

第2章

群雄割拠の日本とイスラム世界の三国分立

日本では、応仁・文明の乱以降、自領を守るための小競り合いが全国で断続的に続いていた。そうしたなか、武田、上杉、北条、今川、斎藤、毛利と、諸国の小勢力を従えて数か国を支配する大大名が台頭。生き残りをかけて激闘を繰り返す時代へ突入する。

一方、西洋ではルターの『九十五ヶ条の論題』を契機に宗教改革が始まり、西ヨーロッパに広がっていたカトリック教会が分裂する事態となった。スペインはコルテス、ピサロといった人々によって南米の文明を制圧・破壊し、植民地化を進めるとともに、イエズス会の布教と連動し、その影響で日本へも鉄砲、ついでキリスト教が伝来した。また、インドではムガル帝国が、イランではサファヴィー朝が成立し、オスマン帝国と共にイスラム世界を分け合うこととなった。

1501 ／ 1505

朝鮮貿易を巡って三浦の乱が起こった頃、イタリアでミケランジェロが『ダヴィデ像』を制作していた

日本

1503年（文亀3）

○土佐光信、『北野天神縁起絵巻』

1504年（永正1）

9月、扇谷上杉朝良、今川氏親・伊勢宗瑞とともに山内上杉顕定を破る。

日本史の絵画

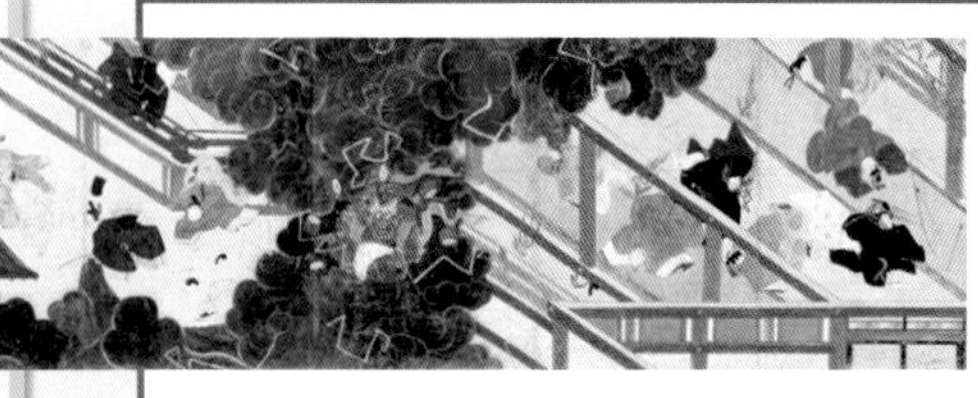

『北野天神縁起絵巻』
（土佐光信）

北野天神の由緒を絵画化した『北野天神縁起絵巻』。雷神となった菅原道真が、清涼殿に雷を落とす場面はつとに有名。

西洋

1503年

11月、教皇**ユリウス2世**が即位する。

この年、スペインでインディアス貿易の商務庁が設立される。

1504年

○ミケランジェロ『ダヴィデ像』

豆知識

ボルジア家との長い権力闘争を経て即位したのち、教皇権の伸長を企図して外国の干渉を排除すべく権謀術数を駆使。自ら戦場に立つこともあった。

ルネサンスの巨匠ミケランジェロの彫刻作品『ダヴィデ像』。

ユリウス2世

中国・東アジア

その他

西アジア・インド・アメリカなど

1502年

サファヴィー朝、タブリーズへ入城。

1503年

オスマン帝国、ヴェネツィアと和平を締結する。

新大陸植民地に**エンコミエンダ制**が導入される。

解説

エンコミエンダ制とは、ラテンアメリカのスペイン領植民地において、先住民（インディオ）のキリスト教化を名目にスペイン国王が植民者に先住民の統治を委任した制度。植民者が先住民に貢納、賦役労働を課す権利を与えられたため、過酷な奴隷労働を生む原因となった。

1506年（永正3）

8月、朝倉貞景・教景（宗滴）、**九頭竜川の戦い**で**一向宗**門徒を破る。

9月、越後守護代・長尾能景、一向宗門徒との般若野の戦いで敗死する。

1507年（永正4）

6月、細川政元が養子の澄之に暗殺される。**（永正の錯乱）**

8月、**長尾為景**、越後守護・上杉房能を討つ。

1510年（永正7）

4月、**三浦の乱**が起こる。

6月、山内上杉顕定、長尾為景に敗れ、死す。

解説

1494年、朝鮮政府が私貿易を禁止すると、対馬島民や三浦の恒居倭人が密貿易に走った。これを弾圧した朝鮮政府に対して、1510年、三浦（薺浦、富山浦、塩浦）の日本人居留民が反乱を起こした。さらにこれを対馬島主の宗氏が200余隻の軍船を送って援助した。結果的に反乱は朝鮮軍によって鎮圧され、国交が途絶した。

1505年

ポルトガル、セイロン島を占領する。

1506年

ユリウス2世、**サン・ピエトロ大聖堂**の改築を本格化させる。

1507年

サン・ピエトロ大聖堂改築資金調達のために**贖宥状**が配布される。

1508年

ローマ教皇、フランスなどと対ヴェネツィアの同盟を結ぶ。

1509年

イングランドで**ヘンリ8世**が即位する。

○**エラスムス『愚神礼讃』**

1510年

ポルトガル、**ゴア**を占領する。

○**ラファエロ『アテネの学堂』**

行ってみたい 歴史スポット

サン・ピエトロ大聖堂の修復には、当代随一の芸術家が多数参加し、壮大な規模の大聖堂が誕生した。一方で改築費用が教会の財政を圧迫し、贖宥状の販売へとつながっていく。

1508年

陽明学が成立する。

ヘンリ8世

豆知識

テューダー朝の王ヘンリ8世は男児の後継者を求めて結婚と離婚を繰り返し、生涯に6人の妻を持ったが、結局男児はひとりしか生まれなかった。なかには離婚のために死に追いやられた妻もおり、ハンプトン・コートやロンドン塔にはその幽霊が現れるという。

1507年

ウズベク族により**ティムール帝国**が滅亡する。

1509年

ポルトガルのインド総督アルメイダ、イスラム連合艦隊を**ディウ沖**の海戦で破る。

1510年

メルヴ近郊の戦いでサファヴィー朝軍がシャイバーニー朝を撃破する。

この時代の

日本史

下剋上の時代が到来 既成の秩序は大崩壊

「下剋上」とは身分的・地位的に下位の存在が、身分的・地位的に上位の存在を武力で排除して成りあがることをいう。『大乗院寺社雑事記』が、山城国一揆を賞賛しつつも、「但し、又、下極（剋）上の至りなり」と評したのが最初だ。戦国時代とはこの下剋上により、日本が営々と築いてきた秩序が、崩壊していく時代であった。

　この時期、最も下剋上の動きが激しかったのは、関東・北陸・越後だ。関東では関東管領上杉氏内部の対立が激化し、１５０４年（永正元）４月、扇谷上杉朝良が、今川氏親・伊勢宗瑞を味方に引き入れ、山内上杉顕定と激突。これを撃破している。

　１５０６年（永正３）８月には、北陸で朝倉貞景と教景（宗滴）が、九頭竜川の戦いで一向宗門徒を破っている。一向宗門徒とは、浄土真宗本願寺派門徒のことだ。

　彼らは独自の宗教的コミュニティを築いており、世俗権力に

永正の錯乱の対立構造

丸数字は京兆家の当主就任順
══は養子関係

幕府内では1507年（永正4）に細川政元が暗殺されたのを機に、3人の養子による永正の錯乱が勃発する。

1507年6月、殺害。
1507年8月、殺害。

①頼春─②頼之
頼有
③頼元─④満元─⑥持之─⑦勝元─⑧政元
⑤持元
⑨澄之
⑪高国
⑩澄元
満国─持春─教春─政春─高国
詮春─義之═満久─持常═成之─義春─澄元
之持─持隆

この時代の

世界史

新大陸で躍動するスペイン ポルトガルの舞台はインド

クリストファー・コロンブスによって発見された新大陸は当初、インドを意味する「インディアス」と呼ばれた。

　これはヨーロッパの人々が「コロンブスは大西洋を横断してインドに到達した」と考えたからだ。コロンブス自身も没するまで「インドに達した」と信じていた。新大陸の富はスペインが独占し、貿易は莫大な利益をスペインにもたらすことになった。

　このためスペイン王室は１５０３年、新大陸に商務庁を設け、貿易の独占と管理に当たらせた。

インドを押さえたポルトガル

　スペインが新大陸との貿易を本格化させたころ、アジア世界ではポルトガルが覇権を確立させつつあった。ヴァスコ・ダ・ガマがインド亜大陸に到達し、インド洋交易航路が開かれるやポルトガルは、軍事力に訴えてインド洋での支配圏を確立し、香辛料貿易を独占する計画を実行に移した。

　１５０５年、ポルトガル王マヌエル１世は、フランシスコ・デ・アルメイダを「副王」に任命すると、21隻の大艦隊とともにインド洋に派遣した。艦隊は東アフリカ沿岸諸国を軍事的に制圧すると、インド亜大陸の突端部に近いセイロン島（現在のスリランカ）を占領した。

　これに対抗するため、インド洋交易で利益をあげているグジャラート朝とマムルーク朝は、連合艦隊を編成し、ポルトガル艦隊に戦いを挑んだ。１５０９年、ディウ沖で行なわれたこの海戦は、ポルトガルの勝利に終わり、１５１０年にはインドのゴアを占領した。

　インド洋交易の要衝を手に入れたことで、ポルトガルのインドにおける覇権は一層強化された。

従わず、領主の支配が及びそうな場合には、武力行使も辞さなかった。このため各地で領主と一向一揆の衝突が起こった。

北陸における秩序の崩壊

北陸では領主が勝ったが、この年の9月には、越後守護代の長尾能景が、般若野で一揆勢と戦って敗死している。

能景のあとを継いで越後守護代となった長尾為景は、下剋上の動きを加速させ、1507年（永正4）8月には、主に当たる越後守護・上杉房能を襲撃。追い詰めて自刃に追い込んだ。この報復として山内上杉顕定が大軍を率いて越後に侵攻してくると、これも討ち取っている。

戦国の梟雄たち—下剋上の代表例

長尾為景 ?-1540年
父を継いで越後守護代となると、国内諸将を糾合して守護の上杉房能を追放して定実を守護に擁立。さらに房能の兄で関東管領の上杉顕定を敗死させて越後の事実上の国主となった。
斎藤道三 1494年-1556年
美濃国の守護土岐氏に仕えて1537年（天文6）頃守護代斎藤氏の名跡を継ぐ。さらに1542年（天文11）には土岐頼芸を美濃から追い、国主となった。
宇喜多直家 1529年-1581年
備前守護代浦上氏の家臣であったが、謀略や暗殺を駆使して家中随一の実力者となると、備前西部の松田氏を滅ぼし、毛利氏と結んで、備前三村氏、美作三浦氏を討った。さらに主の浦上氏を滅ぼして備前・備中・美作に勢力を張った。
松永久秀 1510年-1577年
三好長慶に仕えて主家の実権を握り、主の死後、主家を乗っ取り、三好三人衆と争った。
伊勢宗瑞 1432年-1519年
今川家の家督争いを収めて興国寺城を与えられると、明応2年（1493）には伊豆の混乱をついて討ち入りこれを制圧。永正13年（1510）には三浦氏を滅ぼして相模を平定した。
越後
美濃
美作
備中
備前
大和
相模
伊豆

サファヴィー朝の最大領域

スペイン、ポルトガルが海洋進出を加速させていた時期、1501年に成立したサファヴィー朝は、ムガル帝国、オスマン帝国と抗争しながらアッバース1世の時代に最盛期を迎える。

1511年〜1520年

北条早雲が三浦氏を滅ぼして相模を平定した頃、贖宥状の販売に怒ったルターが宗教改革を始めた

日本

1511年(永正8)
7月、**細川澄元**(ほそかわすみもと)が阿波で挙兵して入京する。

1512年(永正9)
対馬の宗氏が李氏朝鮮と壬申約条を結ぶ。

西洋

1511年
教皇**ユリウス2世**、対フランス同盟を主導する。

1512年
メディチ家、フィレンツェに復帰する。

メディチ家は1494年にフィレンツェを追放されていた。

1513年
教皇**レオ10世**が即位する。
マキャヴェリ、『**君主論**』の執筆に着手する。

豆知識
フィレンツェの行政官を務めていたマキャヴェリが『君主論』で説いたのは、理想の君主の在り方ではなく、君主が権力を握り続けるための方法。強い軍隊を持ち、民衆の支持を得ること、そして政治は宗教や道徳と切り離して行なうべきというものだった。

ニコロ・マキャヴェリ

レオ10世

解説
教皇レオ10世はロレンツォ・メディチの子。当時「ローマの牝牛(めうし)」と呼ばれていたドイツでの贖宥状の販売を強化して諸侯の反発を招き、宗教改革を引き起こす発端を作った。

中国・東アジア

1511年
ポルトガル、**マラッカ**を占領する。

1512年
李氏朝鮮、日本と**壬申約条**(じんしんやくじょう)を結ぶ。

解説
三浦の乱以来途絶していた対朝鮮貿易において、朝鮮より対馬の宗氏などに朝鮮から示された再開の条件。宗氏が朝鮮に出す歳遣船や、朝鮮からの歳賜米・大豆の半減や、日本人の三浦居住不許可など様々な制約が課せられた。

その他
西アジア・インド・アメリカなど

1513年
バルボア、**パナマ地峡**を横断する。

1514年
セリム1世のオスマン帝国軍、サファヴィー朝を破る。

1516年(永正13)

7月、**伊勢宗瑞**、**相模**の新井城にて**三浦義同(道寸)**、**義意**父子を攻め殺し、三浦氏を滅ぼす。

1517年(永正14)

8月、**今川氏親**、遠江を併合する。

10月、安芸郡山の国人・**毛利元就**、武田元繁を破る。

10月、足利義明、上総の小弓城へ拠る。(小弓公方)

豆知識

今川氏親の母・北の方は伊勢宗瑞の姉とされ、今川義忠の死後勃発した今川家の内紛をその縁で宗瑞が家督争いを鎮め、氏親を今川家の当主とした。

豆知識

この時の神聖ローマ皇帝選挙にはフランスのフランソワ1世も立候補したため、カール5世はアウクスブルクの豪商フッガー家より大金を借り入れて選帝侯を買収し、選挙に勝利した。

カール5世

1515年

フランス王**フランソワ1世**、**ミラノ**を攻略する。

1516年

スペイン国王**カルロス1世**即位する。

レオナルド・ダ・ヴィンチ、フランスへ移る。

1517年

ルター、**贖宥状**の販売に抗議して『**九十五ヶ条の論題**』を掲示。(**宗教改革**の始まり)

1519年

スペイン王カルロス1世、**神聖ローマ皇帝**に選出される。(**カール5世**)

マルティン=ルター

豆知識

ルターはドイツ語の歌詞を載せたコラールと呼ばれる讃美歌を数多く作曲して布教に用いた。自身もリュートを得意とし、作曲に用いた。

エルナン・コルテス

豆知識

レコンキスタが完了したスペインでは、多くの兵士が職にあぶれ、一獲千金を狙って新大陸へ渡り、略奪や征服活動を行なった。こうした人々を「コンキスタドール」と呼ぶ。

1515年

ポルトガルが**ホルムズ**を占領する。

1516年

オスマン帝国海軍、アルジェを占領する。

オスマン帝国、マルジュ・ダービクの戦いでマムルーク朝を破り、シリアを併合する。

1517年

オスマン帝国、ライダーニーヤの戦いでマムルーク朝を破り、エジプトを併合。マムルーク朝を滅ぼす

1519年

スペインの**コルテス**、**アステカ帝国**征服に着手。

1520年

オスマン帝国で**スレイマン1世**が即位する。

この時代の日本史

自力での領地獲得 堂々たる他国侵略

戦国時代の到来によって、中世以来の荘園制は完全に崩壊し、各領主は自力で領地を獲得する必要に迫られた。

このため戦国領主の領地獲得は、自身の拠点を中心として同心円状、もしくは扇状に拡がる点に特徴があった。1516年(永正13)7月の伊勢宗瑞による三浦氏攻めはその典型例だ。

三浦氏は鎌倉幕府の重鎮だった三浦氏の末裔だ。

相模(神奈川県)東部に割拠し、当主の三浦義同(道寸)が岡崎城(伊勢原市)に、息子の義意が新井城(油壷)に拠っていた。小田原城を拠点として、西相模を制圧した伊勢宗瑞は、東相模を制圧すべく、三浦氏に攻勢を仕掛け、先ず、岡崎城を攻めた。

義同は奮戦したが、支え切れず住吉城(逗子市)に後退。ほどなく新井城に後退した。

新井城は油壷湾に突き出した岬の先端部に築かれた要害だ。しかも、三浦水軍が海上から城を守っていた。

「力攻めは無理」と見た宗瑞が持久戦に出たため、城内では食料が尽きてしまう。ここに到って三浦父子は出撃し、両者とも存分に戦ったあと自害した。これにより三浦氏は滅亡し、東相模も伊勢宗瑞の支配下に入るのだ。

東海の今川が勢力を伸ばすなか、中国では毛利が台頭する

東海では1517年(永正14)8月、駿河(静岡県東部)に拠る今川氏親が、遠江(静岡県西部)を併合した。

今川氏は室町幕府の守護として駿河支配を託されていたが、戦国時代に到るや、自前で領国経営をする戦国大名に変貌したのだ。同年10月に安芸(広島県西部)の国人・毛利元就が、分郡守護の武田元繁(もとしげ)を破り、戦国大名の道を歩み始めた。

この時代の世界史

スペインの勃興と、オスマン帝国の拡大

1516年、大航海時代をリードしながらも地方の独立志向が強く政治的に不安定であったスペインにおいて、カルロス1世が即位する。

オーストリアのハプスブルク家出身のこの王は、フランスのヴァロア朝のフランソワ1世との争いを勝ち抜いて、1519年、神聖ローマ皇帝に選出され、カール5世として即位する。

トレドなどスペイン内の都市国家がこれに反対し、1520年にコムネーロスの反乱を起こすと、カルロス1世は迅速な対応でこれを鎮圧した。これによりスペインで絶対王政が確立し、スペインはヨーロッパの強国へと急成長していく。

ヨーロッパの宗教界を根底から変える宗教改革が起こったのは、そのカルロス1世即位翌年のことである。

サン・ピエトロ大聖堂改修の資金集めのための贖宥状の販売に、ヴィッテンベルク大学の神学教授ルターが反発し、教皇を批判したのである。

15世紀前半の国際関係

カール5世に敗れたフランソワ1世は、オスマン帝国と結んでハプスブルク家に対抗していく。

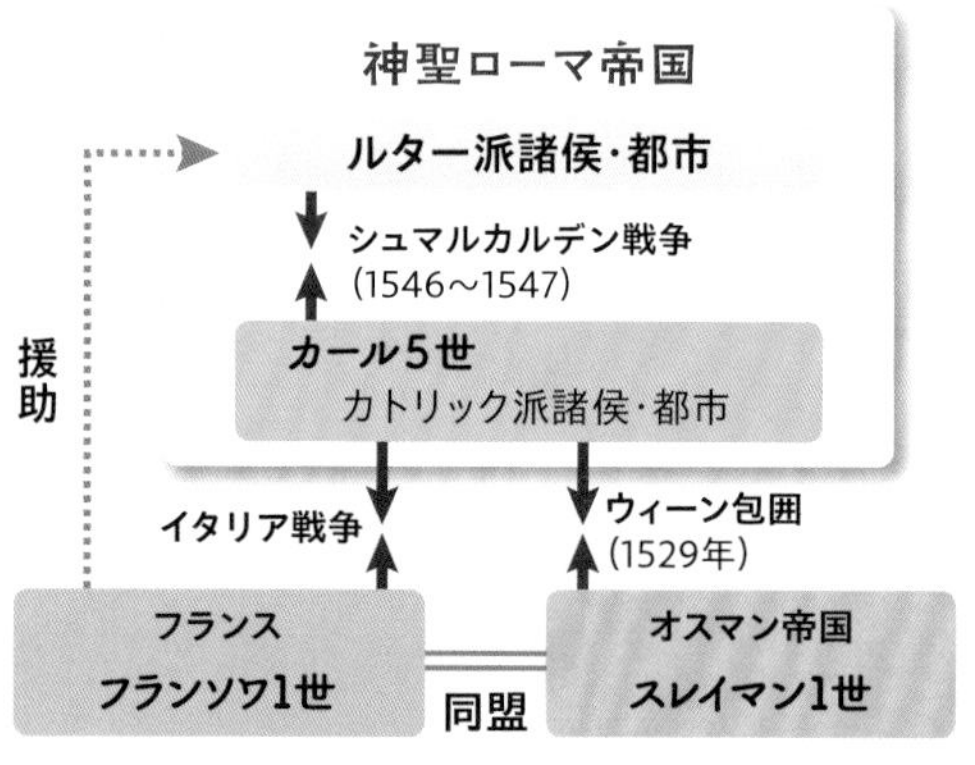

神聖ローマ帝国
ルター派諸侯・都市
シュマルカルデン戦争
(1546～1547)
カール5世
カトリック派諸侯・都市
援助
イタリア戦争
ウィーン包囲
(1529年)
フランス
フランソワ1世
同盟
オスマン帝国
スレイマン1世

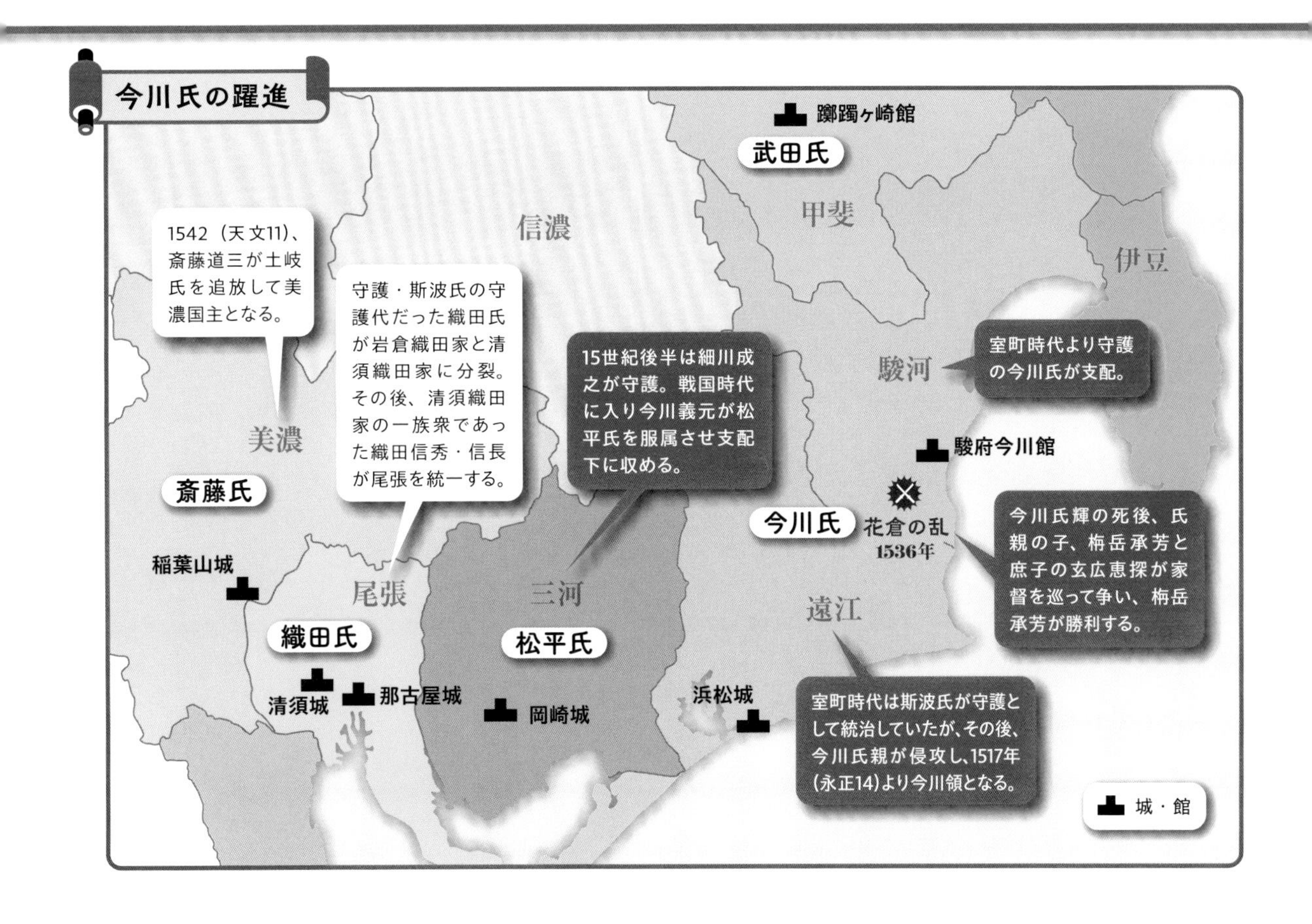

今川氏の躍進
躑躅ヶ崎館
武田氏
甲斐
信濃
伊豆
1542（天文11）、斎藤道三が土岐氏を追放して美濃国主となる。
守護・斯波氏の守護代だった織田氏が岩倉織田家と清須織田家に分裂。その後、清須織田家の一族衆であった織田信秀・信長が尾張を統一する。
15世紀後半は細川成之が守護。戦国時代に入り今川義元が松平氏を服属させ支配下に収める。
駿河
室町時代より守護の今川氏が支配。
駿府今川館
美濃
斎藤氏
今川氏
花倉の乱
1536年
今川氏輝の死後、氏親の子、栴岳承芳と庶子の玄広恵探が家督を巡って争い、栴岳承芳が勝利する。
稲葉山城
尾張
三河
遠江
織田氏
松平氏
浜松城
清須城
那古屋城
岡崎城
室町時代は斯波氏が守護として統治していたが、その後、今川氏親が侵攻し、1517年（永正14）より今川領となる。
城・館

「信仰によってのみ救われる」ことを主張するルターの教えはドイツ全土に反響を呼び、新しい価値観が生まれていく。

この頃東方ではオスマン帝国がアラブ地域まで支配圏を拡げ始めていた。1514年、セリム1世はチャルドランの戦いで、サファヴィー朝軍を破って、東アナトリアを獲得。1516年にはオスマン帝国海軍が北アフリカのアルジェを占領し、さらにはマムルーク朝軍を撃破してシリア、エジプトを立て続けに併合した。

キリスト教4派の特色

	カトリック（旧教）	プロテスタント（新教）		
		ルター派	カルヴァン派	イギリス国教会
教義	①**教皇の首位権と聖職階層性**（ヒエラルキー） ②教会が秘蹟を授与 ③人間の自由意思を承認 ④聖職者の妻帯を禁止	①**義認説**（人は信仰によってのみ義とされる）、**教皇の首位権を否定** ②救済において、人間の意志は神の前で無力 ③**福音主義＝聖書中心主義**	①徹底した聖書主義 ②**予定説**を唱える ③**商業は神から与えられた使命である**＝職業召命観	①カトリックの儀礼を継承し、プロテスタントの教義を受容する
地域	イタリア、フランス、ドイツ南部、ヨーロッパ外への伝道	ドイツ北部、デンマーク、スウェーデン、ノルウェー	スイス、フランス（**ユグノー**）、オランダ（**ゴイセン**）、イングランド（**ピューリタン**）、スコットランド（**プレスビテリアン**）	イングランド
組織	【ヒエラルキーと教皇の首位権】 ローマ教皇 大司教 司教 司祭	【領邦教会制】 領邦君主（諸侯） ↓任命 教会巡察官 ↓監督権・懲戒権の行使 それぞれの牧師※	【個別教会の独立保持】 長老（信者代表）・牧師 ↓監督・指導　↑選出 信者	【王が至上の統治者】 王＝「至上の統治者」 カンタベリ大主教 司教 司祭（牧師※）

※牧師は妻帯を許されている。

1521

『今川仮名目録』が制定された頃、コルテスがアステカ帝国を滅ぼし、オスマン帝国がモハッチの戦いに勝利した

日本

1521年(大永1)
3月、**後柏原天皇**、践祚22年目に即位式を行なう。
12月、足利義晴、将軍に就任する。

1523年(大永3)
4月、大内・細川両氏の使者が抗争を起こし、**寧波の乱**が起こる。

1524年(大永4)
1月、**北条氏綱**、上杉朝興を破り、江戸城を奪う。

解説
寧波の乱は、中国の寧波で起こった大内氏と細川氏との争い。博多商人と結ぶ大内氏と堺商人と結ぶ細川氏が勘合貿易の利権を巡って対立し、無効の勘合で出し抜かれた大内氏の船の一行が激怒し、細川氏の船を焼打ちした。

西洋

1521年
スペインの**コルテス**、**アステカ帝国**を征服する。

1522年
マゼラン一行、世界周航を達成する。
この頃、スイスで**ツヴィングリ**の**宗教改革**が始まる。

1524年
ドイツ農民戦争が勃発する。(～1525年)

モクテスマ2世

豆知識
コルテスが到来した1519年という年は、創造神であるケツァルコアトルが帰還する年とされていたことから、皇帝モクテスマ2世をはじめアステカの人々は、コルテスをケツァルコアトルと誤解して歓迎し、戦いの準備が整わないうちに滅ぼされてしまったという。

中国・東アジア

その他
西アジア・インド・アメリカなど

1521年
オスマン帝国、セルビアを征服する。
コルテス、アステカ帝国を征服する。

1522年
オスマン帝国、**聖ヨハネ騎士団**の本拠地ロードス島を攻略。騎士団はマルタへ退去する。

スレイマン1世

豆知識
オスマン帝国の全盛期を現出したスレイマン1世は「大帝」と呼ばれる。

1525年(大永5)

2月、北条氏綱、太田資頼を破り武蔵岩槻城を奪う。

1526年(大永6)

6月、結城政朝、宇都宮忠綱と戦い、宇都宮城を奪う。

今川氏親、**『今川仮名目録』**を制定する。

豆知識

今川家の分国法『今川仮名目録』が制定された頃、すでに氏親は病に倒れており、制定には妻の寿桂尼が大きく関わったとされている。

行ってみたい 歴史スポット

ローマ劫掠に際して教皇が逃げ込んだサンタンジェロ城。ヴァチカン宮殿と通路でつながっていた。

1530年(享禄3)

8月、少弐資元麾下の龍造寺胤久、田手畷の戦いで大内義隆麾下の杉興連を破る。

1525年

パヴィアの戦いで**フランソワ1世**が捕虜となる。

ドイツ騎士団が世俗化してプロイセン公国となる。

世界史の絵画

『パヴィアの綴れ織』

フランソワ1世がカール5世の捕虜となった、イタリア戦争のパヴィアの戦いを描いたタピスリーの一部。フランス軍壊乱の場面が描かれている。この戦いでは派手な衣装を身にまとうドイツ人傭兵ランツクネヒトが双方に仕えて戦いを繰り広げた。

1526年

モハッチの戦いでハンガリーがオスマン帝国に敗れる。

ハプスブルク家によるボヘミア・ハンガリーの統治が始まる。

1527年

カール5世の神聖ローマ帝国軍により**ローマ劫掠**が起こる。

1529年

9月、オスマン帝国、ウィーンを包囲(**第一次ウィーン包囲**)。

豆知識

ウィーン包囲はハプスブルク家の力を削ごうとするフランスが、本来敵国であったオスマン帝国と同盟を結ぶことで起こった。2か月にわたって攻囲戦が繰り広げられ、ウィーンの激しい抵抗により陥落は免れた。

1527年

ベトナムにて軍閥の莫登庸が黎朝を倒し即位する。

1525年

オスマン帝国、アルジェリアを征服する。

1526年

オスマン帝国、モハッチの戦いでハンガリーを破り、バルカン半島を掌握する。

世界史の絵画

『モハッチの戦い』

モハッチの戦いでハンガリーは国王ラヨシュ2世が戦死するなど大打撃を受けた。戦後、ハンガリーはハプスブルク家、東ハンガリー王国、オスマン帝国領に3分割された。

バーブル、**パーニーパットの戦い**でロディ朝を破り、**ムガル帝国**を創始する。

この時代の日本史

争乱のさらなる激化を受け、法律制定による領内統制

最初は局地的であった争乱は、徐々に全国的なものとなり、各地で群雄同士の武力衝突が発生する。

関東では扇谷上杉氏と山内上杉氏の両管領家の内部抗争が一向に収まらず、伊勢宗瑞を祖とする北条氏の動きも加わり、混乱に拍車がかかった。

1524年(大永4)1月、伊勢宗瑞のあとを継承した北条氏綱が、山内上杉家の上杉憲房と対立する、扇谷上杉家の上杉朝興を破って、江戸城を奪取。さらに1525年(大永5)2月、扇谷上杉家に仕える太田資頼を破って武蔵岩槻城を奪った。北関東にも争乱は飛び火し、1526年(大永6)1月、結城政朝が宇都宮忠綱と戦い、宇都宮城を奪っている。

分国法が制定され大名の独立性が高まる

こうしたなか戦国大名の中では、自身の領内を統制するための法律を制定する動きも出始めた。これを歴史上「分国法」と呼んでいる。

結城政朝が宇都宮城を奪ったのと同年、今川氏親によって示された『今川仮名目録』は、その最初の試みだ。

年貢、土地の境界線、荒廃した土地を再開墾する際の境界線、喧嘩が生じた場合の法的措置、住居への不法侵入者に対する処罰、知行地の勝手な売買の禁止と許可の特例、他国人の合戦参加の禁止などの規程が、全33条で示された。

この『今川仮名目録』は、東国では最も古い分国法であり、甲斐(山梨県)の武田信玄が制定した『甲州法度之次第』にも大きな影響を与えている。

分国法誕生は戦国時代の争乱が、独立国家同士のせめぎ合いという様相を呈してきたことを意味する。

この時代の世界史

アステカ帝国の滅亡と、マゼランの世界周航

スペインがアメリカ大陸に進出した当時、メキシコの中央高原には、アステカ帝国が栄えていた。

14世紀頃にメキシコに移住してきたアステカ人は、同地に根づいていたトルテカ文明を継承し、テスココ湖の浮洲上に、壮麗な首都テノチティトラン(現在のメキシコシティ)を建設。優れた軍事組織を駆使し、周辺領域の部族を次々と軍事制圧していた。

スペインの貧しい貴族であったエルナン・コルテスは、キューバ総督の命を受けてメキシコを探検。拠点を作ると400人の兵を率いてテノチティトランに進撃し、皇帝のモクテスマ2世を捕縛。同市を占領した。アステカ軍の反撃によって一時後退を余儀なくされるも、1521年に首都を再占領し、アステカ帝国を征服した。

この翌年、ポルトガル人のマ

ムガル帝国の登場

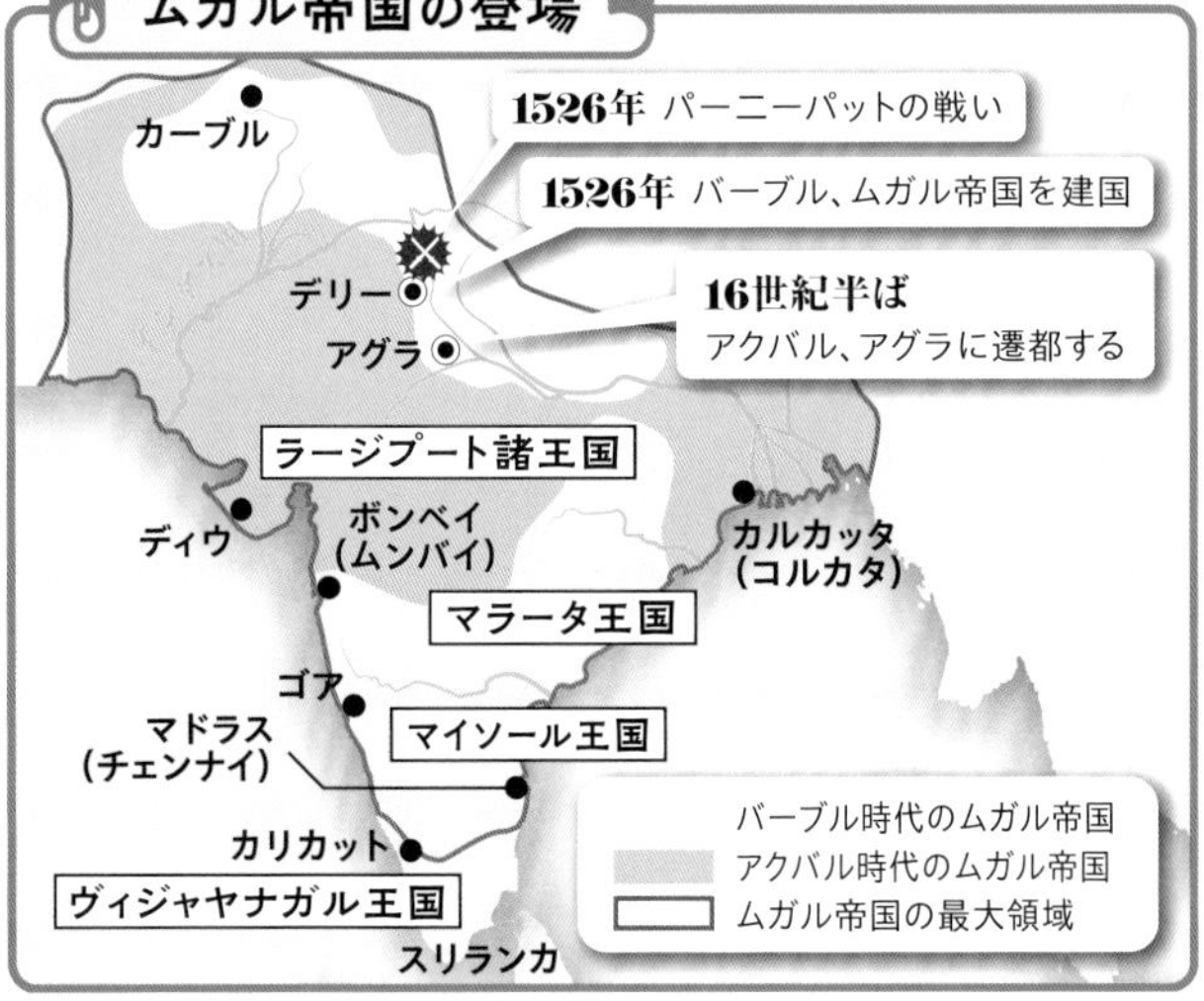

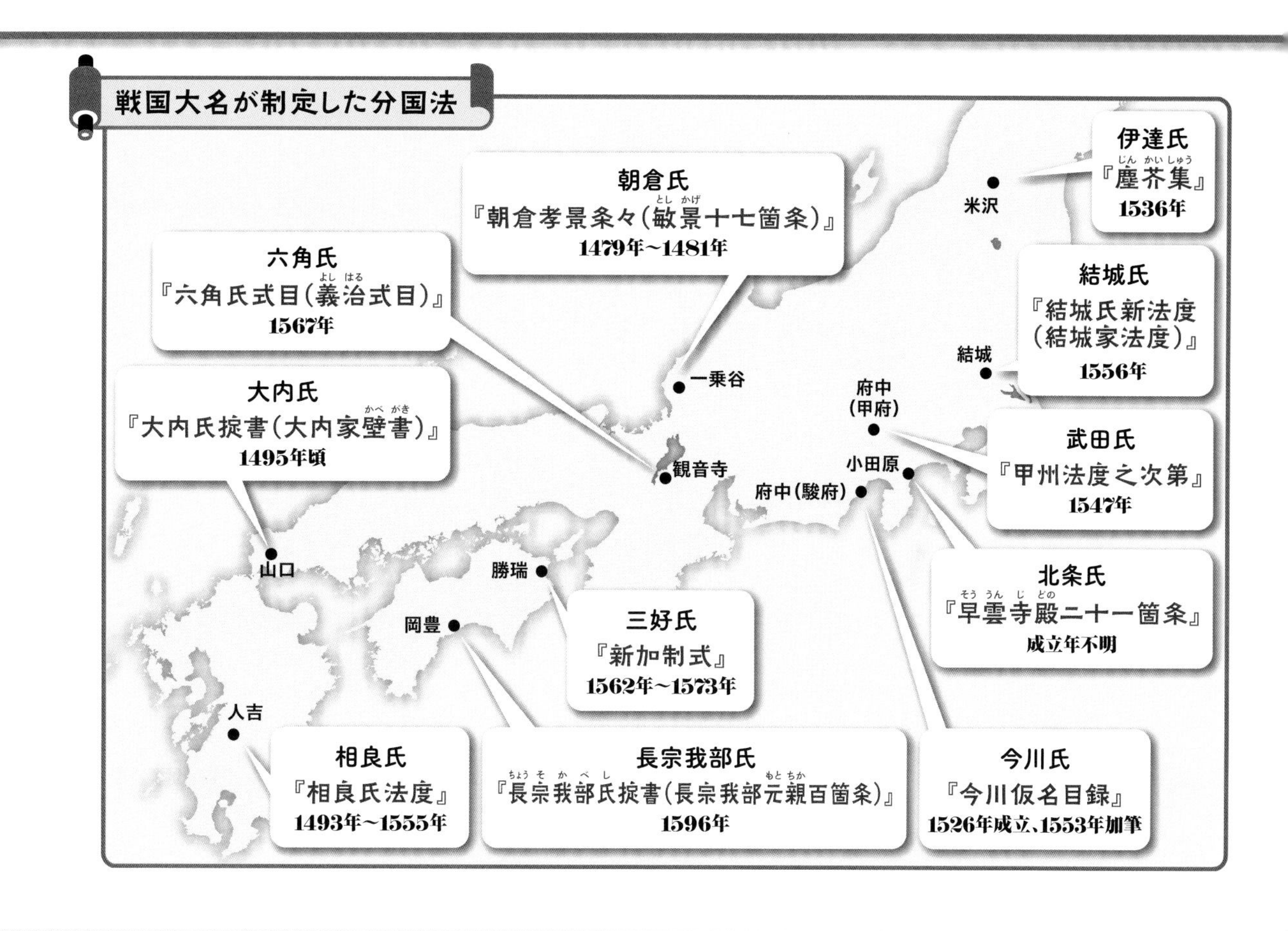

ゼランが人類初の世界周航を成し遂げた。

　ポルトガル王室の不興を買ってスペインに逃れたマゼランは、スペイン王室の援助のもと、世界周航の準備を進め、5隻の船でスペインのサン・ルカル港を出港する。大西洋を南下して、南アメリカ大陸南端のマゼラン海峡を経て、太平洋へと出た一行は、1521年にフィリピンに到着した。

　マゼランはここで現地の紛争に巻き込まれて命を落とすも、残った1隻の船が1522年9月、スペインに帰着した。

　ヨーロッパとアジアを結ぶ航路はそれまで、アフリカ大陸の喜望峰からインド洋に出るルートだけが知られていたが、ここにマゼラン海峡を通る新たなルートが開拓された。また、地球が球体であることが実地で証明された。

古アメリカ文明の展開と崩壊

紀元前 1200 / 1000 / 800 / 600 / 400 / 200 / 紀元後1 / 200 / 400 / 600 / 800 / 1000 / 1200 / 1400 / 1600

メソアメリカ文明
- メキシコ中央高原：テオティワカン文明、トルテカ文化、アステカ王国（1521）
- メキシコ湾：オルメカ文明
- ユカタン半島：マヤ古典期文化、マヤ後古典期文化

アンデス文明
- ペルー北海岸：モチカ文化、チムー文化
- ペルー中央高地：チャビン文化、ワリ文化、インカ帝国（1533）
- ペルー南海岸：パラカス文明、ナスカ文化
- ペルー・ボリビア国境：ティアワナク文化

「死者の大通り」周辺に600の神殿、ピラミッド建設

盛り土のピラミッド、ジャガー信仰、巨石人頭像

コルテスにより滅亡。

ピサロにより滅亡。

黒色土器など高度な工芸文化

ネコ科動物の文様や建築

1531年～1540年

武田信虎が甲斐を統一した頃、ヘンリ8世が王妃と離婚するためにイギリス国教会を設立した

日本

1531年（享禄4）
6月、細川高国、三好元長らに敗れ自害する。

1532年（天文1）
6月、三好元長、堺にて一向一揆の襲撃を受け自害する。

1534年（天文3）
4月、安房の**里見義堯**、北条氏綱の援軍を受けて一族の内紛を制する。
7月、**大友義鑑**、豊後に侵入した大内勢と戦う（**勢場ヶ原の戦い**）。

豆知識
里見氏の内紛は天文の内訌と呼ばれ、当主・里見義豊がその座を伺う叔父の実堯を誅殺したところ、実堯の子・義堯が謀反を起こして、義豊を殺害して家督を奪ったもの。里見氏と対立してきた北条氏綱と結んだ実堯・義堯父子を義豊が誅殺しようとしたことが発端だったとされる。

北条氏綱

西洋

1533年
スペインのピサロにより**インカ帝国**が征服される。

1534年
英国国教会が成立する。
イエズス会が結成される。

ヘンリ8世

イグナティウス・ロヨラ

豆知識
兄嫁であった最初の王妃カザリンとの離婚を教皇が承認しなかったことが国教会設立の発端。1534年に国王をイギリス国教会唯一最高の首長とする首長法が定められ、教皇からの分離独立が確定した。

豆知識
イエズス会は宗教改革に対抗して行なわれた反宗教改革のなかで生まれた組織で、教皇に絶対的服従を誓い、海外布教に力を入れた。また、設立者のロヨラ自身が元軍人であった影響か、軍隊的な組織と規律を持っていた。

中国・東アジア

1531年
ビルマのタビンシュエティー、トゥングー朝を開く。

その他
西アジア・インド・アメリカなど

1532年
ピサロ、カハマルカの戦いでインカ皇帝**アタワルパ**を捕え、翌年処刑する。（インカ帝国の滅亡）

1533年
オスマン帝国の**スレイマン1世**の遠征により、サファヴィー朝の首都**タブリーズ**が占領される。

1535年(天文4)

12月、三河の松平清康、尾張守山にて家臣に殺害される。

この頃、**武田信虎**、甲斐を統一する。

1536年(天文5)

4月、**伊達稙宗**、『**塵芥集**』を制定する。

6月、梅岳承芳(**今川義元**)、兄の玄広恵探を破り、今川家の家督を継承する(**花倉の乱**)。

7月、**天文法華の乱**(延暦寺の僧兵と法華宗徒の争い)が勃発する。

12月、武田信虎、信濃海ノ口城を奪う。

1538年(天文7)

10月、**北条氏綱・氏康**父子、**第一次国府台合戦**で、足利義明・里見義堯を破る。

1540年(天文9)

6月、**織田信秀**、三河安祥城を奪う。

松平清康

豆知識

当主清康が陣中において、家臣の阿部正豊に暗殺されたもので、守山崩れと呼ばれる。動機については諸説あってはっきりしないが、この時に用いられた刀が村正だったとされ、のちに徳川家に仇なす妖刀村正伝説のひとつとなった。

今川義元

解説

花倉の乱では先々代・氏親の妻で承芳の母にあたる寿桂尼や、承芳の師・太原雪斎らが梅岳承芳を支持し、玄広恵探を福島氏が支持した。

1536年

カルヴァン『**キリスト教綱要**』を著す。

イングランド、ウェールズ合同法を制定する。

1538年

キリスト教連合艦隊、**プレヴェザの海戦**でオスマン帝国に敗れる。

1540年

イエズス会、教皇パウルス3世に公認される。

1540年

この頃から**一条鞭法**の施行が始まる。

豆知識

一条鞭法とは、銀の流通が増加するなかで、田賦(土地税)と丁税(人頭税)などを一括で銀納させることとした新税法のこと。

1536年

スペインのメンドーサ、ブエノスアイレスを建設する。

行ってみたい
歴史スポット

スペインによって建設されたブエノスアイレスの街並み。

1538年

オスマン帝国、プレヴェザの海戦でキリスト教連合艦隊を破り、東地中海の制海権を掌握する。

1540年

ムガル帝国の2代皇帝フマユーン、インドを追われる。

この時代の日本史

激しさ増す城の奪い合い 利害衝突で父子も戦う

独立国家のせめぎあいの様相を呈したことで、戦国の争乱はさらに激しさを増し、各地で武力衝突が勃発した。

１５３４年(天文３)７月には、豊後(大分県)の大友義鑑が、領内に侵攻してきた大内義隆指揮下の大内勢と激突する。戦局は大内軍有利↓大友軍反攻と推移したが、大友軍も決定的勝利を得るには到らず、双方の痛み分けで終わった。

この年の８月には、塩冶興久が自害している。

興久は出雲(島根県東部)で勢力を伸ばしていた尼子経久の三男であり、出雲の名族塩冶家の名跡を継いでいた。

当初は父親の意向に従っていたが、塩冶氏の利権が侵される危険を感じるや、父に対して謀反を起こしたのだ。しかし、敗れて後退し、自害した。これにより謀反は終結。利害の衝突は父と子のあいだにも抗争を生む要因となった。

１５３５年(天文４)３月には、国人から戦国大名の道を歩み始めていた安芸(広島県西部)の毛利元就が、備後(広島県東部)の多賀山城を奪って版図を拡大。中国地方一の大大名へと成長する基盤を手に入れた。

武田・織田も戦国大名化を進める

またこの頃、守護大名から戦国大名への道を歩み始めた武田信虎が甲斐(山梨県)を統一。この翌年には信濃海ノ口城(長野県南佐久郡南牧村海ノ口)を攻略し、信濃にも勢力を拡大した。

このとき嫡男の武田晴信が初陣している。

１５４０年(天文９)６月には、尾張(愛知県西部)の織田信秀が、三河(愛知県東部)の安祥城(安城市)を奪って支配域を拡大。戦国大名としての一歩を踏み出した。

この時代の世界史

ピサロのインカ帝国征服と、オスマン帝国の地中海君臨

スペインがアメリカ大陸に進出した時期、現在のペルーを中心にエクアドルから北部にかけてのアンデス一帯は、インカ帝国の支配域となっていた。

14~15世紀の最盛期時には６００~８００万人の人口を抱えていたと推定される。首都はクスコに置かれ、太陽神とされたインカ皇帝は、整った政治機構のもと帝国を統治していた。

スペイン人のピサロは１５３２年、37頭の馬と歩兵１８０名を率いてインカ帝国遠征を行なった。

インカ国内の内紛につけ込んだピサロは、皇帝アタワルパを捕らえると、翌１５３３年には処刑し、インカ帝国を滅亡に追い込んだ。

１５３７年には、現在のコロンビアを中心とした地域も征服。これによりスペインは、中央アメリカと南アメリカに、広大な植民地を有することになる。

海賊を引き入れて海軍を強化したオスマン帝国

スペインが新大陸で版図を拡大していた頃、ユーラシア大陸の西ではオスマン帝国の快進撃が続いていた。

皇帝スレイマン１世は１５３３年、中東方面に遠征し、サファヴィーの首都ダブリーズを占領し、ペルシア湾岸への交易ルートを抑えた。

１５３４年には、地中海の北アフリカ沿岸で暴れていた海賊バルバロッサを海軍提督に任命し、北アフリカの要衝チュニスを占領させた。

オスマン帝国の膨張に警戒感を募らせたキリスト教国家が軍事行動に出ると、１５３８年にプレヴェザの海戦で、ローマ教皇と神聖ローマ皇帝によって組織された連合艦隊を撃破し、地中海の制海権を握った。この時期、スペインとオスマン帝国が

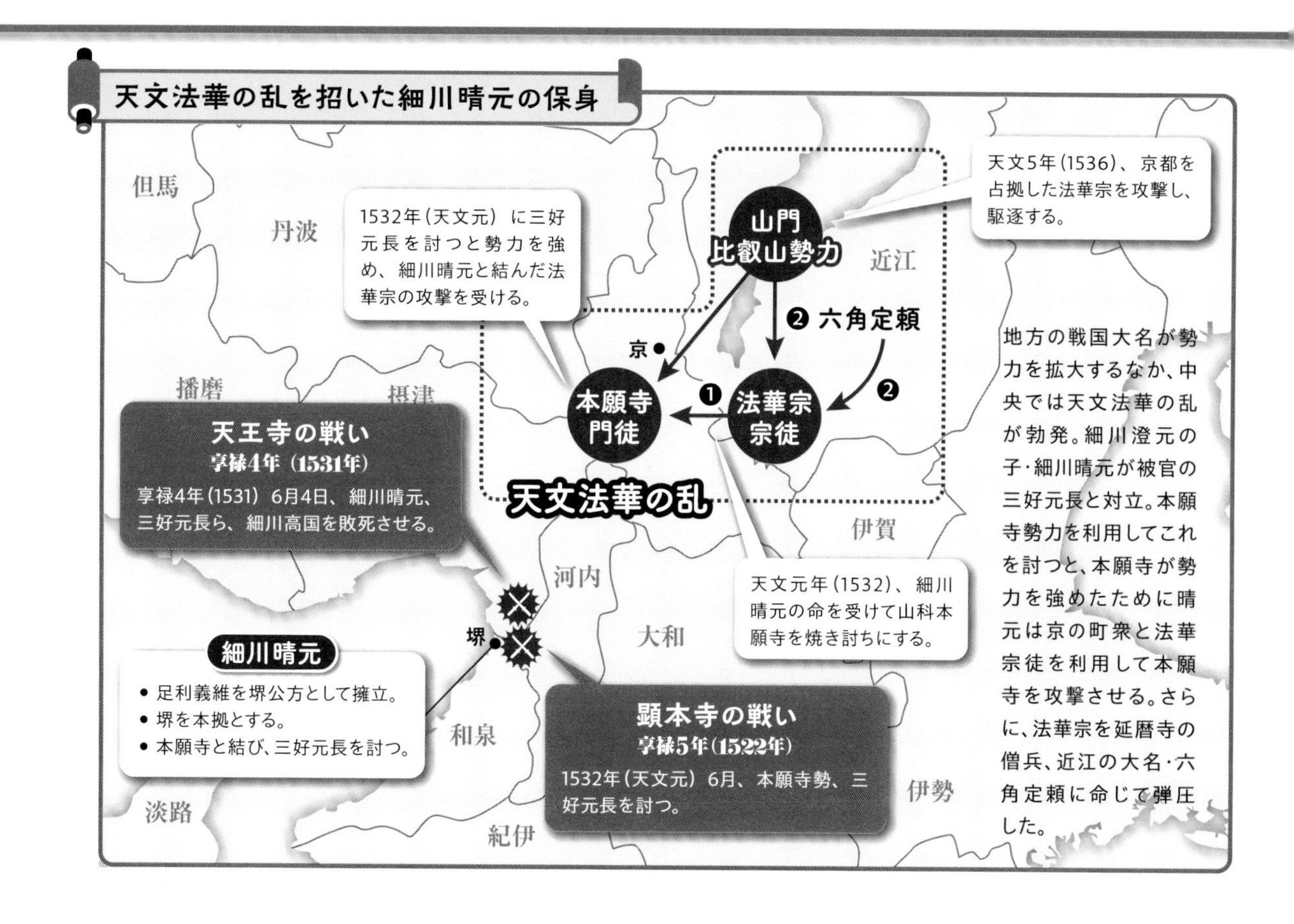

地方の戦国大名が勢力を拡大するなか、中央では天文法華の乱が勃発。細川澄元の子・細川晴元が被官の三好元長と対立。本願寺勢力を利用してこれを討つと、本願寺が勢力を強めたために晴元は京の町衆と法華宗徒を利用して本願寺を攻撃させる。さらに、法華宗を延暦寺の僧兵、近江の大名・六角定頼に命じて弾圧した。

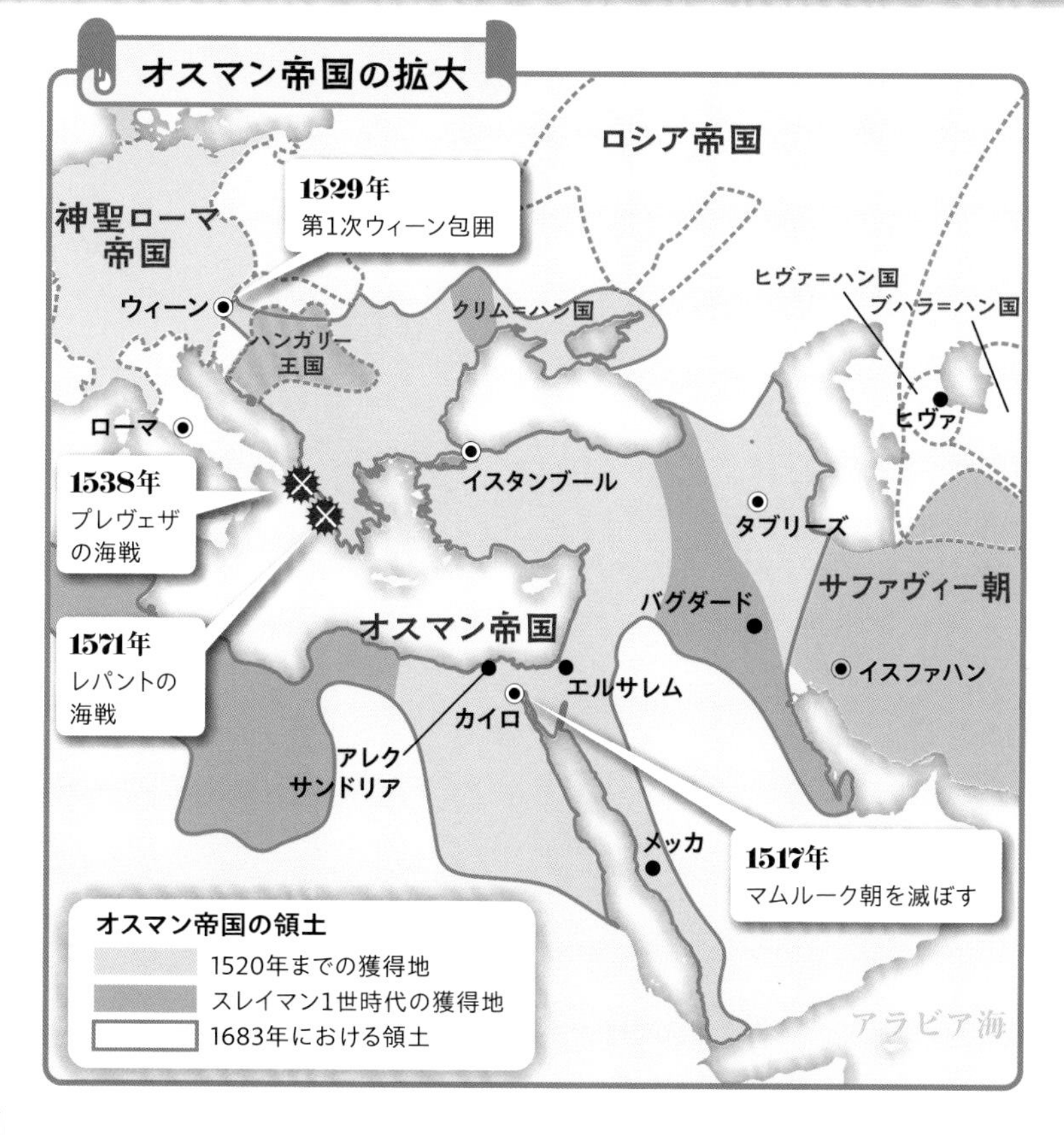

2大強国だった。

次代の強国となるイングランドは、この時期宗教改革に着手しようとしていた。

といってもその動機は宗教的なものではなく、国王ヘンリ8世の離婚問題が発端。男子の後継者を望む王は、男子の生まれない王妃カザリンとの離婚を望むものの、教皇が承認しなかったため、不倫相手のアン・ブーリンとの結婚のために首長法を制定してカトリックから離れ、イギリス国教会を設立してしまう。

一方のカトリックではイエズス会が設立され、宗教改革に対抗する動きが始まろうとしていた。

ザビエルによりキリスト教が日本に伝来した頃、コペルニクスが地動説をこっそり発表した

日本

1541年（天文10）

1月、**毛利元就**、安芸郡山城に攻め寄せた尼子晴久を撃退する。

6月、**武田晴信**、父の**信虎**を追放する。

1542年（天文11）

7月、武田晴信、信濃上原・桑原城を攻略し、諏訪氏を滅ぼす。

8月、**斎藤道三**、美濃国守護の土岐頼芸を追放する。

11月、織田信秀、小豆坂の戦いで今川義元を破る。

1543年（天文12）

5月、大内・毛利連合軍が月山富田城を攻撃するも失敗に終わる。

8月、ポルトガル人と倭寇・**王直**により**種子島**に**鉄砲**が伝来する。

武田信虎

種子島時尭

豆知識

追放後の信虎は、今川氏の庇護を受け、駿府や京で暮らし、足利義輝に仕えて幕臣となるなど精力的に活動したばかりか、実は信玄よりも長生きしている。最晩年は武田領である信濃の高遠城で過ごし、81歳で没した。

豆知識

鉄砲の威力に着目した時尭は、2挺の鉄砲を購入すると、自ら射撃を習得する一方、家臣に国産鉄砲の製造と火薬調合の研究を命じた。時尭がこの技術を独占せず、製造法も乞われれば惜しみなく教えたことから、鉄砲は戦国日本に瞬く間に普及した。

西洋

1541年

ハンガリー三分割される。

1543年

○コペルニクス
『天球の回転について』

ニコラウス・コペルニクス

豆知識

コペルニクスは1530年頃にはすでに地動説を完成させていたが、教会からの異端審問を恐れてごく親しい友人にしか洩らさなかった。彼がその理論をまとめた『天球の回転について』が刊行されたのは、死の直前のことである。

中国・東アジア

その他

西アジア・インド・アメリカなど

1541年

オスマン帝国、ハンガリーの大部分を併合し、ティマール制を布く

ピサロ、暗殺される。

1542年

新大陸にインディアス新法が発布される。

1543年

オスマン帝国艦隊、フランスと同盟し、ニースを攻撃する。

1546年（天文15）

北条氏康、河越夜戦で扇谷上杉朝定、**山内上杉憲政**、古河公方・足利晴氏を破る。

1547年（天文16）

5月、**大内義隆**、最後の遣明船を派遣する。

6月、武田信玄、『**甲州法度之次第**』を制定する。

1548年（天文17）

2月 武田晴信、上田原の戦いで村上義清に敗れる。

この年、**伊達晴宗**、拠点を米沢に移す。

1549年（天文18）

7月、**フランシスコ・ザビエル**、鹿児島に上陸する。（**キリスト教伝来**）

11月、松平竹千代、今川氏の人質となる。

12月、六角定頼により、近江石寺に日本初の**楽市令**が出される。

1550年（天文19）

2月、豊後の大友氏にて**二階崩れの変**が起こり、**大友義鎮**（**宗麟**）が家督を継承する。

9月、武田晴信、**戸石城の戦い**に敗れる。

武田信玄

豆知識

生涯に数多くの戦いを経験しながら、ほとんど負けのなかった信玄は、村上義清との上田原の戦い、戸石城の戦いでのみ2敗を喫している。

フランシスコ・ザビエル

豆知識

ザビエルの来日以降、南蛮貿易が盛んになるなかで多くのイエズス会宣教師が来日したが、そのなかには日本のキリスト教国化や、より直接的な武力による日本征服を主張する者もいた。

1545年

ポトシ銀山の開発が始まる。

反宗教改革の**トリエント公会議**が始まる。

1546年

ドイツで**シュマルカルデン戦争**が勃発する。（～1547年）

1547年

ロシアで**イヴァン4世**が即位し、ツァーリとして戴冠する。

世界史の絵画

『イヴァン雷帝』

（ヴィクトル・ヴァスネツォフ）

皇帝イヴァン4世は、短気で残忍な性格から「雷帝」と恐れられた。絵画にあるように鉄の杖を持ち歩き、家臣たちを恐れさせたという。

1550年

アルタン・ハン、北京を包囲する（**庚戌の変**）

1545年

ポトシで銀鉱が発見される。

\行ってみたい/ **歴史スポット**

ポトシ銀山とポトシの街並み。ボリビア南部にあるこの銀山で発掘された大量の銀は、ヨーロッパへと運ばれて価格革命を引き起こした。

1549年

ポルトガル、ブラジルに総督を置く。

1550年

イスタンブールで**スレイマニエ・モスク**の建設が開始。

この時代の日本史

8000で8万を撃退 北条氏が関東の覇者に

戦国時代も中盤に差しかかると、確固たる勢力図が描かれるようになる。

甲信地方で勢力を拡大し始めたのは武田晴信だ。1541年(天文10)6月、父の信虎を今川氏のもとに追放して家督を相続した晴信は、信濃(長野県)に食指を伸ばし、1542年(天文11)7月、諏訪に割拠していた諏訪氏を滅ぼして、諏訪郡を掌握。次いで東信濃にも勢力を拡げた。北信濃進出は同地の豪族村上義清との2度の戦いに敗れて中断するが、北信濃攻略は時間の問題だった。

北条氏康、河越夜戦で関東の旧勢力を一掃

1546年(天文15)4月、関東で大きな動きがあった。北条氏3代目の北条氏康が、河越で扇谷上杉朝定・山内上杉憲政・古河公方足利晴氏の連合軍を破ったのだ。

北条氏の急成長に危機感を募らせていた関東管領の山内上杉憲政は、北条一族の綱成（つなしげ）が城代として入っている河越城攻略のため出陣。他の2名の援軍もあわせて8万の大軍勢で、河越城を包囲した。今川氏と交戦中であった氏康は、和議がなるや直ちに河越城の救援に赴いた。連合軍8万に対し、氏康率いる北条勢は8000。圧倒的な兵力差であったが、氏康は臆することなく、夜襲を仕掛けた。北条方を小勢と侮って油断していた連合軍は、虚をつかれて大混乱となり、扇谷上杉朝定は討ち死に。連合軍は総崩れとなって退却した。

この一戦により北条氏は、関東の覇者としての地位を確立するのだ。

この時期は、ヨーロッパ勢力が日本に到達した時期に重なる。鉄砲やキリスト教がもたらされ、貿易も始まろうとしていた。

この時代の世界史

「オスマンの平和」と、銀でつながる洋の東西

1541年、東ヨーロッパに版図を拡大していたオスマン帝国は、ハンガリーの大部分を併合した。

オスマン帝国は支配地に帝国内の社会体制を敷いた。ティマール制はそのひとつだ。これが施行された地域では、土地は原則として国有地となり、農民は各村落に登録され、納税の義務を負った。

農民は代を重ねて耕作地を継承することが可能であり、再生産が可能な土地を保有する小農民が大多数を占めた。つまり、オスマン帝国支配下では、地主や大土地所有者がいないという点において、平等な社会体制が敷かれた。

オスマン帝国事自体はイスラム教を奉じていたが、キリスト教やユダヤ教などの異教に対しても寛容であり、徴税に協力さえすれば宗教コミュニティの自治を認めるミッレト制という制度を採った。

東地中海の周辺域に拡がるオスマン帝国領は、ヨーロッパとインド洋を結ぶ東西交易の中継地点に位置しており、商業活動が盛んで経済的にも富裕となった。このためオスマン帝国の支配地では、「オスマンの平和」が築かれ、東西の交流促進の意味で大きな影響を与えた。

世界の経済を変えた南米の銀山

南アメリカ大陸では1545年、ボリビア高地のポトシで、無尽蔵の銀鉱脈が発見され、現地人の強制労働によって膨大な量の銀が採掘された。これは銀鉱を所有するスペインのみならず、ヨーロッパ全域、さらにアジアなど、世界全体の経済に大きな影響を与えるようになった。日本も大量の銀を輸出しており、世界はまさに銀で一体化しようとしていた。

鉄砲伝来とキリスト教伝来とキリシタン大名

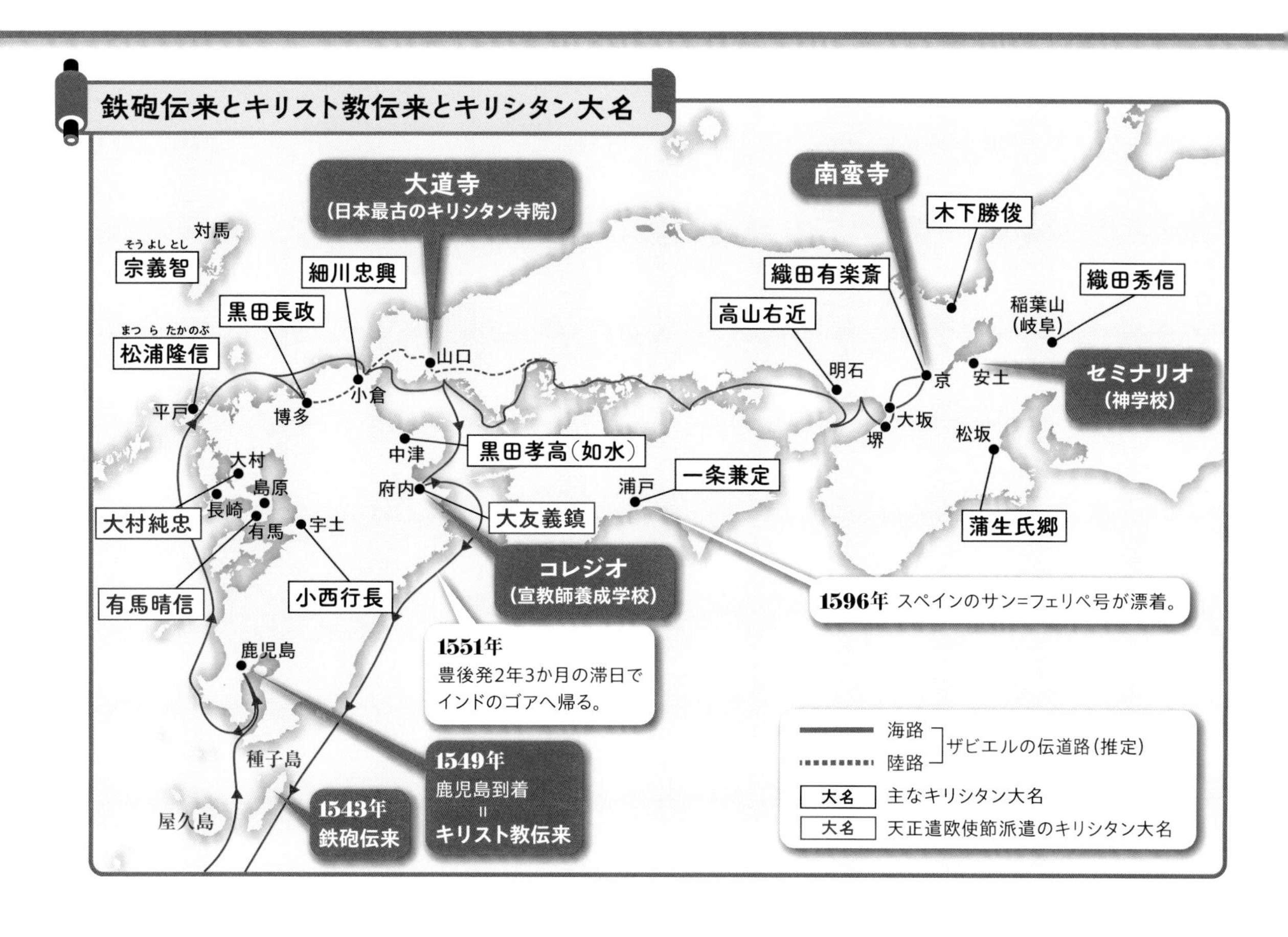

イエズス会の伝道地域

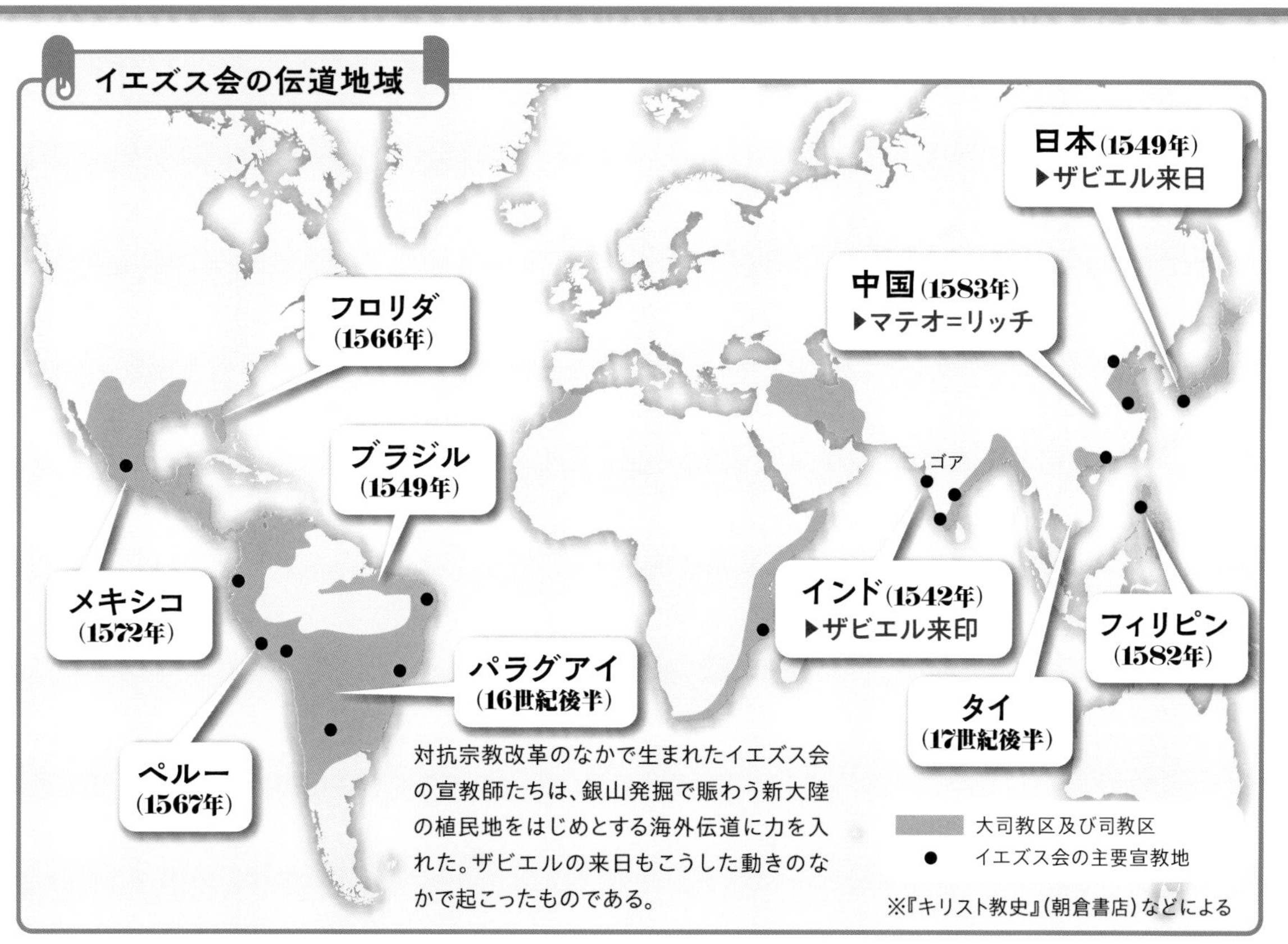

対抗宗教改革のなかで生まれたイエズス会の宣教師たちは、銀山発掘で賑わう新大陸の植民地をはじめとする海外伝道に力を入れた。ザビエルの来日もこうした動きのなかで起こったものである。

※『キリスト教史』(朝倉書店)などによる

毛利元就が厳島の戦いで陶晴賢を破った頃、イングランドのメアリ1世がスペインの皇太子と結婚した

1551

日本

1551年（天文20）
9月、**大内義隆**、**陶晴賢**の謀反により自刃する。（**大寧寺の変**）

行ってみたい 歴史スポット

大内義弘の供養塔として建立された瑠璃光寺五重塔。大内義隆は1543年の月山富田城攻めに失敗して養嗣子の大内晴持を失って以降、文治政治への転換を図って文化に耽溺し、武功派の反発が強まっていた。

1553年（天文22）
8月、**武田晴信**、村上義清を信濃へ逐い、**長尾景虎**（**上杉謙信**）と川中島で初めて戦う。

長尾景虎（上杉謙信）

解説
長尾景虎は、15歳の初陣を勝利で飾り、のちに病弱だった兄の晴景に代わって家督を継承。越後守護代となり、1550年に越後国主となった。

西洋

1551年
フランスでシャトーブリアン勅令が出され、新教が禁止される。

1552年
ロシアの**イヴァン4世**がカザン＝ハン国を征服する。

中国・東アジア

1552年
ザビエル、中国の上川島で没する。

豆知識
ザビエルの遺体は、没後50年に切り分けられた際も鮮血がほとばしるほど生前と変わらなかったという。

1553年
この頃から**倭寇**の襲撃が激化する。

世界史の絵画

『倭寇図巻』

倭寇の襲撃を描いた『倭寇図巻』。

フランシスコ・ザビエル

その他
西アジア・インド・アメリカなど

1554年(天文23)

この年、**甲相駿三国同盟**が締結される。

豆知識

この三国同盟は、今川義元の娘(嶺松院)が武田信玄の子・義信の妻となり、武田信玄の娘(黄梅院)が北条氏康の子・氏政の妻となり、北条氏康の娘早川殿が今川義元の子・氏真の妻となった。これにより三国はそれぞれ信濃、三河・尾張、関東への侵攻に本腰を入れることができるようになった。

1554年

イングランド女王**メアリ1世**、スペイン皇太子**フェリペ**と結婚する。

豆知識

メアリ1世はヘンリ8世の娘であったが、カトリック教徒であった。そのため彼女はカトリック復活を企図して宗教政策を進め、異端とした数百人の国教徒を処刑したため、「ブラッディ=メアリ」と恐れられた。

メアリ1世

行ってみたい 歴史スポット

謎の多い事故で戦死したフマユーンの霊廟。

1555年(弘治1)

4月、**織田信長**、清須へ入城する。

10月、毛利元就、**厳島の戦い**で陶晴賢を破る。

日本史の絵画

『芸州厳島御一戦之図』

毛利家文書『芸州厳島御一戦之図』。毛利勢は村上水軍を味方につけたうえで、狭い厳島に陶軍を誘い込み、殲滅させた。

1555年

アウグスブルクの宗教和議が結ばれる。

解説

アウグスブルクの宗教和議では、ルター派が容認され、カトリック・ルター派いずれかを支配地域ごとに諸侯が選択できる権利を与えられた。だが、個人の信仰の自由はもちろん、カルヴァン派も認められなかった。

1555年

倭寇、朝鮮の全羅道を侵略する。(**乙卯の倭変**)

1555年

5月、オスマン帝国とサファヴィー朝がアマスィアの和約を締結する。

7月、フマユーン、デリーを奪還するも、翌年1月、事故死する。

この時代の
日本史
第1次川中島の合戦と、毛利元就の厳島奇襲戦

1553年(天文22)8月、甲斐の武田晴信は、越後の長尾景虎(後の上杉謙信)と初めて対峙した。合計5度行なわれる「川中島の合戦」の初戦だ。

真田幸綱(さなだゆきつな)の謀略によって戸石城が落ちるや、晴信は間髪を入れず村上義清に対して攻勢を仕掛けた。義清は北信濃を脱出して越後に到り、景虎に助けを求めた。他の北信濃国人衆の要請もあって、景虎が北信濃に出張ってきたのだ。武田方の支配が北信濃に及ぶと、自身が拠点としている春日山城(新潟県上越市)が危ういとの危機感もあった。

しかし、景虎は戦機が熟していないと判断し帰国。晴信もこれを見て領国に戻った。

この翌年、甲斐の武田晴信、駿河・遠江の今川義元。相模の北条氏康とのあいだで「甲相駿三国同盟」が締結される。これにより三国のあいだでは、一応の平和がもたらされた。

甲相駿三国同盟とその結果

尾張進出・西上を企図　**駿 今川義元**
信濃進出を企図　**甲 武田信玄**
関東の制圧に注力　**相 北条氏康**

今川氏真 ＝ 女子(早川殿)
女子(のちの嶺松院) ＝ 武田義信
女子(のちの黄梅院) ＝ 北条氏政

三国同盟により今川は三河から尾張、武田は信濃、北条は関東への侵攻に、それぞれ集中することが可能となった。

大内氏の非常事態を機に取って代わった毛利元就

1555年(弘治元)10月には、中国地方で大きな動きがあった。

毛利元就が厳島の戦いで、陶晴賢を打ち破ったのだ。陶晴賢は周防・長門の2か国(山口県)

この時代の
世界史
強国にのし上がるロシア　ルターの教えも許容される

イヴァン3世の孫にあたるイヴァン4世は、地方行政や軍制の改革、全国的な身分制議会の創設、中央集権化の強化などにより、ロシアを改革した皇帝である。ただ、祖父以来続いていた専制政治を強化したため、「雷帝」と呼ばれて人々から恐れられた。

大貴族層にはとくに厳しく、晩年には特殊な恐怖政治を敷いて、彼らを抹殺した。しかし、改革によって土地を手に入れたり、重職に抜擢された貴族より下の戦士層からは熱狂的な支持を集めた。数々の残虐行為を働いたにもかかわらず、国民から排斥されなかったのは、そのためといえる。

対外政策にも熱心であり、1552年にはカザン＝ハン国を征服している。この一連の征服活動でロシアは東方のシベリアや、南方のカスピ海へのルートを確保。経済活動の伸長によって、ポーランドに代わり、東ヨーロッパの強国にのし上がった。

宗教改革の混乱に一応の収束が訪れる

西ヨーロッパでは、ドイツのマルティン・ルターが宗教改革を訴えて以来続いていた宗教的混乱が、1555年にドイツのアウグスブルクで開催された「アウグスブルクの宗教和議」で収束した。

宗教的混乱とは、ローマ・カトリックのありかたに疑問を呈したルターに賛同する人々と、これに反対する人々の対立であり、武力衝突が頻発した。和議はルター派諸侯の信仰を認めたうえ、「領主の宗教がその領土で行なわれる」という原則を確認するものであった。これによりルター派、プロテスタントはドイツに根を下ろし、デンマーク、スウェーデン、ノルウェーなど北欧世界に拡大する。

大内義隆の重臣だった人物だ。しかし、主君が文弱の徒になり下がっているのを忌み嫌い、謀反を起こして主君を殺害。大内氏の実権を掌握して周辺への圧力を強めていた。元就は謀略を駆使したうえで、陶軍を厳島におびき出し、奇襲をかけて勝利した。ここから元就は中国地方の覇者として急成長していく。

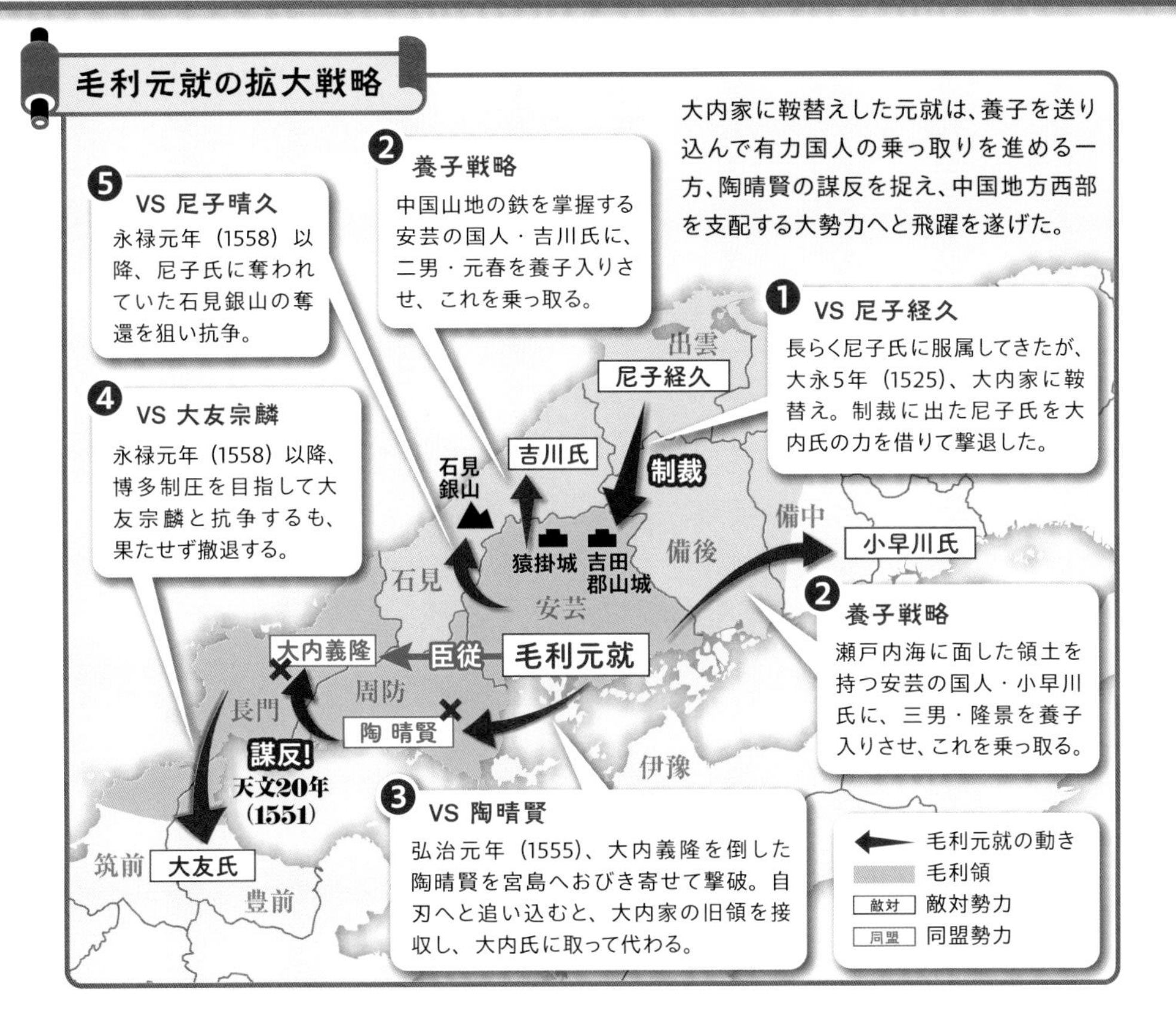

毛利元就の拡大戦略
大内家に鞍替えした元就は、養子を送り込んで有力国人の乗っ取りを進める一方、陶晴賢の謀反を捉え、中国地方西部を支配する大勢力へと飛躍を遂げた。
❶ VS 尼子経久
長らく尼子氏に服属してきたが、大永5年（1525）、大内家に鞍替え。制裁に出た尼子氏を大内氏の力を借りて撃退した。
❷ 養子戦略
中国山地の鉄を掌握する安芸の国人・吉川氏に、二男・元春を養子入りさせ、これを乗っ取る。
❷ 養子戦略
瀬戸内海に面した領土を持つ安芸の国人・小早川氏に、三男・隆景を養子入りさせ、これを乗っ取る。
❸ VS 陶晴賢
弘治元年（1555）、大内義隆を倒した陶晴賢を宮島へおびき寄せて撃破。自刃へと追い込むと、大内家の旧領を接収し、大内氏に取って代わる。
❹ VS 大友宗麟
永禄元年（1558）以降、博多制圧を目指して大友宗麟と抗争するも、果たせず撤退する。
❺ VS 尼子晴久
永禄元年（1558）以降、尼子氏に奪われていた石見銀山の奪還を狙い抗争。
出雲
尼子経久
制裁
吉川氏
石見銀山
猿掛城
吉田郡山城
備中
小早川氏
備後
石見
安芸
大内義隆
臣従
毛利元就
長門
周防
陶晴賢
謀反!
天文20年（1551）
伊豫
筑前
大友氏
豊前
毛利元就の動き
毛利領
敵対 敵対勢力
同盟 同盟勢力

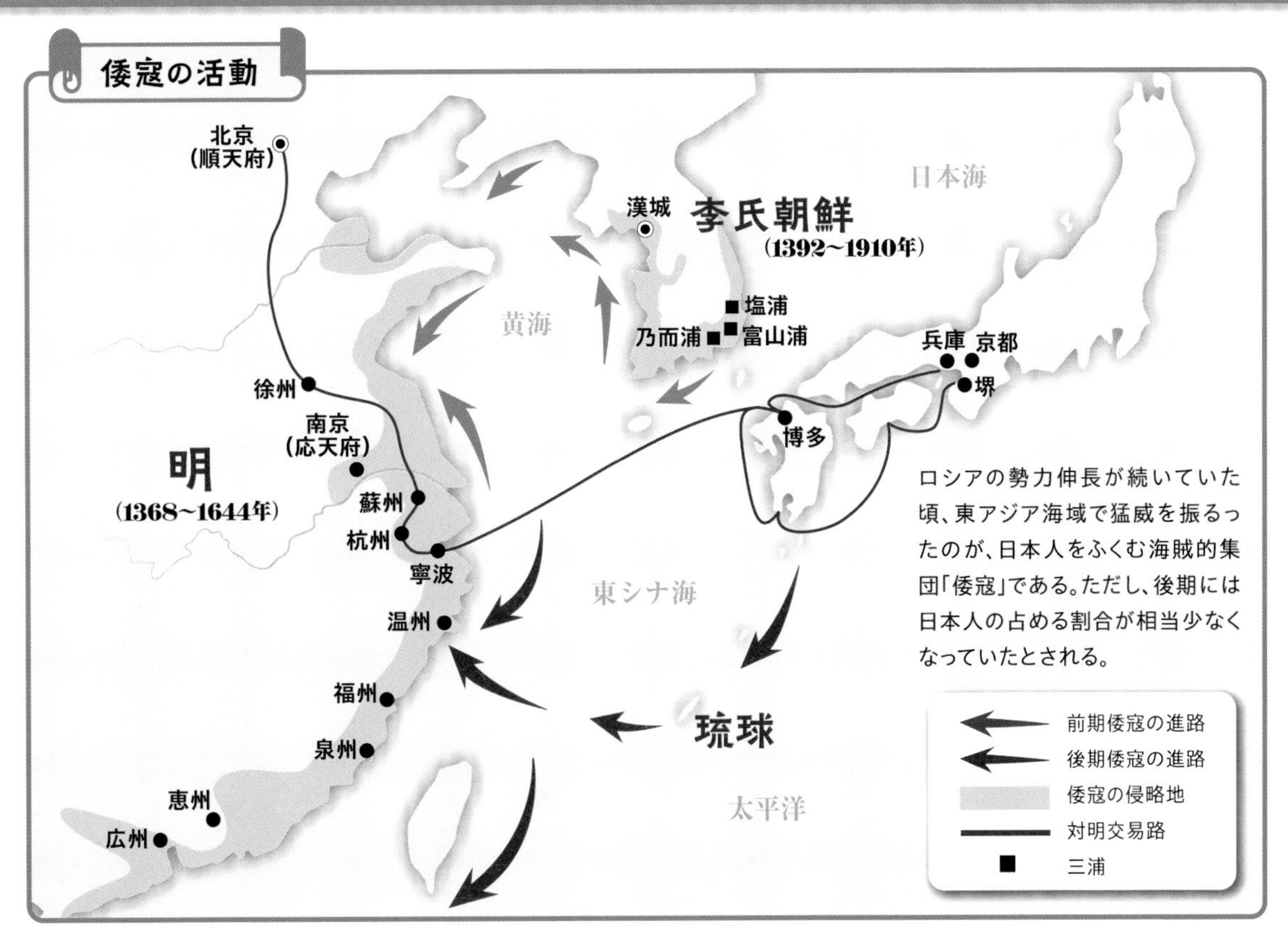

倭寇の活動
北京（順天府）

李氏朝鮮（1392～1910年）

南京（応天府）

明（1368～1644年）

ロシアの勢力伸長が続いていた頃、東アジア海域で猛威を振るったのが、日本人をふくむ海賊的集団「倭寇」である。ただし、後期には日本人の占める割合が相当少なくなっていたとされる。
前期倭寇の進路
後期倭寇の進路
倭寇の侵略地
対明交易路

犬山城（愛知県）

1537年（天文6）に織田信長によって創建されたとされる、現存最古の木造天守。南を流れる木曽川を天然の壕とする平山城。

北較！

建築

で高まった日本に対し、西洋では個性を
ム世界ではモスク建築が最盛期を迎える。

龍安寺石庭（京都府）

石庭で有名な竜安寺の創建は室町時代。応仁・文明の乱の当事者となった細川勝元によるものとされる。石庭自体は江戸時代の築造とされるが、明確な作庭時期、作者、作意など、すべてが不明。

郭から近世城郭への移行により、平山城（小高い丘の上に築いた城）や、平城（平地に築いた城）が主流となった。

ルネサンス期のヨーロッパでは、人間性の解放と個性の尊重という精神に則り、建築物はキリスト教的価値観にとらわれない形式美の追及を第一とした。美術的に造詣の深いことが建築に携わる者の条件とされ、専門職としての建築家が生まれた。

イスラムでは最盛期を迎えつつあったオスマン帝国が、ビザンツ様式を踏襲しつつ、大ドームを小ドームで囲む「集中式平面型モスク建築」を生み出している。

如庵（愛知県）

織田信長の弟で、茶人・千利休の弟子でもあった織田有楽齋が建てた二畳半の茶室。茶の湯は戦国武将の間でも流行し、密談の場としても活用された。

万里の長城

匈奴を防ぐために建設された始皇帝による巨大建築として知られるが、現在の形になったのは明代の大改修によるもの。これにより、版築で固めた土塀の周囲に焼成レンガを積み重ねた造りとなった。

西洋

サンタ・マリア・デル・フィオーレ大聖堂
（イタリア）

ブルネレスキによって大円蓋（クーポラ）が設計されたフィレンツェのシンボル。形式の美しさを第一とするルネサンス建築の先駆とされ、八角形の大ドームは内側と外側の二重ドームで構成される。

サン・ピエトロ大聖堂（ヴァチカン）

ルネサンス期からバロック期にかけて大改修が行なわれ、現在の形となったカトリックの総本山。劇的な効果をもたらす装飾が随所に施され、教会の権威を演出している。

徹底

戦国日本と世界の文化❷

要塞建築が大発展を遂げ、芸術の域にま
尊重するルネサンス建築が流行。イスラ

戦国時代は城郭建築が、中世城郭から近世城郭へと進化した時代だ。中世城郭とは山など峻険な地形に築かれた城をいう。平時は麓の居館に住み、戦時には城に立てこもった。戦国時代に入ると、戦争が常態化したため、山全体を城域とする城も登場した。軍事性に特化された中世城郭とは異なり、近世城郭には政治性と経済性が付与された。目立つように重層の天守が築かれたのは、権力を誇示して、領民と敵を威圧するためであり、交通の要衝に築かれたのは、街道の物流を抑え、経済的利益を得るためだ。中世城

イスラム

トプカプ宮殿
（トルコ）

メフメト二世によって建設が始まったオスマン帝国スルタンの居住区兼行政機関となる宮殿。約70万㎡を誇る内部は行政区の外廷、スルタンの居住区の内廷、後宮であるハレムに分かれていた。

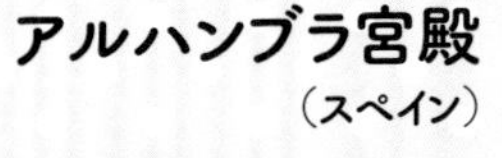

アルハンブラ宮殿
（スペイン）

13～14世紀にナスル朝グラナダ王国の宮殿兼城塞として丘の上に築かれた宮殿。アラベスクやムカルナスといったイスラム芸術の粋を集めた華やかな建物となっている。

タージ・マハル
（インド）

“世界一美しい霊廟”と形容される白亜の建築。2万人の職人を投入し、世界各国から宝石や白大理石を集めて約20年の歳月をかけて建設された。

1582年（天正10）頃の勢力図

大浦 安東 南部 斯波 小野寺 武藤 葛西 最上 大崎 揚北衆 伊達 前田 蘆名 相馬 上杉 二階堂 田村 佐々 佐久間 小笠原 白川 岩城 那須 真田 柴田 姉小路 宇都宮 佐竹 木曾 織田信孝 北条 堀 織田信雄 徳川 千葉 滝川 里見

安土城の建築

1576年（天正4）、織田信長、安土城を建設する。

伊達政宗の台頭

伊達輝宗の子・政宗が1581年（天正9）に相馬氏との合戦で初陣を飾る。

━━ 織田信長勢力圏

この頃の世界史

- **1562年** ● フランスでユグノー戦争が始まる。
- **1568年** ● オランダ独立戦争が始まる。
- **1569年** ● オスマン帝国がフランスにカピチュレーションを与える。
- **1571年** ● レパントの海戦でキリスト教国の連合軍がオスマン帝国を破る。
- **1572年** ● フランスでサン・バルテルミの虐殺が起こる。
- **1581年** ● オランダ（ネーデルラント）がスペインから独立を宣言する。
- **1583年** ● 女真族のヌルハチが中国東北地方で自立する。
- **1584年** ● イギリスが北アメリカのヴァージニアに植民を開始する。
- **1587年** ● イギリスでメアリ・ステュアートが処刑される。
- **1588年** ● アルマダの海戦で、スペインの無敵艦隊がイギリス艦隊に大敗する。
- **1598年** ● フランスで、ユグノー戦争が終結する。
  ● ナントの勅令で新教徒に信仰の自由が保障される。
- **1600年** ● イギリス、東インド会社を設立する。

第3章

天下人の登場と、覇権国家への階段を駆け上るイングランド

応仁・文明の乱以降、分裂状態だった日本において、尾張に登場した織田信長が急激に勢力を伸ばし、天下統一を見据えた戦いを進める。信長は、将軍・足利義昭を奉じて上洛すると、畿内を瞬く間に掌握し、天下統一まであと一歩まで迫るが、本能寺の変によって破局を迎えた。しかし、この信長を受け継いだ豊臣秀吉が全国を統一。戦乱の時代に一応の終焉をもたらした。

当時のヨーロッパでは、宗教改革以来、宗教戦争が続発し、フランスのユグノー戦争、オランダの独立戦争などが起こった。また、エリザベス１世のもとでイングランドが急速に力をつけ、アルマダの海戦に勝利して海洋覇権を手にしようとしていた。

毛利氏の抵抗

中国に割拠する毛利氏は、信長麾下羽柴秀吉の中国遠征に抵抗を続ける。

島津氏の北進

島津氏は龍造寺隆信を戦死させて肥後・肥前を支配下に収めると、大友氏制圧に本腰を入れる。

天正遣欧使節の派遣

1582年（天正10）、大友、有馬、大村三氏により天正遣欧使節が派遣される。

織田信長の天正馬揃え

1581年（天正９）、織田信長、京にて馬揃えを挙行。天下に威勢を示す。

1556

織田信長が桶狭間の戦いで今川義元を討ち取った頃、イングランドでエリザベス1世が即位する

日本

1556年(弘治2)

3月、**毛利元就**、石見銀山の戦いで尼子晴久に敗れる。

4月、**斎藤道三**、美濃長良川の戦いで子の義龍に敗れ、死す。

斎藤義龍

豆知識

道三と彼が旧主・土岐頼芸からもらい受けた愛妾・深芳野の子とされるが、頼芸の子とする説が根強い。道三は義龍の陣備えを見て廃嫡しようとしたことを後悔するとともに、これならば美濃は安泰だと満足したという。

行ってみたい 歴史スポット

石見銀山龍源寺間歩。石見銀山を奪取した毛利元就は、潤沢な経済力を得てさらなる躍進を遂げる。

西洋

1556年

スペイン王**フェリペ2世**が即位。ネーデルラントがスペイン領となる。

豆知識

スペインの全盛期に君臨したフェリペ2世は、マドリード郊外に建設した宮殿兼修道院のエル・エスコリアル(1584年完成)に移って以降、ほとんど宮殿を出ることなく書類決裁に追われて過ごし「書類王」と呼ばれた。

フェリペ2世

中国・東アジア

その他

西アジア・インド・アメリカなど

1556年

アクバル、3代皇帝に即位。**パーニーパットの戦い**でスール朝を破る。

解説

アクバルはヒンドゥー教徒などに課せられていた人頭税を廃止するなど非イスラム教徒との融和に努めた。

アクバル

1557年（弘治3）

4月、毛利元就、防長二州を平定する。

8月、**武田晴信**と**長尾景虎（上杉謙信）**が信濃上野原で戦う（第三次**川中島の戦い**）。

日本史の絵画

『尾州桶狭間合戦』
（歌川豊宣）

今川義元が討たれる場面を描いた作品。一番槍を服部一忠につけられた義元は、毛利新介に討ち取られたとされる。

1560年（永禄3）

5月、織田信長、**桶狭間の戦い**で**今川義元**を討ち取る。

エリザベス1世

豆知識

絵画をイメージ戦略に利用した女王は、肖像画を当時の美人の条件である白い肌で描かせるとともに、しわを描き入れることを禁じ、聖母のように、いつまでも若々しい乙女の姿で描かせた。実際の女王もしわの上に厚化粧を塗りたくっていたといわれる。

1558年

イングランドで**エリザベス1世**が即位する。

1559年

カトー・カンブレジ条約により**イタリア戦争**が終結する。

1560年

フランスのアンボワーズ城にて1000名を超えるユグノー（カルヴァン派）が処刑される。

新教派による国王誘拐計画が発端！

1557年

明、ポルトガル人の**マカオ**居住を許可する。

胡宗憲、**倭寇**の頭目・**王直**を捕縛。

中部ベトナムのフエで阮氏が自立する。

行ってみたい 歴史スポット

フエの王宮。のちに阮氏は阮福映の時代にベトナムを統一し、ベトナム最後の王朝を打ち立てることとなる。

1560年

朝鮮で**陶山書院**が設置される。

解説

マカオに居住権を認められたポルトガル人は同地を対明貿易の拠点として発展させ、1887年に正式にポルトガル領となった。

1558年

アクバル、**アグラ**へ遷都する。

行ってみたい 歴史スポット

赤砂岩で築かれた城壁の色から「赤い城」と呼ばれるアグラ城。

この時代の

日本史

石見銀山の争奪戦と、桶狭間での信長勝利

現在の島根県大田市にある石見銀山（大森銀山とも）は、鎌倉時代末期、大内氏によって開発された。

銀山の守りは厳重を極め、戦国期には銀山城・矢滝城を築造して警戒に当たっている。

大内氏が家臣・陶晴賢によって滅ぼされ、陶晴賢が毛利元就によって滅ぼされると、山陽の毛利氏と山陰の尼子氏の係争地となった。

戦争をするうえで不可欠な軍資金を得るためだ。1556年（弘治2）3月、毛利元就は銀山奪取のため兵を向けるも、尼子勢に破れてしまう。「忍原崩れ」と呼ばれる敗戦だ。1559年（永禄2）4月にも軍勢を進めるが、降露坂の戦いで破れている。

結局、尼子晴久の存命中は、石見銀山を奪うことはできなかった。

石見銀山は「灰吹法」を最初に取り入れた銀山だ。これは朝鮮半島経由で日本に伝えられた金銀精錬の最新技術であり、銀鉱石・鉛・灰を混ぜて鉄なべで溶かし、純度の高い銀を得ることができた。

灰吹法は石見銀山で導入されたのを皮切りに、生野銀山、佐渡の金銀山、甲斐の金銀山など諸国の金山・銀山で行なわれるようになり、日本の金銀採取量の飛躍的増加をもたらした。

尾張の信長の名を轟かせた桶狭間の勝利

毛利元就が石見銀山を巡る2度目の戦いで敗北した翌年の5月、尾張（愛知県西部）を統べる織田信長が、駿河・遠江（静岡県）の2ヶ国の太守今川義元を、尾張知多郡桶狭間（名古屋市緑区桶狭間）で討ち取った。総大将を失ったことで今川軍は総崩れとなって敗走。この一戦での勝利により、信長は天下に武名を轟かせた。

この時代の

世界史

イングランドに女王誕生 フランスで陰謀事件発生

16世紀のヨーロッパで最も影響力を持ったのは、スペインのハプスブルク家だった。15世紀に婚姻関係を通じてネーデルラントを獲得し、同家のカールはスペインの王位を得てスペイン王カルロス1世となり、さらに神聖ローマ皇帝カール5世に選出された。

1556年、カールがスペイン王と神聖ローマ皇帝の双方を退位すると、ハプスブルク家はオーストリア系とスペイン系に分かれる。

神聖ローマ皇帝はカールの弟のフェルディナンドが継承し、スペイン王の座には、息子のフェリペ2世がついた。

これによりネーデルラントはフェリペ2世の統治下に入った。

ネーデルラントは伝統的にカルヴァン派のプロテスタントが多かったが、スペインがカトリックを奉じていたため、カトリック化政策が推進され、カルヴァン派は弾圧された。

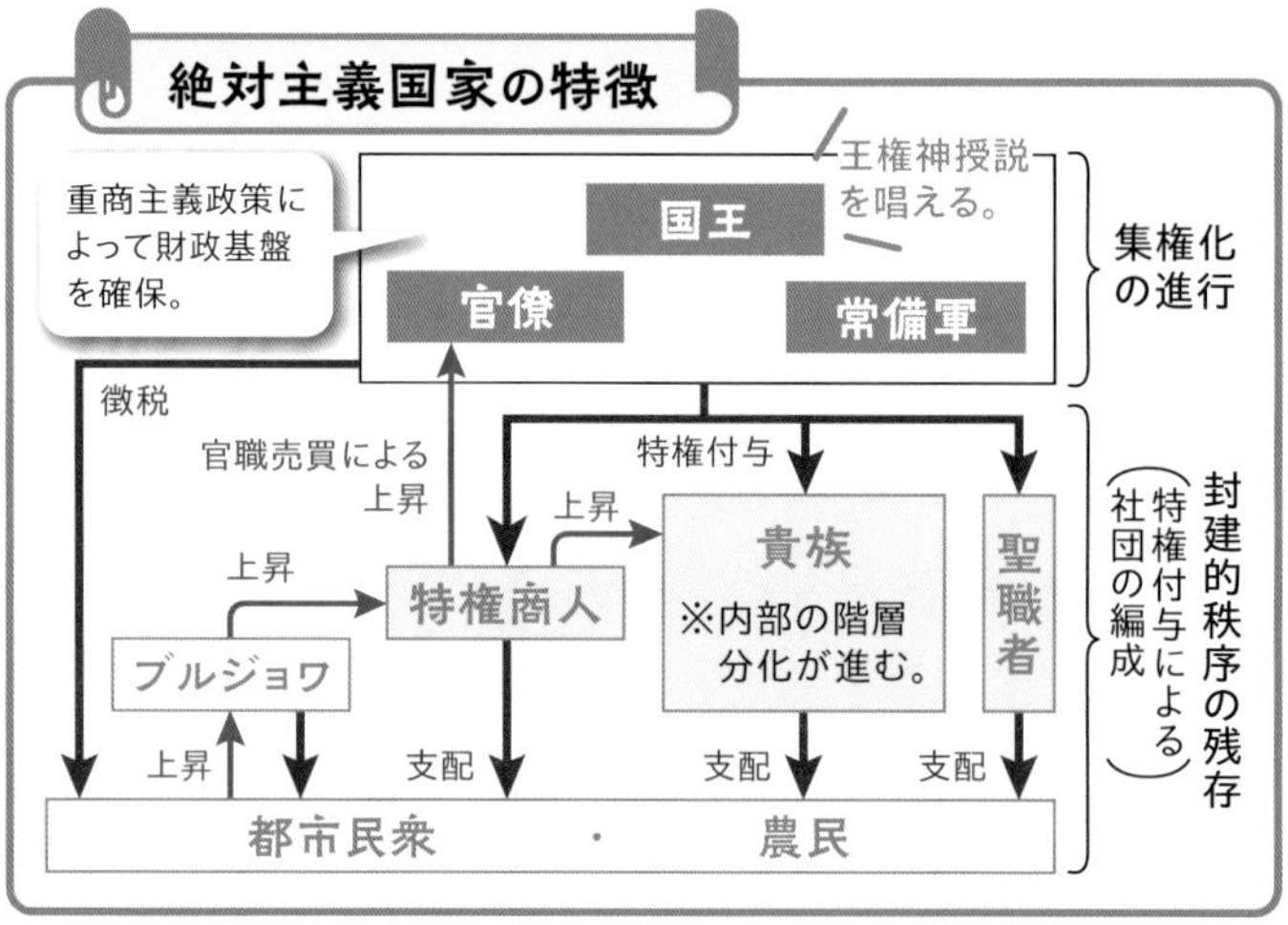

絶対主義国家の特徴

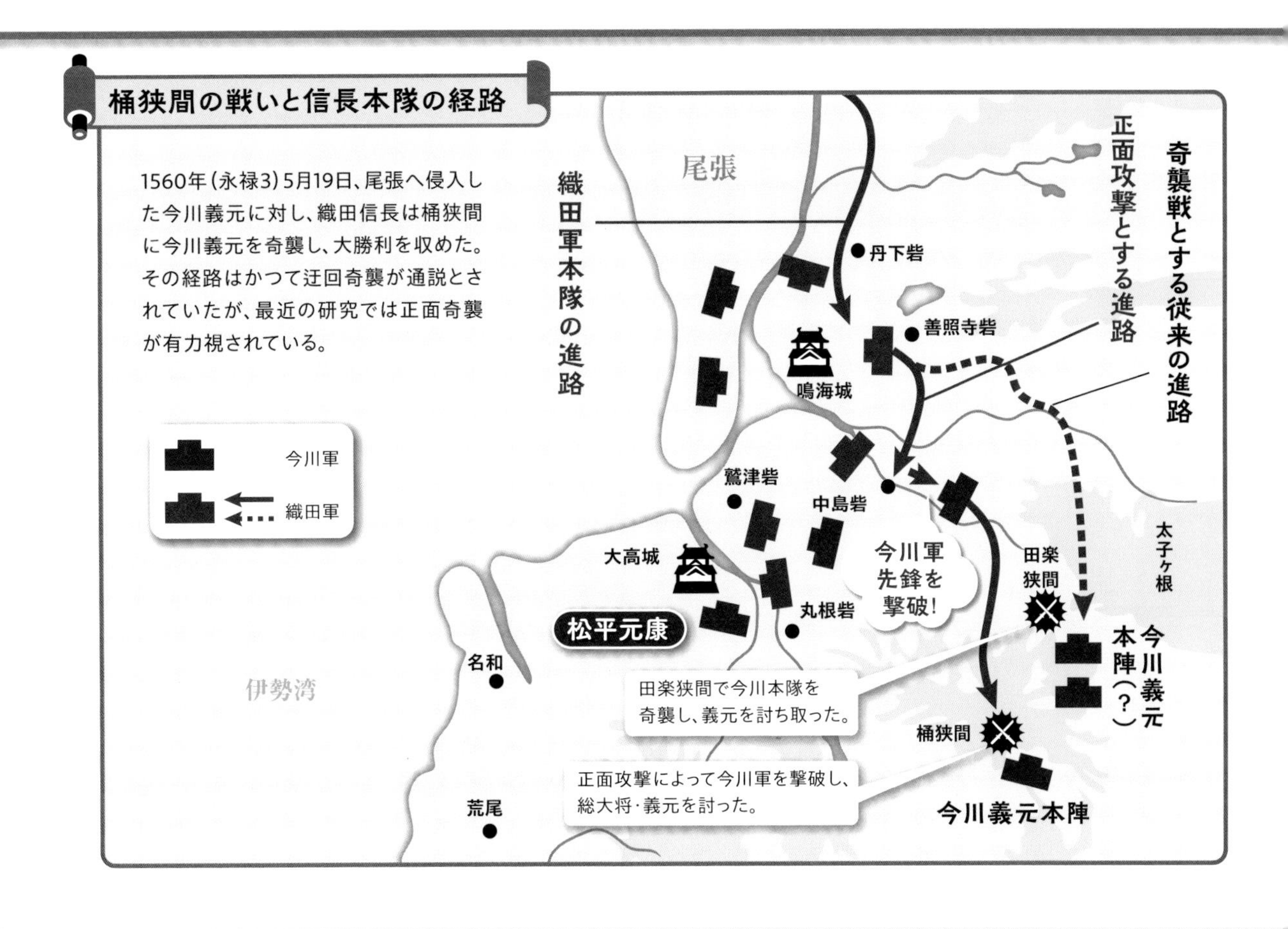

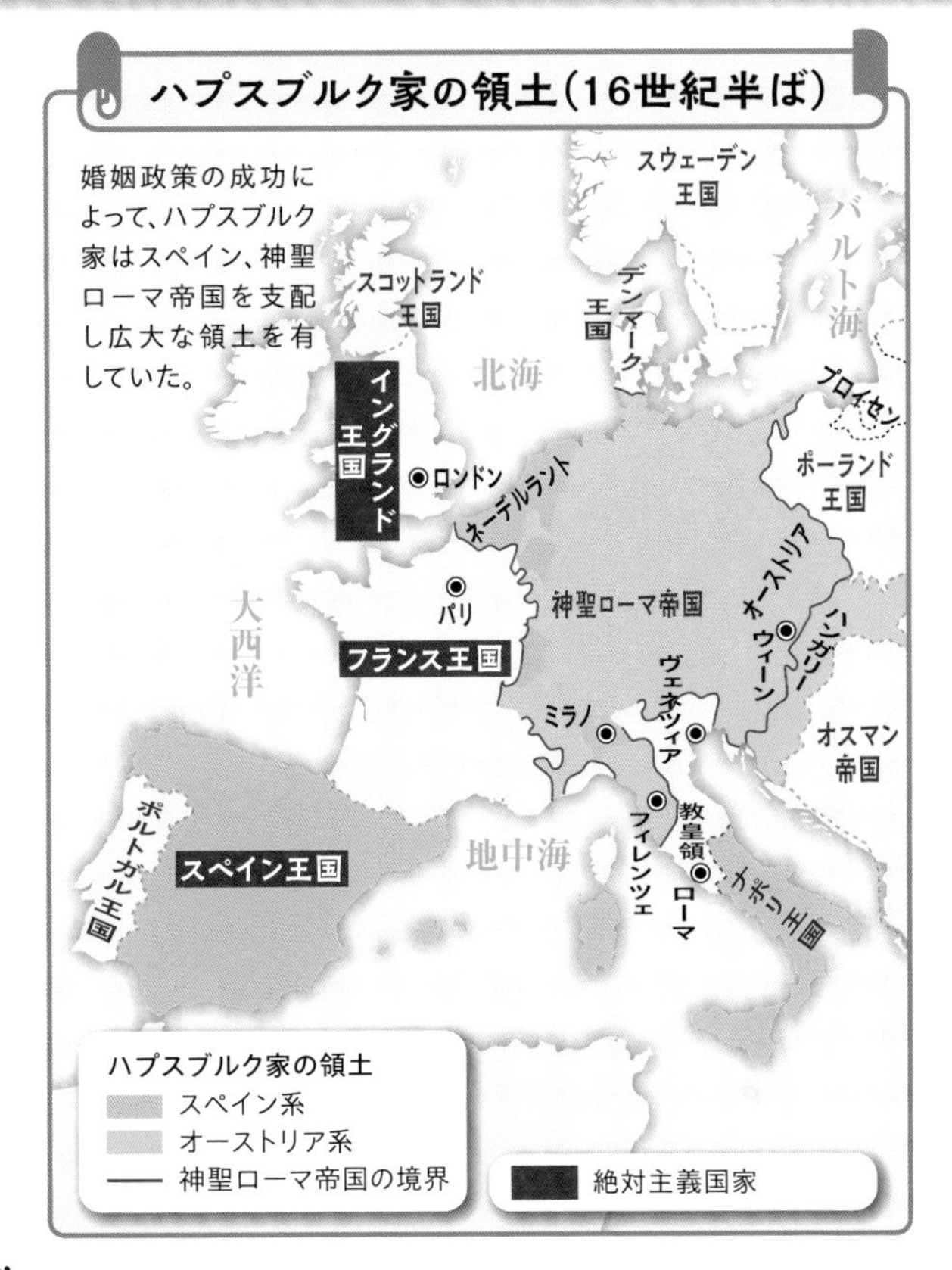

フランスではユグノー戦争への伏線が敷かれる

現在のイギリスがあるグレートブリテン島は16世紀、イングランドとスコットランドの両王国に分かれていた。

このうちイングランドでは1558年、エリザベス1世が即位した。

この女王の指導のもとイングランドでは、国民のプロテスタント国民としての意識が高まっていった。

このためローマカトリックを奉じるスペインとは、必然的に対立が深まっていった。

ローマカトリックとプロテスタントの対立は1560年、フランスで「アンボワーズの陰謀事件」を起こした。プロテスタントたちによる国王フランソワ2世の誘拐計画が露見し、アンボワーズ城にて1000名を越えるカルヴァン派プロテスタントが処刑された。

上杉謙信と武田信玄が川中島で激戦を繰り広げた頃、フランスでユグノー戦争が勃発した！

1561

日本

1561年（永禄4）

閏3月、**長尾景虎**、**関東管領**上杉氏を継承。名を**政虎**と改める。

9月、**上杉政虎（謙信）**と**武田信玄**、信濃八幡原で戦う（第四次**川中島の戦い**）。

10月、**大友宗麟**、毛利方の門司城を攻撃する。

上杉謙信

解説

上杉謙信は関東管領就任により、関東支配の大義名分を得ることとなった。

1562年（永禄5）

1月、**織田信長**、**徳川家康**の間で**清須同盟**が結ばれる。

＼行ってみたい／ 歴史スポット

川中島の古戦場に立つ武田信玄・上杉謙信一騎打ちの像。第4次合戦における両雄の一騎打ちは有名だが、実際に両者が遭遇した可能性は低く、創作説が有力である。

西洋

1561年

スペインの首都が**マドリード**に固定される。

1562年

フランスで**ユグノー戦争**が勃発する。（～1598年）

世界史の絵画

『ヴァシーの虐殺』

ユグノー戦争勃発の発端となったカトリック教徒によるヴァシーの虐殺。

中国・東アジア

その他

西アジア・インド・アメリカなど

1562年

ムガル皇帝**アクバル**、アンベール王国の王女と結婚する。

＼行ってみたい／ 歴史スポット

アンベール王国の王宮であったシティパレス。「青の間」は青いタイルで装飾された美しい空間となっている。

1563年（永禄6）

秋、三河一向一揆が起こる。

10月、**毛利元就**、尼子氏から出雲白鹿城を奪う。

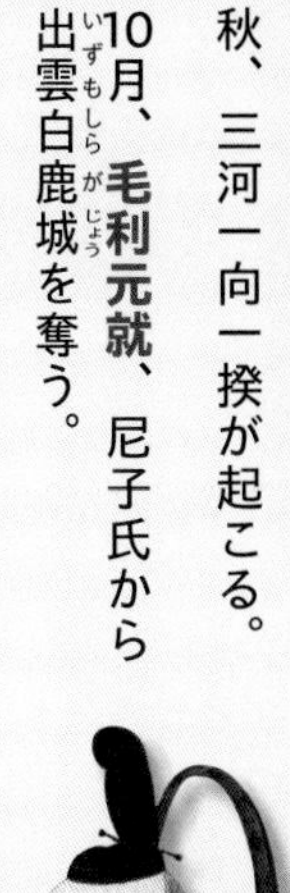

徳川家康

解説

桶狭間の戦い後、今川家より独立した徳川家康が、その2年後に織田信長と結んだ清須同盟は、裏切りが恒常的に行なわれていた戦国時代にあって、当事者一方の死まで続いた稀有な同盟である。

豆知識

出雲白鹿城攻めは、月山富田城攻略の緒戦にあたる。元就は「尼子十旗」と呼ばれる富田城を守る支城を次々に陥落させて補給路を断ったのちに月山富田城を包囲し、2年にわたる包囲の末に陥落させた。

毛利元就

1565年（永禄8）

4月、毛利元就、尼子氏の居城・月山富田城を包囲する。

5月、三好三人衆、将軍・**足利義輝**を殺害する。**（永禄の変）**

足利義輝

豆知識

足利義輝は、塚原卜伝や上泉信綱らから剣術を学び、奥義を秘伝されるほどの剣豪だった。二条御所を襲撃された義輝は、鎧を着込み、所有する名刀を何本も畳の上に突き立てると、三好勢を相手に奮戦し、刀を何度も取り換えては敵兵を斬り伏せたという。

1565年

マルタ騎士団、オスマン帝国を撃退する。

世界史の絵画

『マルタ包囲戦』

水上には多数のオスマン軍船、陸上にオスマン陸軍が描かれ、マルタの要塞が包囲される様子が見て取れる。

1565年

スペインのレガスピがセブ島を占領。スペインによるフィリピン支配が始まる。

豆知識

フィリピンの国名は、当時のスペイン国王フェリペ2世に由来する。スペイン人の征服者ルイ・ロペス・デ・ビリャロボスによって、イスラス・フィリピナス諸島（フェリペの島々）と名づけられた。

1563年

アクバル、ヒンドゥー教の聖地巡礼税を廃止する。

1564年

アクバル、**ジズヤ**（非イスラム教徒の男子に課せられる人頭税）を廃止する。

アクバル

解説

ジズヤ廃止や非イスラム教徒の抜擢などの寛容政策を取る一方で、世界の諸宗教を折衷した新宗教を創始し、宗教の融和に努めた。版図を北インド全域に広げ、中央集権的な官僚機構を整え、土地測量を行なって税制を確立。さらに中央集権的な官僚機構を整えて帝国の基礎を整えた。

この時代の日本史

上杉謙信と武田信玄が激突 織田信長と徳川家康が同盟

1561年(永禄4)閏3月、越後(新潟県)の長尾景虎は、小田原の北条氏を攻めた帰途、鎌倉の鶴岡八幡宮で山内上杉氏の家督を継承。関東管領に就任し、名もこれを機に「上杉政虎」と改めた。

同年9月、上杉政虎と甲斐(山梨県)と信濃(長野県)のほぼ全域を支配する武田信玄は、北信濃で4度目の対峙をした。双方とも「決戦をして決着をつけないと埒(らち)が明かない」と考えており、正面衝突も辞なさない決意であった。

武田・上杉両軍が激突したのは川中島の八幡原(長野市小田島町)だ。

最初は上杉軍が優勢であったが、武田軍別動隊が上杉軍の背後を衝いたことで形勢は逆転。上杉軍は善光寺(ぜんこうじ)まで後退した。勝敗については、前半が上杉勝利、後半が武田勝利と考えられている。

信長の死まで続く 織田・徳川の同盟

第四次川中島の戦いの翌年1月、織田信長と徳川家康とのあいだで「清須同盟」が結ばれる。隣国の美濃(岐阜県南部)と伊勢(三重県北中部)に進出したい信長にとって、背後を安全にするため、家康との同盟は不可欠であった。また、三河を回復して間もない家康も、信長とは事を構えたくなかった。両者の利害が合致しての同盟であった。

中国地方において勢力を拡大させていた毛利元就は、1565年(永禄8)4月、晴久の死後、衰亡の一途を辿っていた尼子氏の月山富田城を包囲した。かつて「山陰の覇者」といわれた尼子氏の命運も風前の灯だった。

この同年の5月には、三好三人衆と松永久通(ひさみち)が室町幕府第13代将軍・足利義輝を弑逆(しいぎゃく)する永禄の変が勃発した。

この時代の世界史

フランスで宗教戦争勃発 スペインはアジアに進出

フランスは伝統的にローマカトリックを奉じていたが、宗教改革以降、「ユグノー」と呼ばれるカルヴァン派プロテスタントが勢いを増しつつあった。ユグノーは都市で商工業を営む市民に多く、また、有力貴族にも存在したため、無視できない存在であった。

国王のシャルル9世が11歳と年少であったため、国政は母親のカトリーヌ・ド・メディシスが、摂政としてとっていた。カトリーヌはカトリックの信徒だったが、強大な勢力を有するカトリック貴族のギーズ家を牽制するため、ユグノーに対しても融和的態度をとっていた。

1562年、ギーズ公フランソワがユグノーを虐殺したことから、フランス国内は内乱に陥った。

これを「ユグノー戦争」と呼んでいる。この戦争は1598年まで続いた。

東南アジアの植民地化を強引に進めるスペイン

フランスでユグノー戦争が行なわれている時期、遠く離れた東南アジアでは、スペインが勢力を拡げていた。マゼランの周航によって西回りで太平洋に出られることが分かった結果、多くのスペイン船が大西洋→マゼラン海峡というルートを辿って、また、新大陸の太平洋岸で建造された船によって東南アジアへと進出した。

スペイン人はこれと目星をつけた場所にキリスト教宣教師を送り込み、布教活動を通じて盛んに宣撫工作を行なわせる。機が熟すと商人たちが乗り込み、自分たちのルールで商売をし、現地経済をズタズタにしたうえで軍隊が乗り込むのだ。1565年にはセブ島を占領し、スペインのフィリピン支配が始まった。

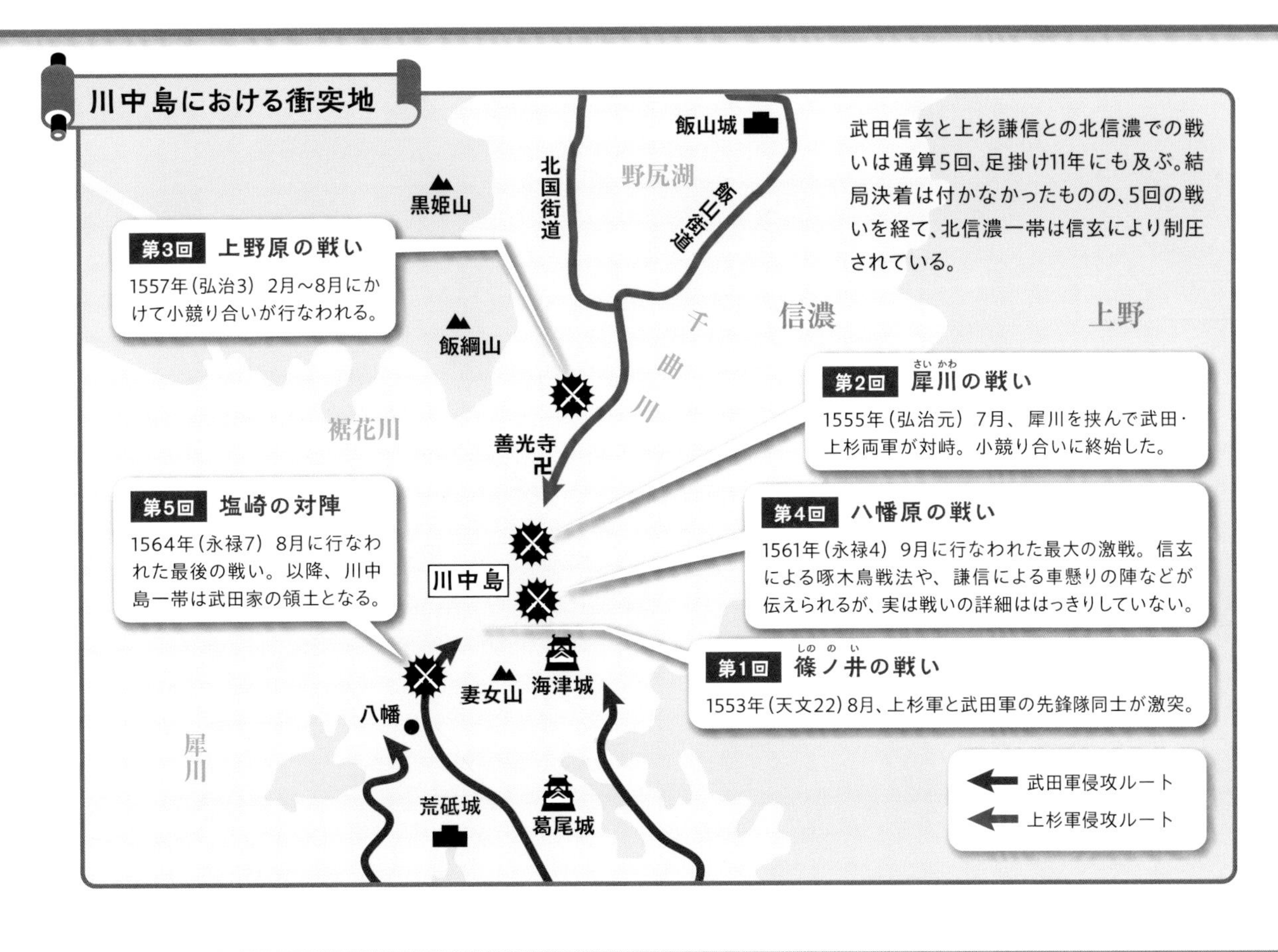
川中島における衝突地
武田信玄と上杉謙信との北信濃での戦いは通算5回、足掛け11年にも及ぶ。結局決着は付かなかったものの、5回の戦いを経て、北信濃一帯は信玄により制圧されている。
飯山城
北国街道
野尻湖
飯山街道
黒姫山
第3回 上野原の戦い
1557年（弘治3）2月～8月にかけて小競り合いが行なわれる。
飯綱山
千曲川
信濃
上野
第2回 犀川の戦い
1555年（弘治元）7月、犀川を挟んで武田・上杉両軍が対峙。小競り合いに終始した。
裾花川
善光寺
第5回 塩崎の対陣
1564年（永禄7）8月に行なわれた最後の戦い。以降、川中島一帯は武田家の領土となる。
第4回 八幡原の戦い
1561年（永禄4）9月に行なわれた最大の激戦。信玄による啄木鳥戦法や、謙信による車懸りの陣などが伝えられるが、実は戦いの詳細ははっきりしていない。
川中島
第1回 篠ノ井の戦い
1553年（天文22）8月、上杉軍と武田軍の先鋒隊同士が激突。
妻女山
海津城
八幡
犀川
荒砥城
葛尾城
武田軍侵攻ルート
上杉軍侵攻ルート

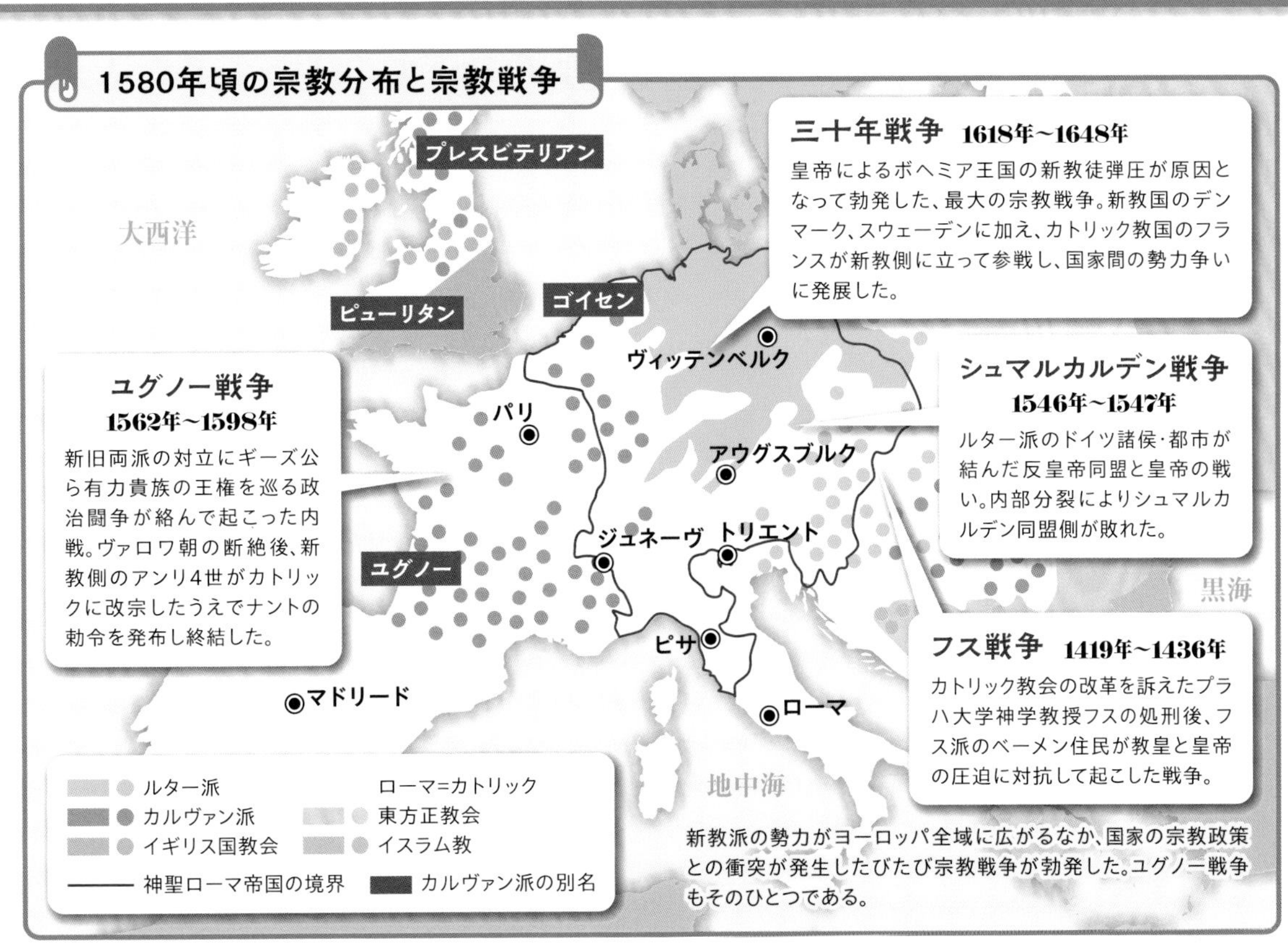
1580年頃の宗教分布と宗教戦争
プレスビテリアン
大西洋
三十年戦争 1618年～1648年
皇帝によるボヘミア王国の新教徒弾圧が原因となって勃発した、最大の宗教戦争。新教国のデンマーク、スウェーデンに加え、カトリック教国のフランスが新教側に立って参戦し、国家間の勢力争いに発展した。
ピューリタン
ゴイセン
ヴィッテンベルク
ユグノー戦争
1562年～1598年
新旧両派の対立にギーズ公ら有力貴族の王権を巡る政治闘争が絡んで起こった内戦。ヴァロワ朝の断絶後、新教側のアンリ4世がカトリックに改宗したうえでナントの勅令を発布し終結した。
パリ
シュマルカルデン戦争
1546年～1547年
ルター派のドイツ諸侯・都市が結んだ反皇帝同盟と皇帝の戦い。内部分裂によりシュマルカルデン同盟側が敗れた。
アウグスブルク
ジュネーヴ
トリエント
ユグノー
黒海
ピサ
フス戦争 1419年～1436年
カトリック教会の改革を訴えたプラハ大学神学教授フスの処刑後、フス派のベーメン住民が教皇と皇帝の圧迫に対抗して起こした戦争。
マドリード
ローマ
地中海
ルター派
カルヴァン派
イギリス国教会
ローマ=カトリック
東方正教会
イスラム教
神聖ローマ帝国の境界
カルヴァン派の別名
新教派の勢力がヨーロッパ全域に広がるなか、国家の宗教政策との衝突が発生したびたび宗教戦争が勃発した。ユグノー戦争もそのひとつである。

1566年〜1570年

織田信長が足利義昭を奉じて上洛した頃、オランダがスペインに独立戦争を仕掛けた！

日本

1566年(永禄9)

11月、**毛利元就**、月山富田城を攻略し、尼子氏を滅ぼす。

松平家康、「徳川」姓を名乗る。

徳川家康

豆知識

徳川氏への改姓は、叙位任官が可能となる「天下の四姓(源平藤橘)」と自身の系譜をつなげるため。源氏の流れをくむ新田氏の系譜に徳川氏を結び付けた。

1567年(永禄10)

8月、**織田信長**、稲葉山城を攻略し、美濃を**斎藤龍興**から奪う。

10月、織田信長、美濃加納に**楽市令**を出す。

10月、三好三人衆と**松永久秀**の戦いで東大寺の大仏が焼失する。

この頃、信長の妹・**お市**が**浅井長政**に嫁ぐ。

豆知識

現在の奈良の大仏は3代目。三好勢の内紛で燃え落ちたのを江戸時代に再建したものである。奈良時代のオリジナルは蓮弁などわずかな部分に限られる。

西洋

1566年

スペイン、宗教裁判所を設立する。

解説

宗教裁判所とは異端者を発見し処罰する教会の法廷のこと。宗教改革の時期に先鋭化して有罪とみなした者を火刑に処した。

1567年

アルバ公、ネーデルラント総督に就任する。

中国・東アジア

1567年

明、海禁を緩和し海外渡航を許可する。

世界史の絵画

『ベツレヘムの嬰児虐殺』
(ピーテル・ブリューゲル)

ユダヤのヘロデ王が、ベツレヘムにおいて2歳未満の男児を殺戮したという新約聖書の話を題材とする作品。画面中央に固まる兵士の一団は、16 世紀のスペイン軍の特徴を持ち、新教派の弾圧を行なったアルバ公への非難が込められているという。

その他

西アジア・インド・アメリカなど

1568年（永禄11）

8月、毛利元就と大友宗麟、豊前の海上で戦う。

9月、織田信長、**足利義昭**を奉じて上洛する。

10月、織田信長、摂津・和泉に**矢銭**を賦課する。

織田信長

解説

織田信長は将軍・足利義昭を奉じることで、義昭の名のもとに全国の諸大名に命令を下す立場を得ることができた。

1569年（永禄12）

3月、織田信長、**撰銭令**を出す。

7月、**長宗我部元親**、安芸国虎を破り、土佐東部を制圧する。

1570年（元亀1）

4月、浅井長政が織田信長を裏切り**金ヶ崎の戦い**が起こる。

6月、織田信長、**姉川の戦い**で浅井・朝倉の連合軍を破る。

8月、**龍造寺隆信**、今山の戦いで**大友宗麟**を破る。

9月、**石山合戦**始まる。（〜1580年）

行ってみたい 歴史スポット

織田・徳川連合軍と浅井・朝倉連合軍が激突した姉川の古戦場。信長の妹・お市を娶り信長の同盟者となった浅井長政であったが、家臣扱いされることに耐えられず、信長を裏切ったとされる。

1568年

スコットランド女王**メアリ・ステュアート**、廃位される。

オランダ独立戦争が勃発する。

1569年

7月、ポーランドとリトアニア間で同君連合が成立する。

トスカナ大公国が成立し、メディチ家の**コジモ1世**が大公となる。

解説

東方に勢力を拡大するドイツ騎士団に対抗すべく、リトアニア大公ヤゲヴォとポーランド女王ヤドウィカが結婚して成立した同君連合。

1569年

タウングー朝のバインナウンがアユタヤを占領し、タイを服属させる。

行ってみたい 歴史スポット

14世紀中頃から栄えたアユタヤの遺跡。諸外国と積極的な貿易を行ない、最盛期の17世紀には、山田長政など3000人近い日本人も居留することとなる。

コジモ1世

豆知識

1537年にフィレンツェ公に選出されたコジモ1世は、1555年シエナを攻略してトスカナ全土を支配下に収め、近代国家を目指して行政・司法部門の統一や整備を推進した。外交センスにも優れ、名画『愛の寓意』をフランス王へ送ったのもコジモ1世である。

『愛の寓意』
（アーニョロ・ブロンズィーノ）

1569年

オスマン帝国の**セリム2世**、フランスに通商特権（**カピチュレーション**）を授与する。

フェリペ2世、メキシコとリマに**異端審問所**を設置する。

解説

カピチュレーションとは、オスマン帝国が西洋人に対し領事裁判権や租税免除、財産などを保障したもの。これまでオスマン帝国はヨーロッパ諸国と対立してきた宿敵であったが、フランスはハプスブルク家を敵視し、逆転的な外交に打って出たといえる。

この時代の日本史

念願の上洛を果たすも、義弟の裏切りで間一髪

1566年(永禄9)11月、毛利元就に攻囲されていた月山富田城が開城。ここに山陰の名族尼子氏は滅亡した。

1567年(永禄10)8月、織田信長は美濃(岐阜県南部)の稲葉山城を攻略する。義父・道三の仇である斎藤龍興を追って同国を掌握するや、城の名を「岐阜城」と改めた。街道が四方に伸びる美濃は、古くから交通の要衝であり、濃尾平野の穀倉地帯を有しているため、経済的にも富裕であった。

この年、信長の妹お市が北近江(滋賀県北部)を統べる浅井長政のもとに嫁いだ。上洛するためのルートを確保する意味での政略結婚だ。

1568年(永禄11)8月、中国地方の覇者となった元就と、九州の雄・大友宗麟が、豊前(福岡県東部)海上で戦った。元就はこの時点で戦国大名中の最大勢力だ。

天下への野心を持たなかった毛利氏

毛利家中は小早川水軍など洋上戦力も充実していたから、瀬戸内海を北上して上洛を果たそうと思えばことは簡単であった。

しかし、天下は元就にとって意識の外であったようだ。この翌月、織田信長が足利幕府再興を名目に、足利義昭を奉じて上洛。義昭を室町幕府の第15代将軍に据えた。

信長は上洛命令に従わない越前(福井県北東部)の朝倉義景討伐を試みるも、朝倉氏と縁の深い浅井氏に根回しをしなかったため、1570年(元亀元)4月、越前国内侵攻寸前、金ケ崎で長政の裏切りに遭ってしまう。

挟撃の危機を命からがら逃れた信長は、直ちに報復を決行。徳川家康とともに、姉川(滋賀県長浜市)で浅井・朝倉連合軍と激突し、これを撃破した。

この時代の世界史

ネーデルラントの反乱 明帝国の貿易自由化

ローマカトリックによる国家統合を是とするスペイン国王フェリペ2世は、1566年、スペイン国内に宗教裁判所を設置した。

また、同王がカトリック化を推進しているスペイン領ネーデルラントでは、1567年、フェルナンド・アルバレス・デ・トレド、アルバ公が総督に就任した。スペインの有力貴族であり、フェリペ2世の片腕としてプロテスタント撲滅の戦いに剛腕を発揮する人物だ。

アルバ公は「血の評議会」と呼ばれる宗教裁判を実施し、ネーデルラント内のカルヴァン派プロテスタントを大量に処刑した。これに加えて、都市の自治権を奪うなどの強硬策に出たこともあって、ネーデルラント内で反発が高まり、1568年には諸州で激しい反乱が勃発。ネーデルラントの反スペインの戦いは、1648年までの80年間に及んだ。

財政の逼迫から海禁政策を捨てた明

フェルナンド・アルバレス・デ・トレドがスペイン領ネーデルラントの総督となったのと同年、中国の明帝国が海禁策を一時的に緩和。明国人の海外渡航を許可した。

明帝国は洪武帝(朱元璋)によって樹立されて以来、海禁策を採っていた。これは「貢物を持って臣下の礼をとる国とのみ貿易を行なう」との意であり、歴代中国王朝の伝統的貿易スタンスであった。中国特有の中華思想(中国が世界の中心たる文明国であり、周囲の国々は野蛮国)に起因するもので、限られた国としか貿易しなかった。

しかし、明帝国皇帝だった隆慶帝は、疲弊しつつある財政状態を好転させるため、自由貿易に舵を切ったのだった。

信長の上洛と畿内制圧

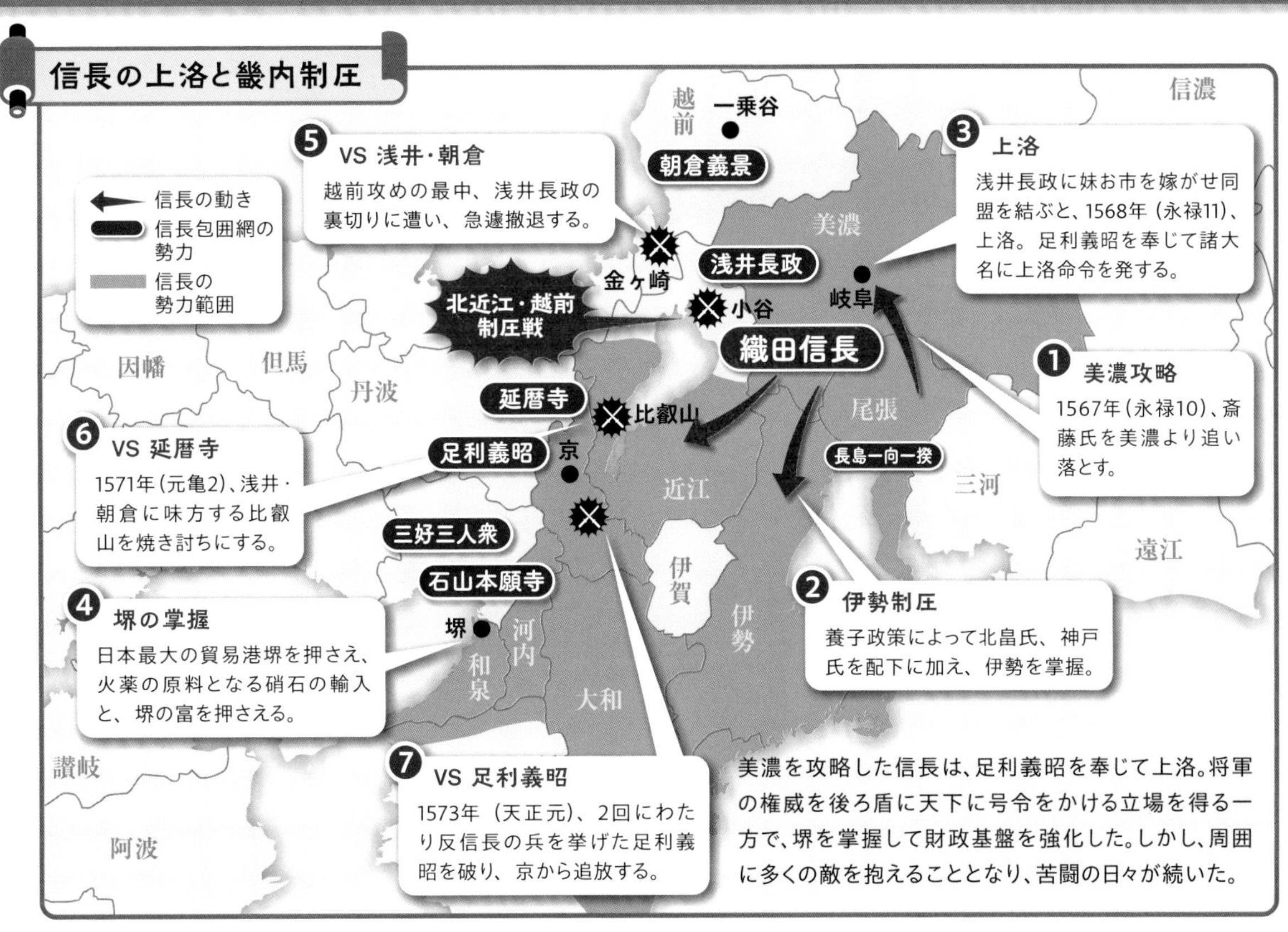

信長の動き
信長包囲網の勢力
信長の勢力範囲
越前
一乗谷
朝倉義景
信濃
美濃
岐阜
浅井長政
金ヶ崎
小谷
北近江・越前制圧戦
織田信長
因幡
但馬
丹波
延暦寺
比叡山
足利義昭
京
近江
尾張
長島一向一揆
三河
遠江
三好三人衆
石山本願寺
伊賀
伊勢
堺
河内
和泉
大和
讃岐
阿波
❶ 美濃攻略
1567年（永禄10）、斎藤氏を美濃より追い落とす。
❷ 伊勢制圧
養子政策によって北畠氏、神戸氏を配下に加え、伊勢を掌握。
❸ 上洛
浅井長政に妹お市を嫁がせ同盟を結ぶと、1568年（永禄11）、上洛。足利義昭を奉じて諸大名に上洛命令を発する。
❹ 堺の掌握
日本最大の貿易港堺を押さえ、火薬の原料となる硝石の輸入と、堺の富を押さえる。
❺ VS 浅井・朝倉
越前攻めの最中、浅井長政の裏切りに遭い、急遽撤退する。
❻ VS 延暦寺
1571年（元亀2）、浅井・朝倉に味方する比叡山を焼き討ちにする。
❼ VS 足利義昭
1573年（天正元）、2回にわたり反信長の兵を挙げた足利義昭を破り、京から追放する。

美濃を攻略した信長は、足利義昭を奉じて上洛。将軍の権威を後ろ盾に天下に号令をかける立場を得る一方で、堺を掌握して財政基盤を強化した。しかし、周囲に多くの敵を抱えることとなり、苦闘の日々が続いた。

オランダの独立

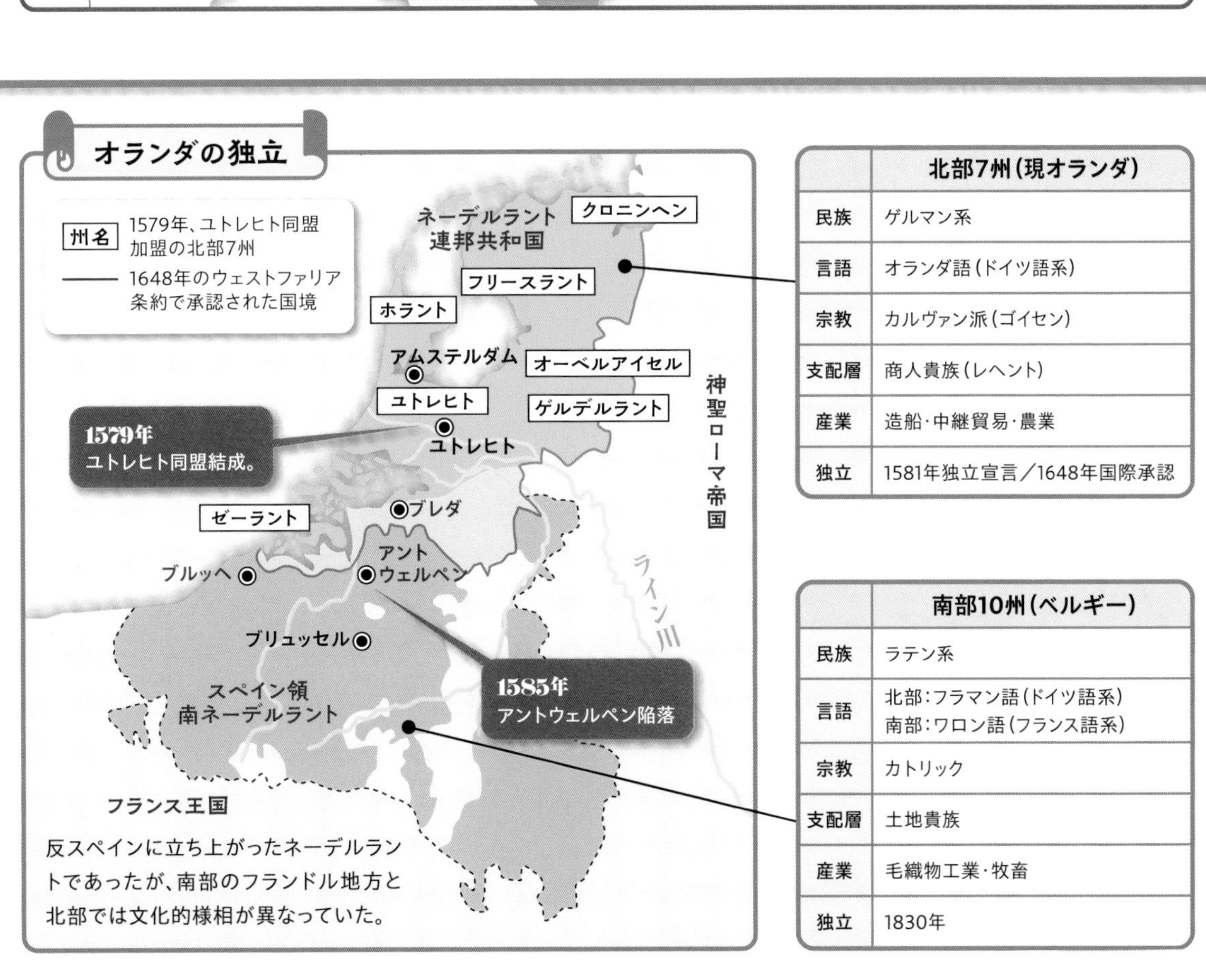

反スペインに立ち上がったネーデルラントであったが、南部のフランドル地方と北部では文化的様相が異なっていた。

	北部7州（現オランダ）
民族	ゲルマン系
言語	オランダ語（ドイツ語系）
宗教	カルヴァン派（ゴイセン）
支配層	商人貴族（レヘント）
産業	造船・中継貿易・農業
独立	1581年独立宣言／1648年国際承認

	南部10州（ベルギー）
民族	ラテン系
言語	北部：フラマン語（ドイツ語系） 南部：ワロン語（フランス語系）
宗教	カトリック
支配層	土地貴族
産業	毛織物工業・牧畜
独立	1830年

織田信長が徳川家康とともに長篠・設楽原の戦いに勝利した頃、レパントの海戦でオスマン帝国が敗れた！

1571

日本

1571年（元亀2）
9月、織田信長、延暦寺を焼き討ちにする。

行ってみたい 歴史スポット

延暦寺根本中堂。延暦寺焼き討ちは信長の悪行の代表として語られてきたが、当時の延暦寺は世俗化と腐敗が進む政治勢力と化していた。また、焼き討ちについても近年の発掘でごく一部であったことが指摘されている。2022年には根本中堂にある仏像9体が、鎌倉時代の制作であったことも判明した。

1572年（元亀3）
12月、武田信玄、**三方ヶ原**（みかたがはら）**の戦い**で、徳川家康に圧勝する。

西洋

1571年
スペインを中心とするキリスト教連合、**レパントの海戦**でオスマン帝国を破る。

1572年
ポーランドで**ヤゲヴォ朝**が断絶。選挙王制となる。
フランスで**サン・バルテルミの虐殺**が起こる。

中国・東アジア

1571年
スペインのレガスピ、マニラを占領する。
明、アルタン・ハンを順義王（じゅんぎおう）に封じる。

1572年
万暦帝（ばんれきてい）が即位する。

豆知識

ご即位当初は様々な政治改革を行なう一方、モンゴル族を駆逐し、明の中興に成功したかに見えたが、改革を推進していた張居正が没すると宦官を寵愛して奢侈に耽り、財政を急速に悪化させた。明の滅亡は没後20年のことであるが、「明の滅ぶは実は神宗（万暦帝）に滅ぶ」といわれた。

万暦帝

その他
西アジア・インド・アメリカなど

1571年
オスマン帝国、キプロス島をヴェネツィアから奪う。
オスマン帝国艦隊、レパントの海戦でキリスト教連合艦隊に敗れる。

1572年
ペルーでトゥパク・アマルが処刑される。

豆知識

トゥパク・アマルはスペインに最後まで抵抗したインカ最後の皇帝。後年その2世を語る反乱が起こっている。この2人の名に由来するのが、1996年にペルーの日本大使公邸占拠事件を起こした左翼ゲリラ組織トゥパク・アマル革命運動である。

1573年（天正1）

7月、織田信長、**足利義昭**を河内へ追放する。**（室町幕府の滅亡）**

8月、織田信長、越前一乗谷を攻撃し、**朝倉義景**を自刃させる。

9月、織田信長、小谷城を攻略し、浅井父子を自刃させる。

1574年（天正2）

6月、**武田勝頼**、徳川方の高天神城を攻略する。

9月、織田信長、長島の**一向一揆**を平定する。

この年、織田信長、**狩野永徳**の**『洛中洛外図』**を上杉謙信に寄贈。

1575年（天正3）

5月、織田信長・徳川家康連合軍、**長篠・設楽原の戦い**で武田勝頼を破る。

『しかみ像』

豆知識

三方ヶ原の戦いで信玄に誘い出されて大敗を喫した家康は、敗戦時の姿を描かせて戒めとしたといわれるが、この話が広まったのは昭和のことで、後世の作り話だったとされる。

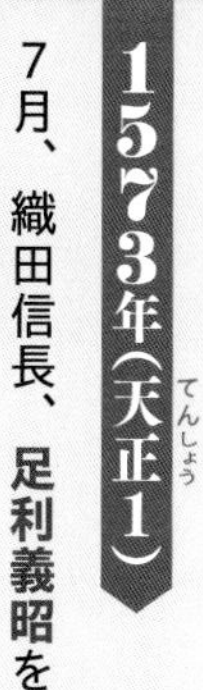

木下秀吉

豆知識

小谷城攻略の突破口を切り開いたのは、清水谷の急傾斜を駆け上って京極丸を陥落させ、本丸の長政と小丸の浅井久政（長政の父）を分断させた木下勢だったとされる。

日本史の絵画

『長篠合戦図屏風』（部分）

馬防柵と無数の鉄砲が描かれている。信長は鉄砲を3000丁そろえたとされるが、その撃ち方については諸説挙げられている。

カトリーヌ・ド・メディシス

世界史の絵画

『サン・バルテルミの虐殺』

（フランソワ・デュボワ）

ユグノー戦争を激化させた虐殺事件は、皮肉にも新旧両派和解の象徴だったナヴァル王アンリとフランス王の妹マルゴの結婚式を狙って行なわれた。ふたりを祝うためにパリに集まったユグノーを旧教徒が襲い、惨劇が繰り広げられた。

豆知識

サン・バルテルミの虐殺を引き起こしたカトリーヌ・ド・メディシスは、フィレンツェの名門メディチ家からフランスの王子アンリ（アンリ2世）に嫁いだ際、多くの料理人や給仕人を随行させ、それまでフランスにはなかったフォークや食事のマナーをもたらした。フランス料理は彼女から始まるといえる。

1575年

朝鮮で東西の党論起こる。**（党争**の始まり）

解説

党争は朱子学の立場から官僚や政治を批判する東林書院と密接な関係にある東林派と、宦官と手を組んだ官僚勢力の争いを指す。

1574年

オスマン帝国、チュニスを攻略。チュニジアを併合する。

この時代の

日本史

信長は四面楚歌に陥るも、武田信玄の病死で助かる

浅井・朝倉連合軍を姉川で撃破した織田信長であったが、両者とも滅亡した訳ではなく、抗争は続いた。

加えて、一向宗(浄土真宗本願寺派)総本山石山本願寺が、反信長で挙兵。ほかの反信長勢力も続々と旗幟を鮮明にし、信長は四面楚歌(しめんそか)状態となった。現状打破のため一ヶ所を切り崩す必要に迫られた信長は、1571年(元亀2)9月、浅井・朝倉連合軍を匿ったことのある比叡山延暦寺を焼き討ちにし、満天下を仰天させた。

1572年(元亀3)、現在の山梨県・長野県全域、群馬県西部、静岡県東部、愛知県・岐阜県・富山県各一部を支配する武田信玄が、反信長勢力と連携したうえで、上洛を開始。12月には三方ヶ原(静岡県浜松市)の戦いで、徳川・織田連合軍を撃破した。

信長の運命は風前の灯かと思えたが、反信長勢力の筆頭たる越前(福井県北東部)の朝倉義景が勝手に領国に帰って、反信長包囲網が崩壊。翌年には武田信玄が病死して、信長は虎口を脱した。

好機を逃さず反攻に出る信長

信長はこの機を逃さず、1573年(天正元)7月、反信長勢力の結集に暗躍していた足利義昭を追放して、室町幕府を滅亡に追い込むと、8月には越前一乗谷(福井県福井市)を攻めて朝倉義景を、翌月には小谷城(滋賀県長浜市)を攻めて、浅井久政・長政父子を自害に追い込んだ。

1574年(天正2)9月、信長は伊勢長島(三重県桑名市)の一向一揆を壊滅に追い込むと、1575年(天正3)5月には、徳川家康ともに、信玄のあとを継いだ武田勝頼を長篠・設楽原(愛知県新城市長篠)の戦いで撃破した。

この時代の

世界史

キリスト教連合艦隊とオスマン帝国艦隊激突

新大陸の富を独占し、旭日の勢いにあるスペインにとって、最大のライバルは、ビザンツ帝国(東ローマ帝国)を滅亡に追い込み、東ヨーロッパに進出して、地中海沿岸域で影響力を増しつつあるオスマン帝国であった。

1571年、このオスマン帝国が地中海に浮かぶキプロス島を、ヴェネツィア(イタリア半島の都市国家)から奪う事件が勃発する。

このキプロス島に橋頭保に築かれては、ヨーロッパ世界の危機だ。ローマカトリックの、ひいてはヨーロッパの盟主を自認するスペインのフェリペ2世にとって、オスマン帝国の進出は、看過できないものであった。

このため同年、ギリシアのコリント湾入口のレパント沖で、「レパントの海戦」が起こった。スペイン、ローマ教皇、ヴェネツィアの連合艦隊278隻が、オスマン帝国海軍224隻と激突。双方2万人以上の死者を出すも、ヨーロッパ側が勝利した。この海戦はヨーロッパ側では、「スペインがイスラム教勢力から、キリスト教世界を守った戦い」として位置づけられている。『ドン・キホーテ』の作者セルバンテスは、この戦いで片腕を失っている。

明の分岐点となった万暦帝の即位

レパントの海戦が行なわれた翌年、中国では万暦帝が即位した。10歳で即位したため、父の隆慶帝の遺言通り、張居正が政務をとった。張居正は内閣大学士として全権を掌握。外交、内政の充実、財政の再建に目覚ましい成果をあげた。

しかし、張居正の死後、万暦帝は宦官(宮中で働く去勢した成年男性)を重用し、酒色に耽溺。明帝国の国力が衰える要因を作った。

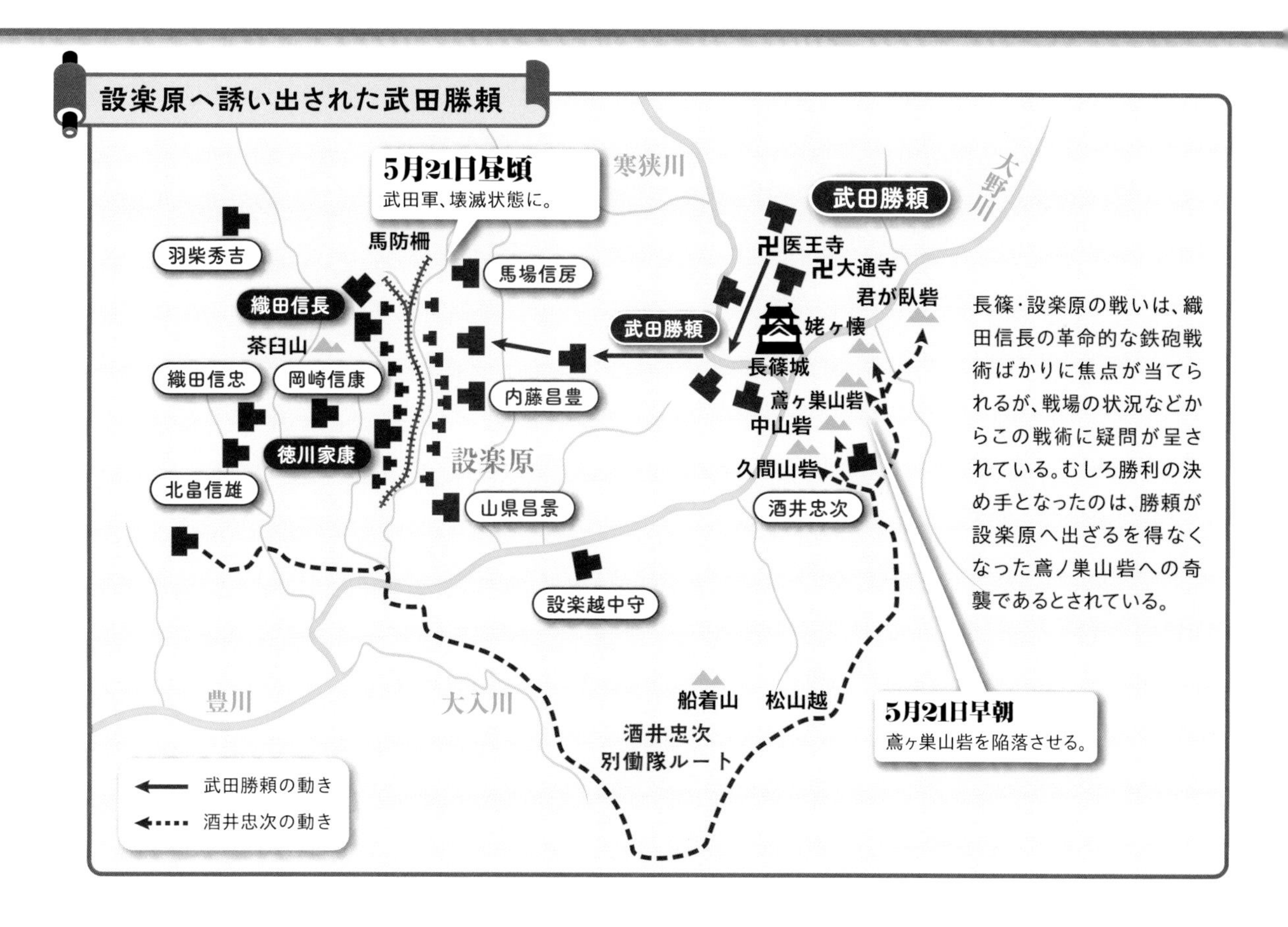
設楽原へ誘い出された武田勝頼
5月21日昼頃
武田軍、壊滅状態に。
寒狭川
大野川
武田勝頼
医王寺
大通寺
君が臥砦
羽柴秀吉
馬防柵
馬場信房
織田信長
武田勝頼
姥ヶ懐
長篠城
茶臼山
織田信忠
岡崎信康
内藤昌豊
鳶ヶ巣山砦
中山砦
徳川家康
設楽原
久間山砦
北畠信雄
山県昌景
酒井忠次
設楽越中守
豊川
大入川
船着山
松山越
酒井忠次
別働隊ルート
5月21日早朝
鳶ヶ巣山砦を陥落させる。
武田勝頼の動き
酒井忠次の動き
長篠・設楽原の戦いは、織田信長の革命的な鉄砲戦術ばかりに焦点が当てられるが、戦場の状況などからこの戦術に疑問が呈されている。むしろ勝利の決め手となったのは、勝頼が設楽原へ出ざるを得なくなった鳶ノ巣山砦への奇襲であるとされている。

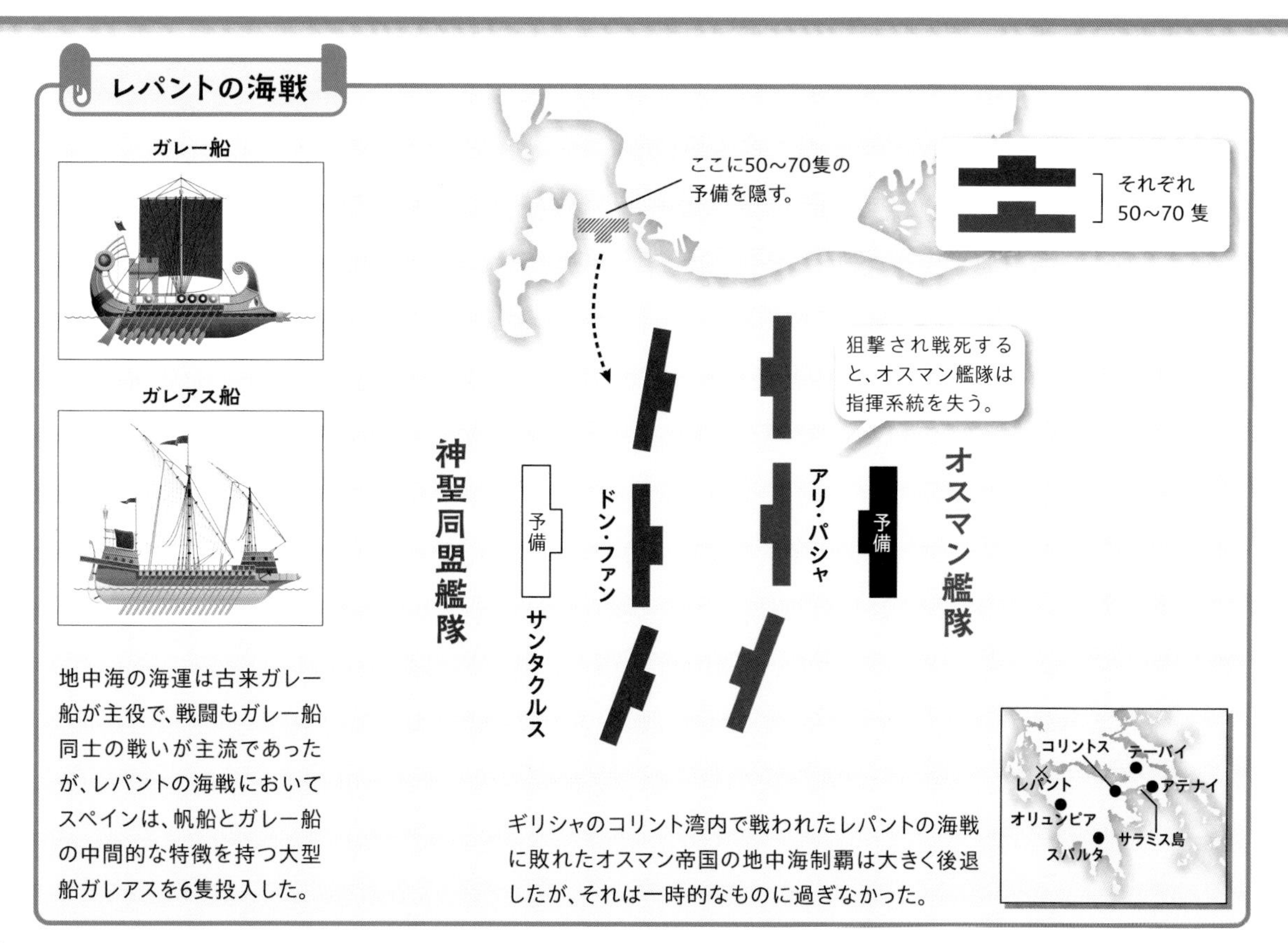
レパントの海戦
ガレー船
ガレアス船
地中海の海運は古来ガレー船が主役で、戦闘もガレー船同士の戦いが主流であったが、レパントの海戦においてスペインは、帆船とガレー船の中間的な特徴を持つ大型船ガレアスを6隻投入した。
ここに50〜70隻の予備を隠す。
それぞれ50〜70隻
狙撃され戦死すると、オスマン艦隊は指揮系統を失う。
神聖同盟艦隊
予備
サンタクルス
ドン・ファン
アリ・パシャ
予備
オスマン艦隊
コリントス
テーバイ
レパント
アテナイ
オリュンピア
サラミス島
スパルタ
ギリシャのコリント湾内で戦われたレパントの海戦に敗れたオスマン帝国の地中海制覇は大きく後退したが、それは一時的なものに過ぎなかった。

1576年～1580年

織田信長が安土城を建て始めた頃、イギリスのドレイクが世界周航を成功させた

日本

1576年（天正4）

1月、**織田信長**、**安土城**の築城を開始する。

7月、京都に**南蛮寺**が完成する。

7月、織田水軍、**第一次木津川口の戦い**で毛利水軍に敗れる。

この年、**柴田勝家**が北陸方面軍司令官に任命される。

1577年（天正5）

6月、織田信長、安土に楽市令を出す。

9月、**上杉謙信**、手取川の戦いで織田信長麾下の柴田勝家を破る。

10月、**織田信忠**、反旗を翻した**松永久秀**を大和信貴山城で自刃させる。

解説

織田信長は天下統一を視野に入家臣団を再編成する。それが5つの方面軍。長男の信忠を旗頭とする軍団を編成したのを皮切りに、柴田勝家の北陸方面軍、明智光秀の山陰・近畿方面軍、羽柴秀吉の中国方面軍、滝川一益の関東方面軍が編成された。このほかにも、丹羽長秀、池田恒興らが遊撃軍として各地に置かれている。

西洋

1576年

ハプスブルク家の**ルドルフ2世**が神聖ローマ皇帝として即位し、**対抗宗教改革**を進める。

＼行ってみたい／ **歴史スポット**

ルドルフ2世が錬金術師に錬金術の研究をさせたと伝わるプラハの黄金小路。

ルドフル2世

豆知識

学術愛好家で、化学、天文学などに興味を持ち、学者ケプラーや芸術家アルチンボルドを保護した。また、稀代の収集家でもあり、世界各地で発見された珍奇な自然物などが宮廷に集められていた。

中国・東アジア

1577年

スペイン、ルソン全島を占領する。

その他

西アジア・インド・アメリカなど

1576年

ムガル帝国、ベンガル地方を征服する。

1578年(天正6)

3月、上杉謙信が没し、後継を巡って御館の乱が勃発する。

10月、**荒木村重**が織田信長に背く。

11月、織田水軍、**第二次木津川口の戦い**で毛利水軍を破る。

11月、**島津義久**、**高城川(耳川)の戦い**で大友軍を破る。

島津義弘

豆知識

高城川の戦いにおいて、島津義久・義弘兄弟率いる島津勢が用いた戦術が「釣り野伏」。前線に配置した囮部隊を追ってきた敵を伏兵で待ち受け、包囲して討つ戦法である。

1579年(天正7)

5月、安土宗論が行なわれる。

豆知識

安土宗論は織田信長の命によって安土城下の浄厳院で行なわれた、浄土宗と法華宗（日蓮宗）の宗論（宗派間の教義上の論争）のこと。浄土宗側の勝ちとされ、法華宗側は詫び証文を出すとともに、多くの僧侶・信者が処罰された。従来の強引な布教態度が姿を消し、伝道僧の行動が制限されるようになった。

1580年(天正8)

1月、羽柴秀吉、播磨三木城を攻略。城主・別所長治は自刃する。

閏3月、織田信長、石山本願寺の顕如と講和を結ぶ。

1578年

パルマ公、ネーデルラント総督に就任する。

1579年

ネーデルラント北部七州、**ユトレヒト同盟**を結成する。

1580年

スペイン・ポルトガル同君連合となる。

イギリスの**ドレイク**が**世界周航**を成功させる。（1577年～）

フランシス・ドレイク

豆知識

私掠戦の船長として活躍し、のちにアルマダの海戦でもイギリスの勝利に貢献するドレイクは、エリザベス1世から「私の海賊」と呼ばれて気に入られ、「サー」の称号を与えられた。

1578年

張居正、丈量を始める。

明、ポルトガル人に広東貿易を許可する。

この年、『**本草綱目**』が編纂される。

張居正

豆知識

万暦帝のもとで宰相を務め改革に努めた張居正だが、政敵に対して苛烈であり政治も厳格を極めたため多くの恨みを買っていた。

1579年

イギリス人がはじめてムガル帝国に入国する。

1580年

オスマン帝国、イギリスに**カピチュレーション**を与える。

この時代の

日本史

毛利氏と信長が戦闘開始 洋上決戦も織田方が制す

1576年(天正4)1月、織田信長は琵琶湖東岸の近江国蒲生郡安土山(現在の滋賀県 近江八幡市 安土町下豊浦)に、安土城を築き始める。

信長にとって城は、防衛施設であるのと同時に、相手を威圧する演習装置でもある。安土城はその完成形でもあった。この安土城をもって日本の城は、中世城郭から近世城郭へと発展することになるのだ。

同年7月、これまで潜在的な敵として情報戦・外交戦を繰り広げていた西国の毛利氏が、信長と戦端を開いた。

毛利水軍は織田方が攻囲する一向宗(浄土真宗本願寺派)総本山の石山本願寺に兵糧を運び込むべく、瀬戸内海を東上。大坂湾の木津川口で、織田水軍と激突した。

この第一次木津川口の戦いで織田水軍は、毛利水軍の前にあえなく敗れ去った。

鉄貼りの船で毛利氏にリベンジを果たす

石山本願寺の攻囲を続けるかたわら、信長は宿老たる柴田勝家を北陸方面軍司令官に任じた。応じて北陸を侵食する柴田勝家であったが、この軍事行動により、同じく北陸方面に進出する上杉謙信との衝突を招いてしまう。

1577年(天正5)9月、上杉謙信は柴田勝家率いる織田軍を手取川の戦いで撃破。信長の北陸進出の野望を一時的に挫いた。

1578年(天正6)11月、織田水軍と毛利水軍のあいだで、第二次木津川口の戦いが行なわれる。

織田水軍は九鬼義隆が信長の命によって建造した鉄貼りの軍船が威力を発揮し、毛利水軍を壊滅に追い込んだ。1580年(天正8)1月には、羽柴秀吉が播磨(兵庫県南西部)攻略を完了した。

この時代の

世界史

ユトレヒト同盟結成と ドレイクの世界周航

1578年、アレッサンドロ・ファルネーゼという人物が、母方の叔父となるスペイン国王フェリペ2世によって、スペイン領ネーデルラントの総督に任じられる。優秀な軍人・外交官にして、第3代パルマ公に当たる人物だ。

これによりカトリック教徒の多かった南部のフランドル地方の10州はスペインの支配下に留まったが、残る7州は対スペイン軍事同盟たる「ユトレヒト同盟」を結んで対抗した。

1580年、スペイン国王フェリペ2世が、ポルトガル王に即位する。ポルトガルでは国王がアフリカ遠征中に没して以来、王家の血統が途絶えていた。

このため母がポルトガルの王女であった関係から、フェリペ2世がポルトガル王を兼ねることになったのだ。これによりスペインとポルトガルは、同君連合の関係になった。

女王の海賊が成し遂げた二例目の偉業

これと同じ年、イングランドのフランシス・ドレイクが、世界周航を成功させた。世界周航の成功者は、マゼラン一行に次いで2例目。指揮官が達成したのは初めてとなる。

フランシス・ドレイクはエリザベス朝時代に活躍した私掠船の船長だ。私掠船とは政府の認可を受けて敵国の船を襲い、積荷を略奪する船をいう。いわゆる政府公認の海賊である。フランシス・ドレイクはエリザベス女王の許可を得て、1577年に旗艦ゴールデン・ハインド号以下5隻の船で、プリマスを出航し、旗艦だけがマゼラン海峡を通過。スペインの植民地やスペイン船を襲いつつ航海を続け、1580年に帰国した。エリザベス女王は「私の海賊」と言って、偉業を讃えたという。

琵琶湖の制海権と安土城

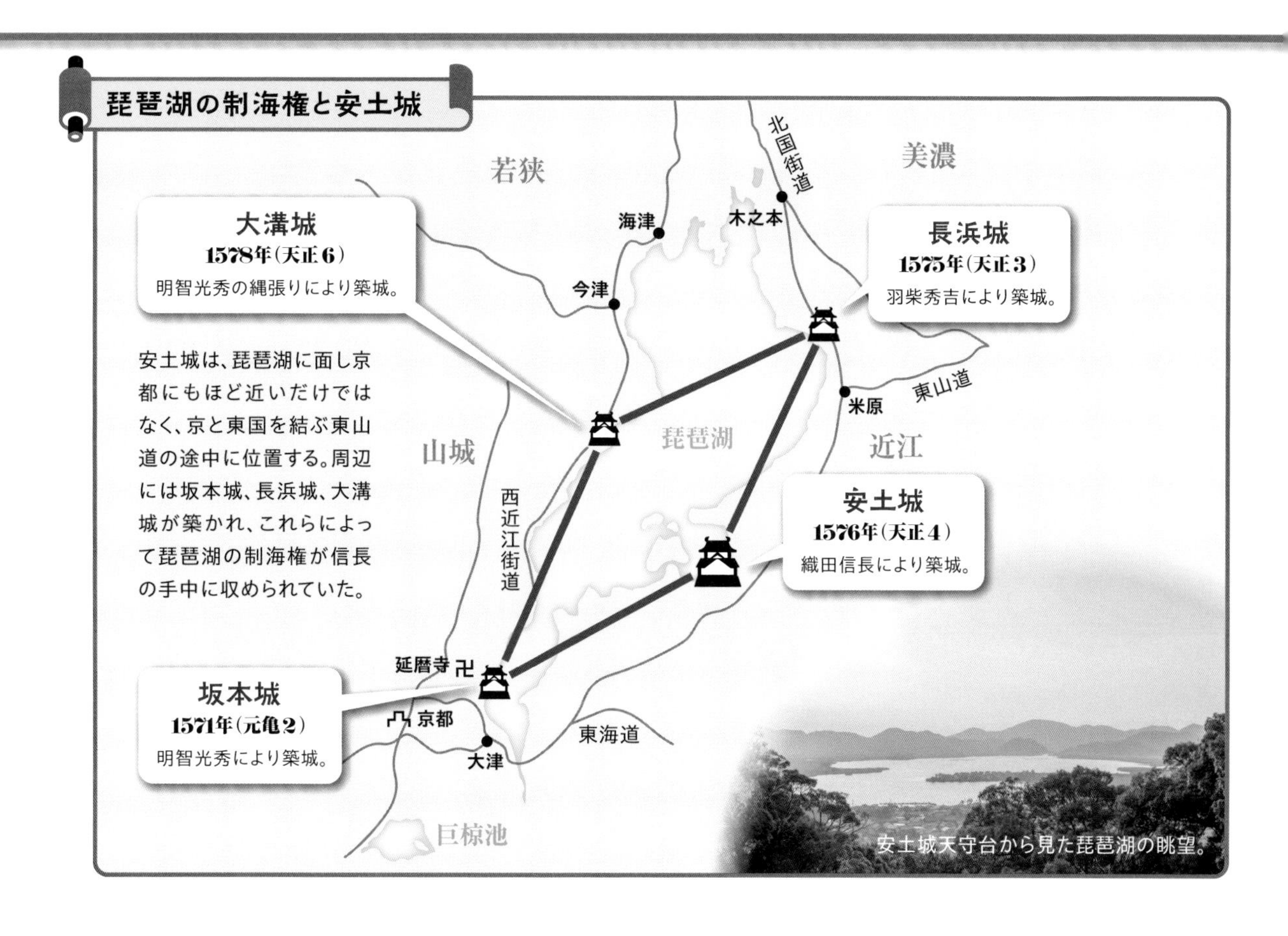

安土城は、琵琶湖に面し京都にもほど近いだけではなく、京と東国を結ぶ東山道の途中に位置する。周辺には坂本城、長浜城、大溝城が築かれ、これらによって琵琶湖の制海権が信長の手中に収められていた。

安土城天守台から見た琵琶湖の眺望。

ドレイクの世界周航

イングランドのフランシス・ドレイクは1577年に5隻の船を率いて世界周航に出発。大西洋を横断してマゼラン海峡を通過後、ペルー沖でスペインの財宝船カカフェゴ号を捕獲。その後もいくつかの町や船を襲いながら太平洋・インド洋を横断し、喜望峰を経てプリマスに帰港した。

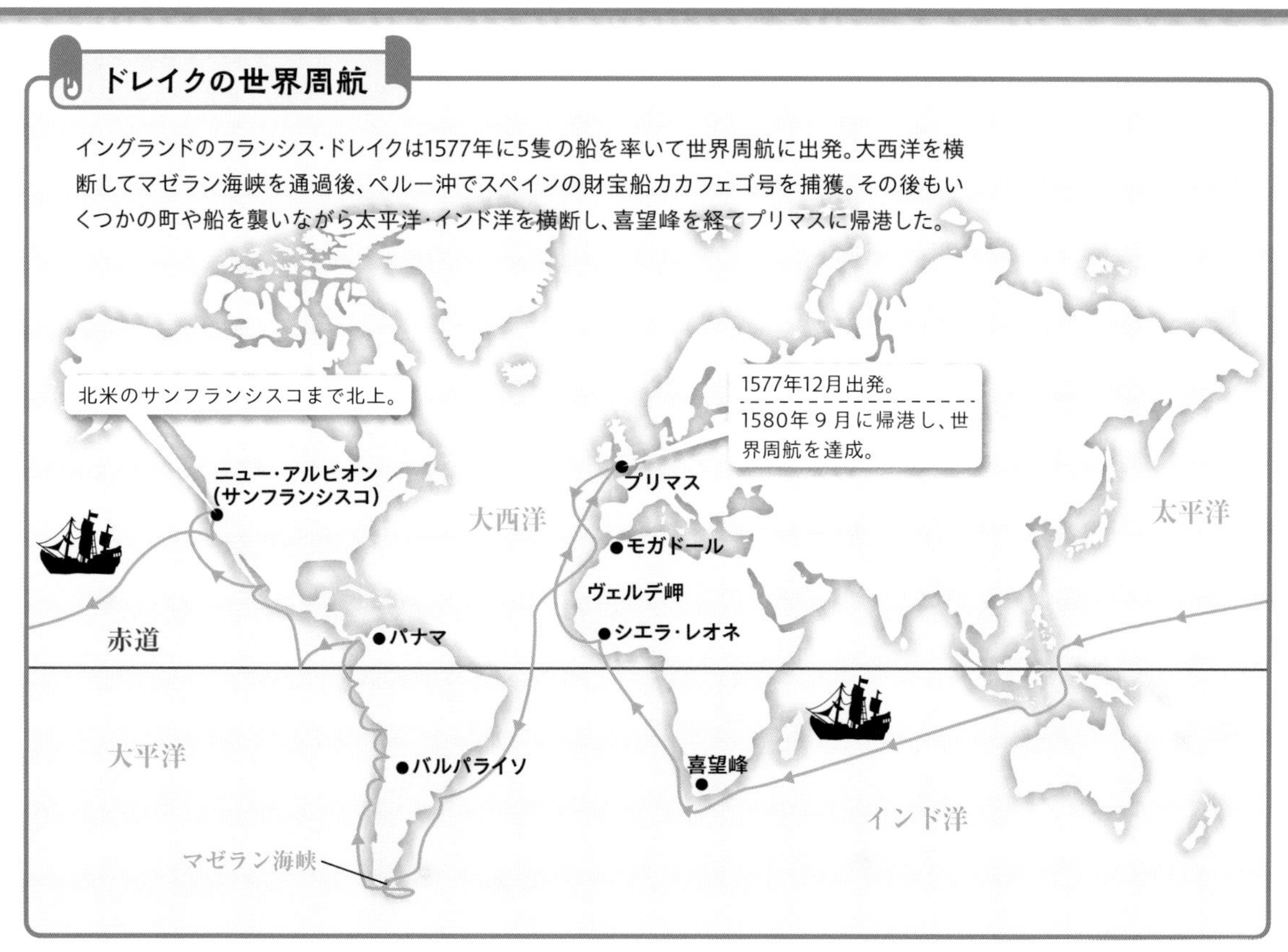

1581年～1585年

本能寺の変が起こった頃、グレゴリオ暦が制定され、女真族のヌルハチが明から独立した

日本

1581年（天正9）

3月、**徳川家康**、高天神城を奪還する。

10月、**羽柴秀吉**、因幡鳥取城を包囲し、吉川経家を自刃へ追い込む。

1582年（天正10）

1月、大友・大村・有馬三氏、少年使節をローマに派遣する（**天正遣欧使節**）。

3月、**天目山麓田野の戦い**で武田氏滅亡する。

6月、**本能寺の変**が起こり、**織田信長**が自刃する。

6月、羽柴秀吉、山崎の戦いで**明智光秀**を破る。

6月、**清須会議**で織田信長の後継者が三法師に決定する。

7月、**太閤検地**が始まる。（～1598年）

明智光秀

豆知識

本能寺の変を引き越した理由については、野望をかなえるための単独犯行説のほかに厳しい能力主義によるノイローゼ説、信長の暴走を止めようとしたとする説などがある。そのほか、朝廷や将軍・足利義昭を黒幕とする説などがあるが、はっきりしていない。

西洋

1581年

ネーデルラント北部七州、独立を宣言する。

1582年

教皇**グレゴリウス13世**、新暦（**グレゴリオ暦**）を発布する。

ロシアの**イェルマーク**、**シベリア**を征服する。

中国・東アジア

1581年

明、全国的に**一条鞭法**を施行する。

1582年

張居正没し、張居正に対する弾劾が起こる。

マテオ・リッチ、マカオで布教を開始する。

その他

西アジア・インド・アメリカなど

ヌルハチ

解説

部族名を女真族から満洲族と改めたのはヌルハチ。文殊菩薩の文殊の転音とされる。

1583年（天正11）

春、羽柴秀吉、伊勢亀山城を攻め、**滝川一益**を降す。

4月、羽柴秀吉、**賤ヶ岳の戦い**で柴田勝家を破る。

龍造寺隆信

豆知識

隆信は「容貌に大器の素質がある」と祖父から評価されたが、馬に乗ることができないほどの肥満体で、戦場では6人担ぎの駕籠に乗って指揮を執ったという。

1584年（天正12）

3月、**島津家久**、沖田畷の戦いで**龍造寺隆信**を敗死させる。

4月、徳川家康、小牧・長久手の戦いで羽柴秀吉を破る。

6月、スペイン商船が初めて**平戸**に来航する。

6月、**長宗我部元親**、三好氏を破り讃岐を制圧する。

解説

小牧・長久手の戦いは織田家の主導権を握り、家康に臣従を求める秀吉に対し、徳川家康が織田信長の次男・信雄と手を組んで抵抗する姿勢を示したことで始まった。戦いでは家康が秀吉勢の三河攻撃計画を読んで別動隊を撃破し勝利を収めた。

1585年（天正13）

7月、羽柴秀吉、関白に就任。長宗我部元親を破り四国を平定する。

閏8月、**真田昌幸**、**第一次上田城の戦い**で徳川軍を破る。

10月、羽柴秀吉、九州に惣無事の意向を示す。

11月、**伊達政宗**、佐竹・蘆名氏などの連合軍と戦う（**人取橋の戦い**）。

1584年

オラニエ公**ウィレム**、暗殺される。

豆知識

家督を継ぐ前は柔和な性格で無口。加えて「姫若子」と呼ばれるほどの華奢な体格で、背が高く色が白く、当主として不安視されるほどだった。

長宗我部元親

1585年

日本の**天正遣欧使節**がローマを訪問する。

スペイン軍、アントウェルペンを略奪する。

豆知識

天正遣欧使節は伊藤マンショ、千々石ミゲル、中浦ジュリアン、原マルチノの4名。イエズス会に入会した4人であったが、帰国後は弾圧の時代に直面。のち千々石ミゲルのみが棄教し、他の3名は司祭となったが、病死や殉教を遂げている。ただし近年、千々石ミゲルは棄教していなかったとする指摘が出ている。

1583年

女真族の**ヌルハチ**、明から勅書を得て自立する。

1584年

タイのナレースエン、ビルマからの独立を宣言する。

オラニエ公ウィレム

豆知識

オランダ独立の旗頭として戦っていたオラニエ公ウィレムが暗殺されたのは、宗教寛容策を唱えたことがきっかけ。暗殺は急進的なカトリック教徒によるものだった。

1583年

イギリス、ニューファンドランドを占領する。

1584年

イギリス、**ヴァージニア植民地**を開設する。

＼行ってみたい／
歴史スポット

ヴァイキングの集落跡が発見されたニューファンドランドの遺跡ランス・オ・メドー。彼らはコロンブスより早くに大西洋を渡り、ニューファンドランドに植民地を築いていた。

この時代の日本史

本能寺で織田信長横死 羽柴秀吉が台頭する

織田信長の覇業は順調に進み、1581年(天正9)10月には、配下の羽柴秀吉が因幡(鳥取県東部)を掌握。1582年(天正10)3月には武田氏を滅亡に追い込んで、甲信地域から北関東、東海の一部にまたがる武田氏の支配域を手に入れた。

天下統一は目前に思われたが、同年の6月に異変が起こる。

中国地方で毛利氏と交戦を続けている羽柴秀吉を支援するべく、安土城を出陣して京都の本能寺に宿泊中、配下の明智光秀に襲われて自害したのだ。日本史上にいう「本能寺の変」だ。

京都での異変を知り、すぐさま毛利方と和議を結び、京都へ取って返す秀吉。この「中国大返し」により秀吉は、迎撃の準備を整えさせないままに山崎の戦いで光秀を討ち取った。

主君の仇を討った秀吉が、事実上の後継者に

信長亡きあと、清須会議が開かれて信長の後継を嫡孫・三法師と決めたものの、家中では家臣同士の争いが勃発した。

この争いを制したのも秀吉だった。

1583年(天正11)春に滝川一益を降すや、4月には宿老の柴田勝家を賤ヶ岳(滋賀県長浜市)で打ち破り、北庄城にて自害に追い込んだのだ。これにより秀吉は、織田家中随一の実力者となった。

1584年(天正12)4月、秀吉は小牧・長久手の戦いで徳川家康に敗れるも、和睦。1585年(天正13)7月には関白に就任し、四国を統一した長宗我部元親を制して、四国を平定した。

これにより近畿・四国・中国地方は秀吉の支配下に入ったが、九州・関東・東海・甲信・北陸・東北は政権の管轄外にあった。秀吉は天下を統一すべく、覇業を本格化させることになる。

この時代の世界史

ネーデルラントの独立と、天正遣欧使節のローマ到着

1581年、スペイン領ネーデルラントで、ユトレヒト同盟を結成してスペインに対抗していた7州が独立を宣言する。

これによりネーデルラント連邦共和国が誕生する。この新国家を「オランダ」とも呼ぶのは、アムステルダム市を擁して、連邦の中核をなしたホラント州に由来している。

このネーデルラント連邦共和国の指導的地位にあったのが、オラニエ公ウィレム(オレンジ公ウィリアム)だ。

スペインとの抗争が激化するなか、反スペイン派の盟主として、戦争を指導し続けた。また、ネーデルラントの独立に当たっては、「乞食党(ゴイセン)」の活躍が目立った。

これは土着の中小貴族たちで編成された部隊だ。なかでも「海乞食」と呼ばれた集団は、迷路のようにはりめぐらされた水路を駆使して、神出鬼没のゲリラ戦を展開し、敵方を悩ませた。堤防を決壊させ、町を水浸しにして、スペイン軍を撤退に追い込んだこともあった。

なお、ネーデルラント連邦共和国の誕生に到るまでのあいだ、プロテスタンを奉じるイギリスが、独立派を支援している。

日本の若きクリスチャンがローマに到着

1585年、日本の「天正遣欧使節」が、インドのゴア、ポルトガルのリスボンを経て、ローマに到着。ローマ教皇のグレゴリウス13世との謁見を果たした。

使節は大友宗麟・有馬晴信・大村純忠など日本でキリスト教を信仰する「キリシタン大名」が、宣教師の勧めで派遣したものであり、伊東マンショ、千々石(ちぢわ)ミゲル、中浦ジュリアン、原マルチノといった4人の少年たちであった。

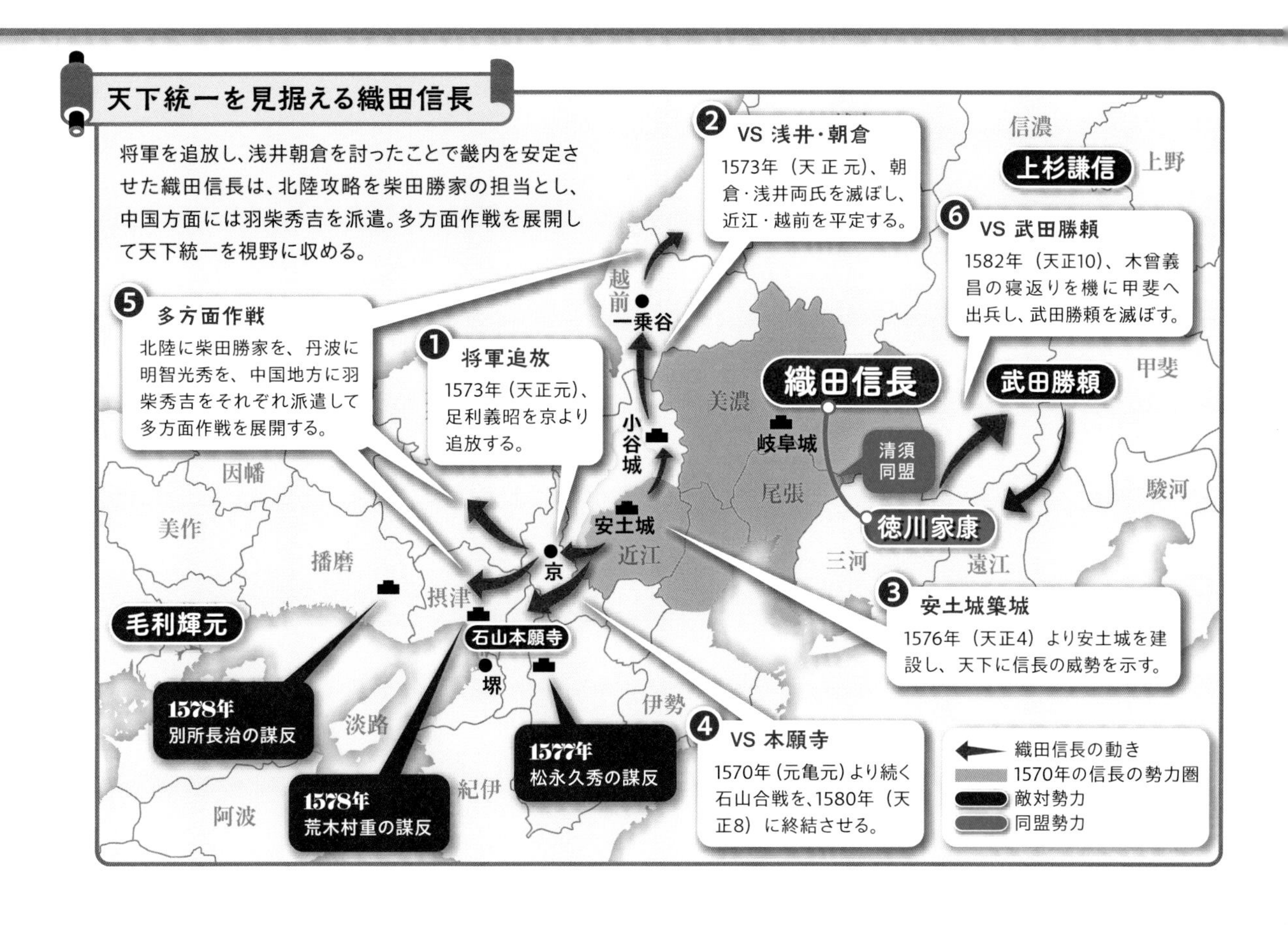

天下統一を見据える織田信長
将軍を追放し、浅井朝倉を討ったことで畿内を安定させた織田信長は、北陸攻略を柴田勝家の担当とし、中国方面には羽柴秀吉を派遣。多方面作戦を展開して天下統一を視野に収める。
❶ 将軍追放
1573年（天正元）、足利義昭を京より追放する。
❷ VS 浅井・朝倉
1573年（天正元）、朝倉・浅井両氏を滅ぼし、近江・越前を平定する。
❸ 安土城築城
1576年（天正4）より安土城を建設し、天下に信長の威勢を示す。
❹ VS 本願寺
1570年（元亀元）より続く石山合戦を、1580年（天正8）に終結させる。
❺ 多方面作戦
北陸に柴田勝家を、丹波に明智光秀を、中国地方に羽柴秀吉をそれぞれ派遣して多方面作戦を展開する。
❻ VS 武田勝頼
1582年（天正10）、木曾義昌の寝返りを機に甲斐へ出兵し、武田勝頼を滅ぼす。
織田信長
上杉謙信
武田勝頼
徳川家康
毛利輝元
清須同盟
1578年 別所長治の謀反
1578年 荒木村重の謀反
1577年 松永久秀の謀反
信濃
上野
甲斐
駿河
遠江
三河
尾張
美濃
越前
一乗谷
小谷城
岐阜城
安土城
近江
京
摂津
石山本願寺
堺
因幡
美作
播磨
淡路
阿波
紀伊
伊勢
織田信長の動き
1570年の信長の勢力圏
敵対勢力
同盟勢力

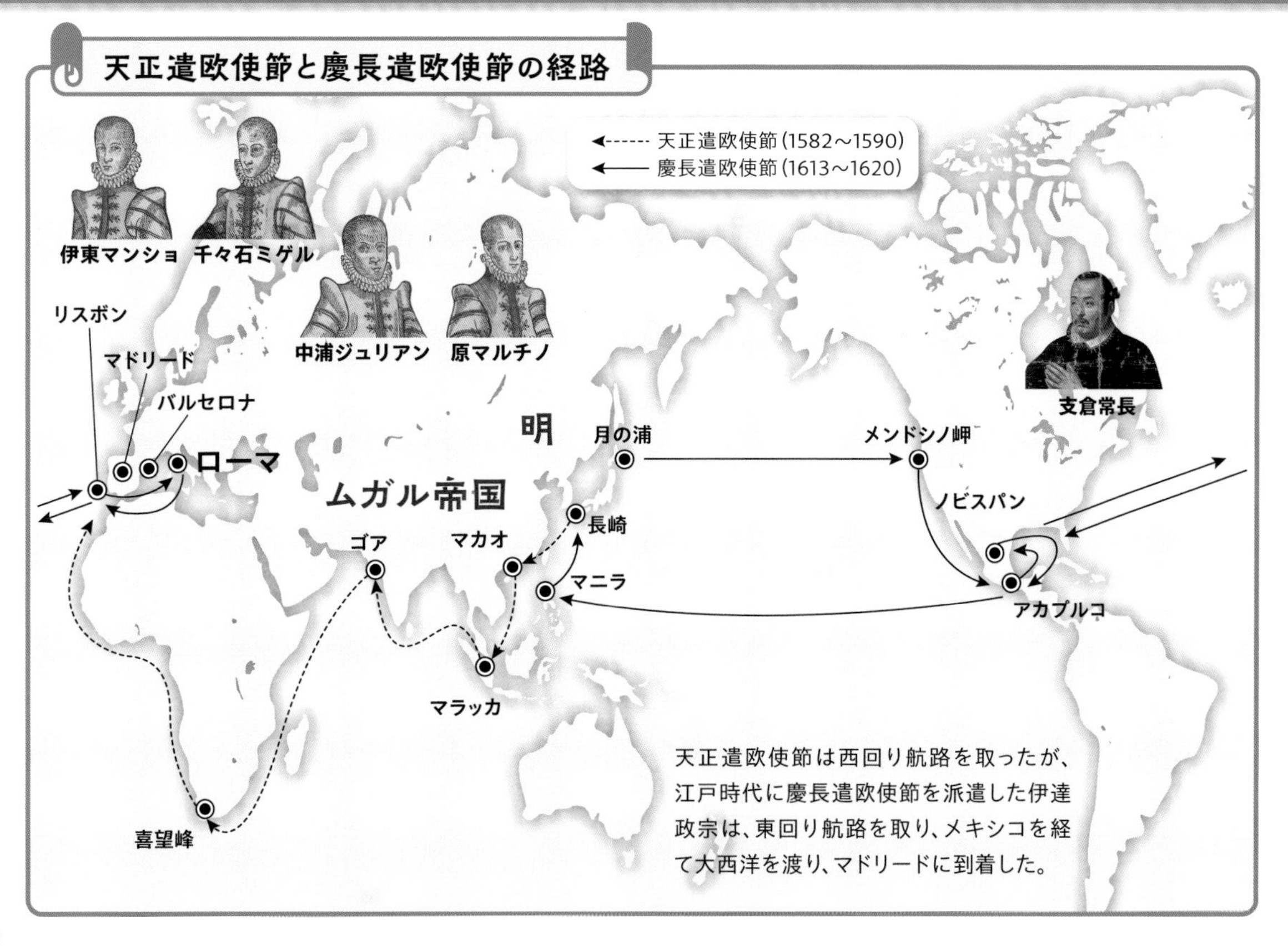

天正遣欧使節と慶長遣欧使節の経路
天正遣欧使節（1582～1590）
慶長遣欧使節（1613～1620）
伊東マンショ
千々石ミゲル
中浦ジュリアン
原マルチノ
支倉常長
リスボン
マドリード
バルセロナ
ローマ
ムガル帝国
明
月の浦
長崎
マカオ
マニラ
ゴア
マラッカ
喜望峰
メンドシノ岬
ノビスパン
アカプルコ
天正遣欧使節は西回り航路を取ったが、江戸時代に慶長遣欧使節を派遣した伊達政宗は、東回り航路を取り、メキシコを経て大西洋を渡り、マドリードに到着した。

本能寺の変

重臣明智光秀の謀反に織田信長が倒れてから、羽柴秀吉が実権を握るまで

本能寺の変と織田家諸将の動き

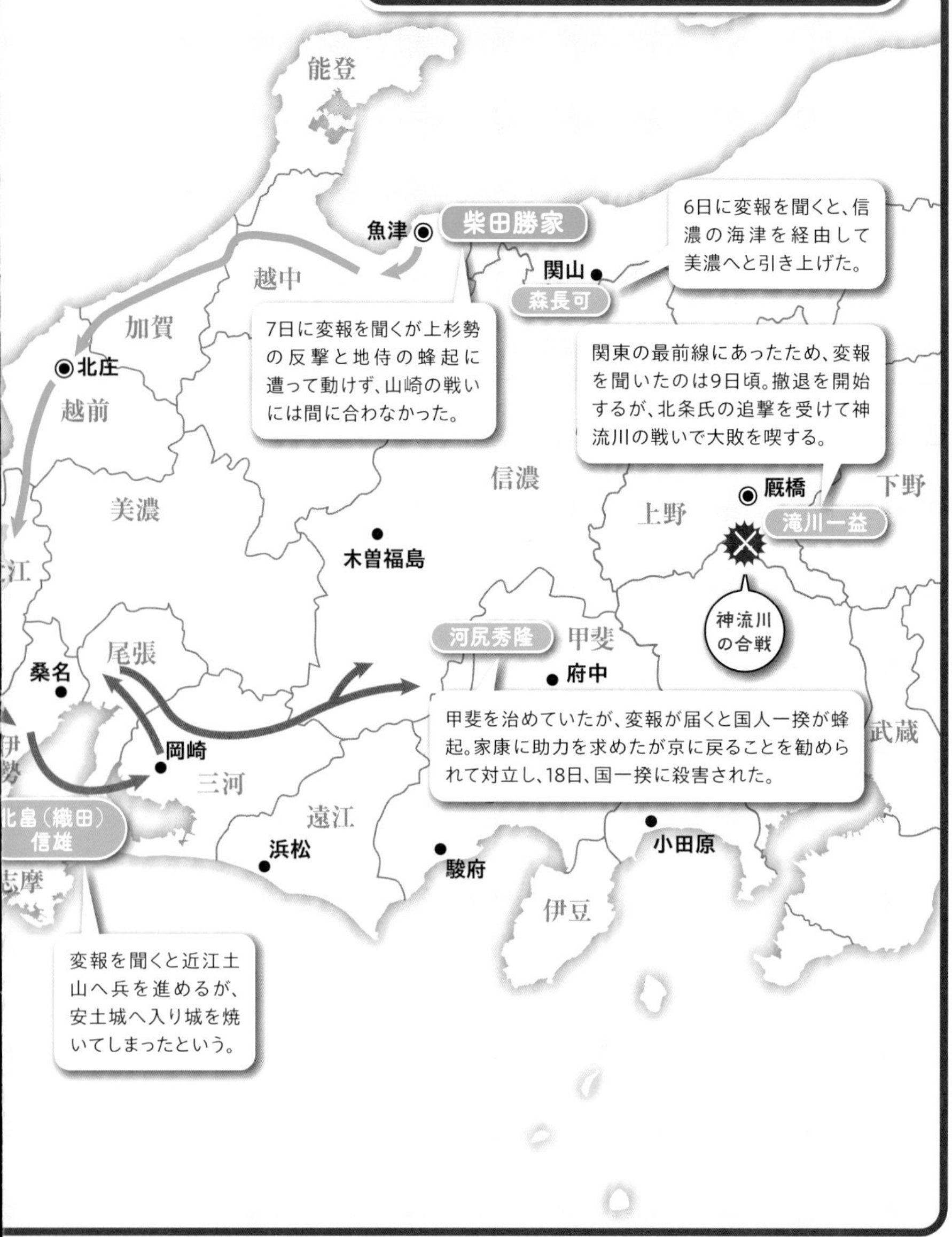

柴田勝家
7日に変報を聞くが上杉勢の反撃と地侍の蜂起に遭って動けず、山崎の戦いには間に合わなかった。

森長可
6日に変報を聞くと、信濃の海津を経由して美濃へと引き上げた。

滝川一益
関東の最前線にあったため、変報を聞いたのは9日頃。撤退を開始するが、北条氏の追撃を受けて神流川の戦いで大敗を喫する。

神流川の合戦

河尻秀隆
甲斐を治めていたが、変報が届くと国人一揆が蜂起。家康に助力を求めたが京に戻ることを勧められて対立し、18日、国一揆に殺害された。

北畠(織田)信雄
変報を聞くと近江土山へ兵を進めるが、安土城へ入り城を焼いてしまったという。

能登　魚津　越中　関山　加賀　北庄　越前　信濃　上野　厩橋　下野　美濃　木曽福島　近江　尾張　甲斐　府中　桑名　武蔵　伊勢　岡崎　三河　遠江　小田原　浜松　駿府　志摩　伊豆

天下統一を目前にした信長は、1582年(天正10)6月2日の明け方、自らの重臣明智光秀の謀反によって、本能寺で自刃して果てた。49歳だった。

当時、信長の重臣は信長の側にいなかった。柴田勝家は越後で上杉景勝と対戦中で、羽柴秀吉は備中で毛利氏の配下にある高松城を攻撃中だった。信長は、秀吉からの援助依頼を受け、明智光秀に出陣を命じ、自らはごく少ない従者と共に上洛して本能寺に宿泊。嫡男信忠も妙覚寺に少ない家来と共に宿泊していた。

6月1日夜に1万3000の兵を率いて丹波国亀山城から備中へ向けて出発した明智光秀は、途中の老ノ坂で突然進路を変更し、京都方面へ向かう。この時、不思議がる重臣に向けて言った言葉が、「敵は本能寺にあり」である。

明智軍に取り囲まれた本能寺は、警備が手薄だったことからひとたまりもなく、信長は自ら武器をとって戦ったが、もはやこれまでと自刃して果て、信忠も二条御所で自刃した。

光秀の動機については、人前で

本能寺の変 関連年表

1582年（天正10）	
5月	織田信長、信孝に四国出陣を命じる。
5月	羽柴秀吉、備中高松城を包囲する。
6月2日	明智光秀、本能寺に織田信長を、二条御所に織田信忠を襲撃し自刃へ追い込む。
6月4日	羽柴秀吉、清水宗治を自害させ毛利輝元と和睦する。
6月4日	徳川家康、堺より伊賀を抜けて岡崎へ到着する。
6月10日	徳川家康、甲斐へ兵を進める。
6月13日	羽柴秀吉、山崎の戦いで明智光秀を破る。
6月18日	甲斐で河尻秀隆が自刃へ追い込まれる。
6月19日	滝川一益、北条氏直に敗れる。
6月中旬	北条軍、甲斐への侵入を始め、天正壬午の乱が始まる。
6月27日	清須会議が開かれ織田秀信（三法師）が織田家の家督となる。
7月7日	秀吉、家康の上・甲・信3か国の確保を認める。
10月29日	北条と徳川の間で講和が結ばれる。

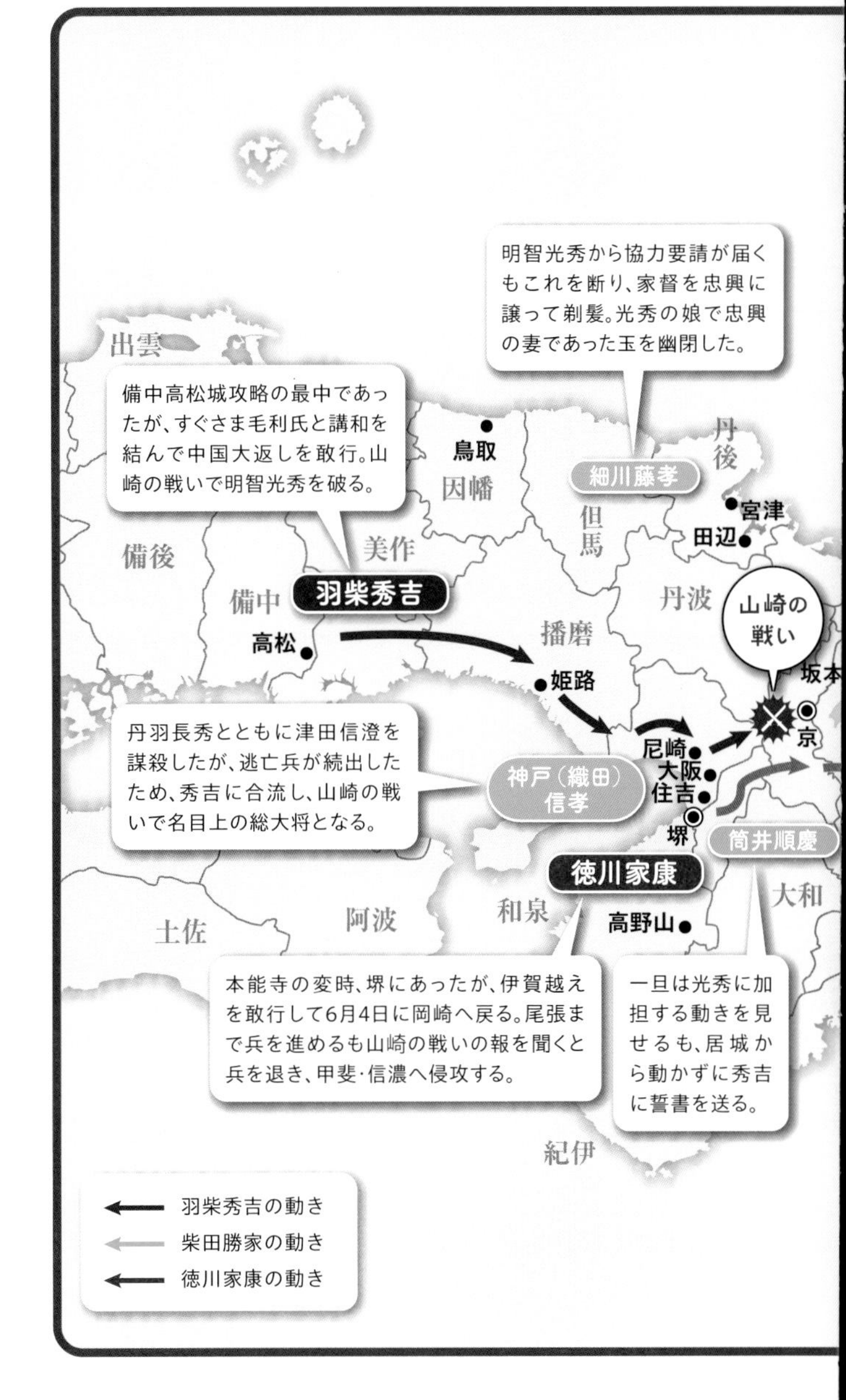

明智光秀から協力要請が届くもこれを断り、家督を忠興に譲って剃髪。光秀の娘で忠興の妻であった玉を幽閉した。
出雲
備中高松城攻略の最中であったが、すぐさま毛利氏と講和を結んで中国大返しを敢行。山崎の戦いで明智光秀を破る。
鳥取
因幡
細川藤孝
丹後
宮津
田辺
但馬
美作
備後
備中
羽柴秀吉
丹波
山崎の戦い
高松
播磨
姫路
坂本
京
丹羽長秀とともに津田信澄を謀殺したが、逃亡兵が続出したため、秀吉に合流し、山崎の戦いで名目上の総大将となる。
尼崎
大阪
住吉
神戸（織田）信孝
堺
筒井順慶
徳川家康
大和
土佐
阿波
和泉
高野山
本能寺の変時、堺にあったが、伊賀越えを敢行して6月4日に岡崎へ戻る。尾張まで兵を進めるも山崎の戦いの報を聞くと兵を退き、甲斐・信濃へ侵攻する。
一旦は光秀に加担する動きを見せるも、居城から動かずに秀吉に誓書を送る。
紀伊
羽柴秀吉の動き
柴田勝家の動き
徳川家康の動き

恥をかかされて恨んでいたという怨恨説のほかに、秀吉の処遇に対し、辺鄙（へんぴ）な土地である出雲・岩見の国を与えられたり、秀吉の援軍を命じられるなどしたことで、自分の将来に不安を感じたとする説、朝廷や足利義昭を黒幕とする説などがあるが、はっきりしていない。

そうしたなか、近年、光秀が長宗我部元親に送った手紙が発見され、その内容から、信長と長宗我部元親の取次役をしていた光秀の面目が丸つぶれになっていたことが発覚。本能寺の変の動機ではないかと注目されている。

本能寺の変を好機としてのし上がった羽柴秀吉

信長の死を受けて、飛躍したのが織田家の武将・羽柴秀吉であった。中国毛利攻めのさなかにあった秀吉は、いち早く畿内へと戻ると明智光秀を山崎の戦いで撃破すると、翌年の清須会議にて強い発現力を発揮。宿老柴田勝家を退けて、信長の嫡孫・三法師を織田家の家督とし、自ら後見となって事実上、信長の後継者となるのだった。

豊臣秀吉が天下統一を成し遂げた頃、イングランドがスペイン無敵艦隊を破った

1586

日本

1586年（天正14）

5月、秀吉の妹・**旭姫**（あさひひめ）、**徳川家康**に嫁ぎ、この年のうちに家康が秀吉に臣従する。

12月、**羽柴秀吉**、太政大臣（だいじょうだいじん）となり**豊臣姓**を賜る。

1587年（天正15）

5月、**豊臣秀吉**、**島津義久**を屈服させ九州を平定する。

6月、豊臣秀吉、**伴天連追放令**（ばてれんついほうれい）を出す。

10月、**北野大茶会**（きたのだいちゃかい）が行なわれる。

12月、豊臣秀吉、関東・奥羽に惣無事の意向を示す。

豊臣秀吉

豆知識

九州遠征の折、秀吉は大村純忠らキリシタン大名が長崎などをイエズス会に寄進していたことに加え、日本人が奴隷として売られていたことを知る。さらには博多で秀吉を出迎えた宣教師が最新鋭の軍艦を自慢すると、そこにスペインによる日本侵略の意図を読み取ったという。これがきっかけとなって、当初のキリスト教容認を翻し、伴天連追放令が出されたという。

西洋

1587年

メアリ・ステュアートが処刑される。

メアリ・ステュアート

解説

スコットランドの王位を追われイングランドへ逃げ込んできたメアリ・ステュアートを、当初エリザベス1世は処刑する気はなかったといわれる。しかし1570年と、1586年にメアリをイングランド王にしようとする陰謀事件が発生したことで、メアリは危険人物となってしまった。

中国・東アジア

1587年

明の**顧憲成**（こけんせい）、**東林書院**（とうりんしょいん）を復興する。

その他

西アジア・インド・アメリカなど

1586年

新大陸よりヨーロッパにジャガイモが伝わる。

1587年

サファヴィー朝で**アッバース1世**が即位する。

アッバース1世

解説

サファヴィー朝の最盛期はアッバース1世の時代。軍隊の近代化を成功させたアッバース1世は、領土を回復したのちにオスマン帝国と講和し、ウズベク族の侵攻を撃退。ポルトガルからホルムズを奪還した。

1588年（天正16）

4月、聚楽第（じゅらくだい）に後陽成天皇行幸。

7月、豊臣秀吉、**刀狩令**（かたながりれい）と**海賊取締令**を出す。

1589年（天正17）

6月、**伊達政宗**、**摺上原の戦い**（すりあげはら）で蘆名氏を討つ。

伊達政宗

豆知識

奥州最大の勢力となった政宗であったが、秀吉の前に屈する。小田原への参陣要請を受けて遅参した際には死の覚悟を示す白装束で参陣した。24歳という若さながら堂々とした態度に秀吉は遅参を許した。

1590年（天正18）

7月、豊臣秀吉、北条氏を降伏させる（**小田原攻め**）。

8月、徳川家康、関東に移封され、江戸城に入る。

8月、奥州平定され、豊臣秀吉の天下統一が完成する。

徳川家康

豆知識

北条氏の滅亡後、関東の支配を任されたのが家康である。三河などを没収されるため、家臣の反対も強かったが、移封を受け容れている。江戸に入った家康は、関東に長く根を張ってきた北条氏の旧臣を取り込み、支配に活用した。

1588年

イギリス艦隊、**アルマダの海戦**でスペイン無敵艦隊を破る。

フランスのギーズ公ルイ＝アンリ、暗殺される。

1589年

フランスで**アンリ3世**が暗殺されヴァロワ朝が断絶。ブルボン家の**アンリ4世**が即位する。（**ブルボン朝**の成立）

ロシア総主教座が創設され、**ロシア正教**がギリシャ正教から独立する。

世界史の絵画

『無敵艦隊の敗北』
（フィリップ・ジェイムズ・ド・ラウザーバーグ）

アルマダの海戦を描いた絵画。イングランド海軍は、イギリス上陸を狙うアルマダに火船攻撃を仕掛けて大打撃を与えた。

1588年

満洲族のヌルハチ、建州部（けんしゅうぶ）を統一する。

エリザベス1世

豆知識

エリザベス1世は「国家と結婚した」と宣言して生涯独身を貫き、「ヴァージン・クイーン」と呼ばれた。独身であることを活かしてスペインやフランスなどとも巧みに渡り合った。とはいえ、女王には何人かの愛人の存在が指摘されており、そのなかのひとりロバート・ダドリーとの間には、隠し子がいたのではないかといわれている。

1589年

明で李圓朗（りえんろう）の乱が起こる。

1589年

イスタンブールで**イェニチェリの反乱**が起こる。

1590年

オスマン帝国とサファヴィー朝がイスタンブールで和約を締結する。

この時代の日本史

秀吉が関東・東北を平定 戦国の世に一旦ピリオド

1586(天正14)2月、羽柴秀吉は妹の旭姫を徳川家康のもとに嫁がせ、さらに母親の大政所も家康のもとに送った。上洛を促すための人質だ。応じて家康は大坂城で秀吉と対面。正式に豊臣政権下に入った。同年12月、秀吉は太政大臣に就任し、朝廷から「豊臣」の姓を下賜された。

秀吉は未だ群雄割拠状態が続く九州に対し、武力による争いの即時停止と秀吉の裁定に従う旨の「惣無事」の意向を伝えていたが、九州統一を目前に控えた島津氏が従わないため、九州に出兵。1587年(天正15)5月には、島津義久を屈服させて九州を平定した。

関東・東北を制し秀吉の覇業が完成する

1588年(天正16)4月、京都に新築した聚楽第に、後陽成天皇が行幸する。

これにより威信が一層高まったことを受け、秀吉は「秀吉の平和」を実現すべく、7月に「海賊取締令」と「刀狩令」を出した。前者は海上貿易の安全確保が目的であり、後者は武士以外の人々の武装解除が目的だ。

この時点で関東以北は未だ豊臣政権の支配力が及んでいなかった。秀吉はこの地域にも「惣無事」の意向を伝えていたが、小田原を拠点に関東に覇を唱える北条氏は一向に従う気配がなかった。このため1590年(天正18)7月、秀吉は21万の大軍勢で小田原城を攻囲。北条氏を屈服させた。

秀吉は家康に東海・甲信地域から関東への移封を命じる。家康はこれを受けて三河などの所領を離れ、江戸城に入った。

関東を制圧した秀吉は、次いで東北も平定。これによって秀吉による天下統一が実現し、戦国時代に一旦、終止符が打たれた。

この時代の世界史

ジャガイモの流入と、無敵艦隊の敗北

コロンブスが新大陸に到達して以降、同大陸からは様々なモノがヨーロッパに流入した。性感染症の梅毒はそのひとつだ。

新大陸限定の病気であったが、現地の女性と性関係を持った船乗りたちによってヨーロッパにもたらされ、大航海時代によるヨーロッパ人の拡散によって、世界へと広まった。

日本で梅毒の症例が初確認されたのは1512年(永正9)のこと。コロンブスの新大陸到達が1492年だから、わずか20年で日本に到達したことになる。

1586年には、新大陸からジャガイモがヨーロッパにもたらされた。

ジャガイモは南アメリカ大陸のアンデス山脈が原産地であり、寒冷な気候での栽培が可能だ。ジャガイモがヨーロッパにもたらされたのは、単に物珍しいからではなく、寒冷化による小麦の減産を受けてのことだった。

このジャガイモの普及はやがて、ヨーロッパの人々を救うことになる。

海洋覇権の転換点となったアルマダの海戦

1588年、スペインの無敵艦隊と、イングランド海軍のあいだで海戦が行なわれる。

スペインがイングランド攻撃に出たのは、オランダの独立支援に対する報復だ。ヨーロッパ随一の商業的先進地を失ったことは、スペインにとって重大な損失となった。このため戦端を開いたのだ。

海戦は暴風雨の助けなどもあり、イングランド海軍の勝利に終わった。

この海戦により「太陽の沈まない国」とまで言われたスペインの覇権は、急速に低下。時代は北西ヨーロッパのイギリス、フランス、オランダが三つ巴の争いをする時代に入っていくのだ。

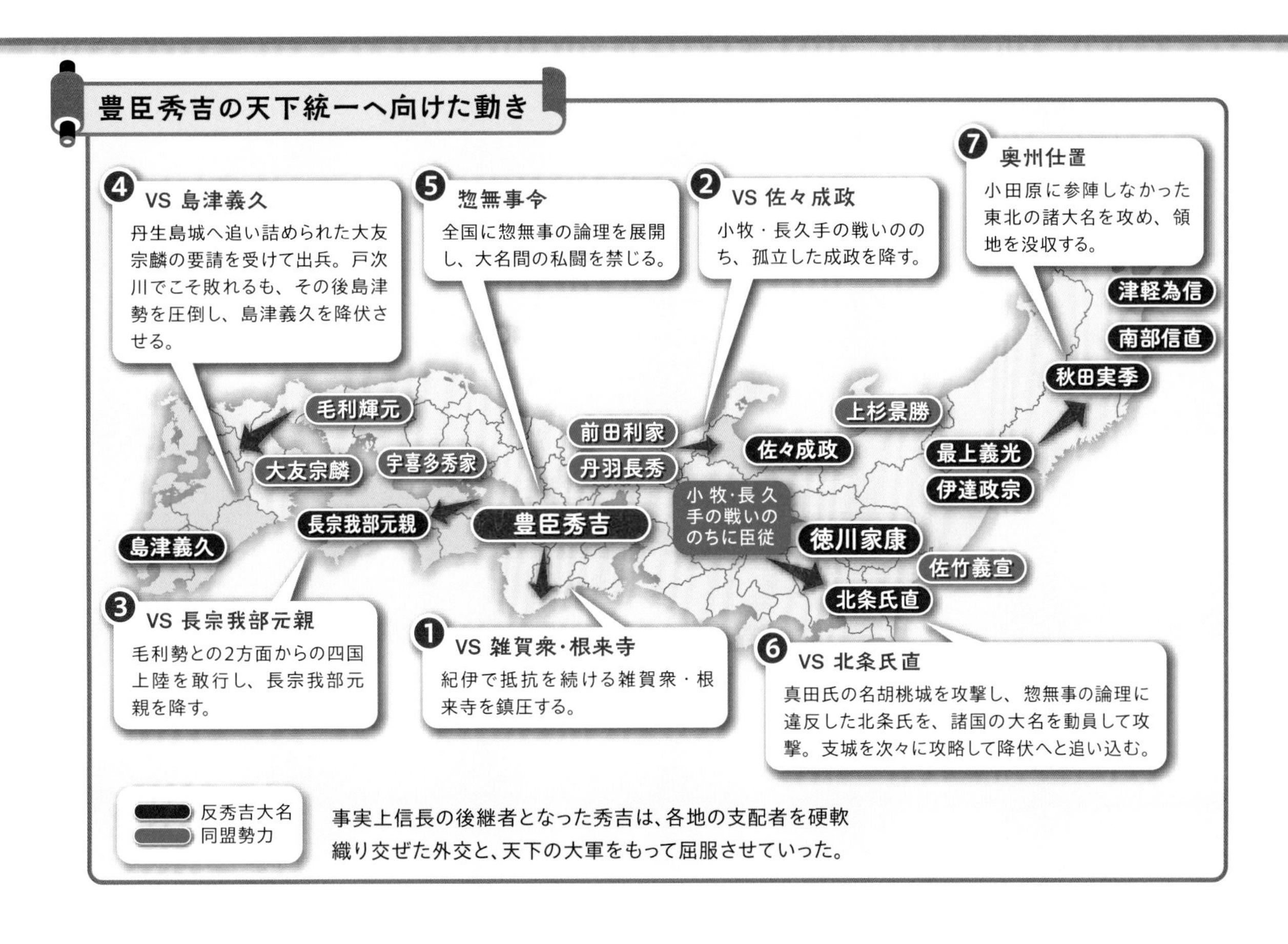
豊臣秀吉の天下統一へ向けた動き
4 VS 島津義久
丹生島城へ追い詰められた大友宗麟の要請を受けて出兵。戸次川でこそ敗れるも、その後島津勢を圧倒し、島津義久を降伏させる。
5 惣無事令
全国に惣無事の論理を展開し、大名間の私闘を禁じる。
2 VS 佐々成政
小牧・長久手の戦いののち、孤立した成政を降す。
7 奥州仕置
小田原に参陣しなかった東北の諸大名を攻め、領地を没収する。
津軽為信
南部信直
秋田実季
毛利輝元
大友宗麟
宇喜多秀家
前田利家
丹羽長秀
佐々成政
上杉景勝
最上義光
伊達政宗
島津義久
長宗我部元親
豊臣秀吉
小牧・長久手の戦いののちに臣従
徳川家康
佐竹義宣
北条氏直
3 VS 長宗我部元親
毛利勢との2方面からの四国上陸を敢行し、長宗我部元親を降す。
1 VS 雑賀衆・根来寺
紀伊で抵抗を続ける雑賀衆・根来寺を鎮圧する。
6 VS 北条氏直
真田氏の名胡桃城を攻撃し、惣無事の論理に違反した北条氏を、諸国の大名を動員して攻撃。支城を次々に攻略して降伏へと追い込む。
反秀吉大名
同盟勢力
事実上信長の後継者となった秀吉は、各地の支配者を硬軟織り交ぜた外交と、天下の大軍をもって屈服させていった。

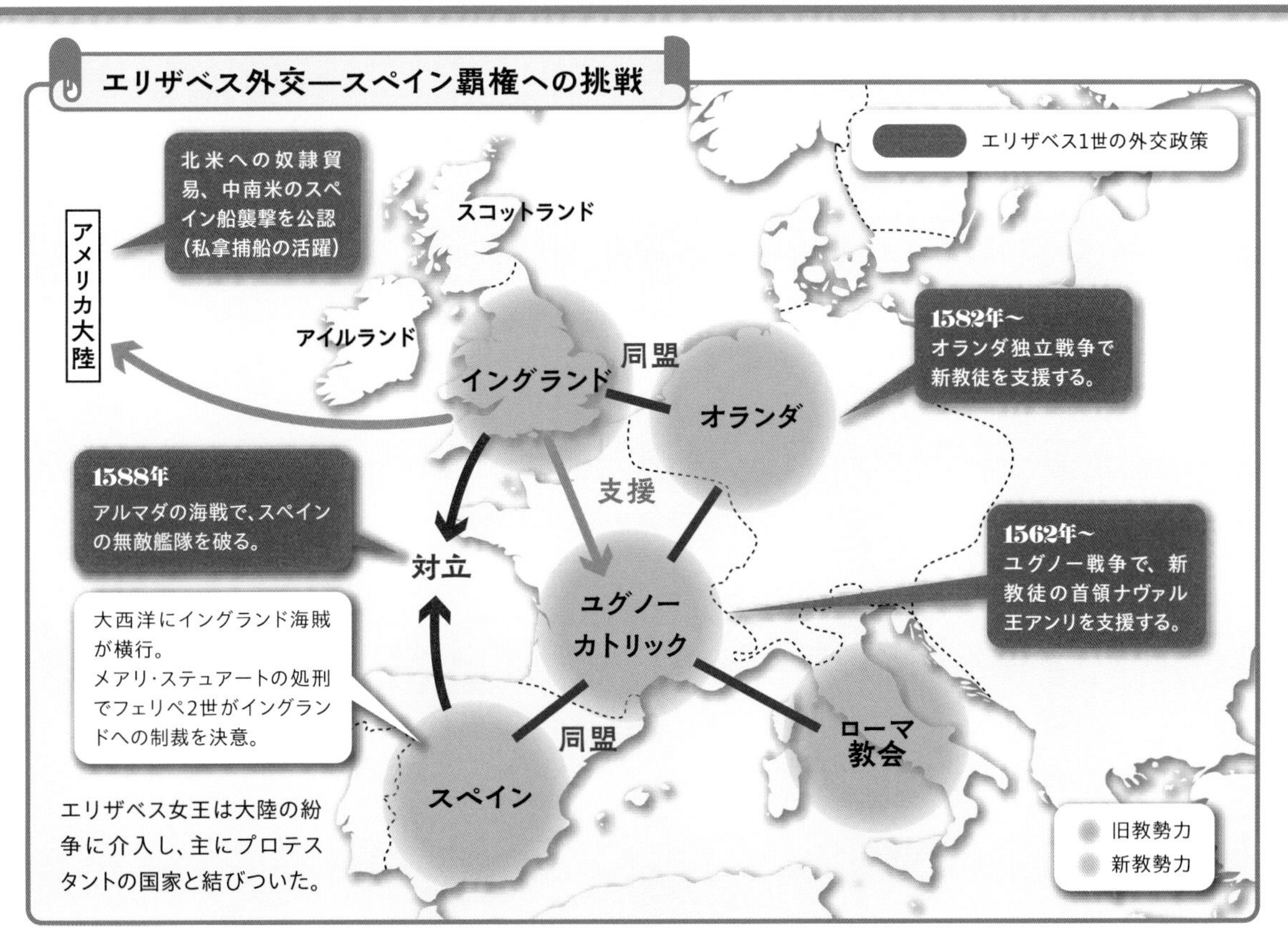
エリザベス外交—スペイン覇権への挑戦
エリザベス1世の外交政策
北米への奴隷貿易、中南米のスペイン船襲撃を公認（私拿捕船の活躍）
アメリカ大陸
スコットランド
アイルランド
イングランド
同盟
オランダ
1582年～
オランダ独立戦争で新教徒を支援する。
1588年
アルマダの海戦で、スペインの無敵艦隊を破る。
支援
対立
ユグノー
カトリック
1562年～
ユグノー戦争で、新教徒の首領ナヴァル王アンリを支援する。
大西洋にイングランド海賊が横行。
メアリ・ステュアートの処刑でフェリペ2世がイングランドへの制裁を決意。
同盟
ローマ教会
スペイン
エリザベス女王は大陸の紛争に介入し、主にプロテスタントの国家と結びついた。
旧教勢力
新教勢力

1591年～1595年

豊臣秀吉が朝鮮出兵を始めた頃、シェイクスピアが『ロミオとジュリエット』を完成させた

日本

1591年（天正19）

2月、**千利休**が自刃する。
10月、肥前名護屋城の建設が始まる。

1592年（文禄1）

3月、**豊臣秀吉**、朝鮮侵攻を命じ、**文禄の役**始まる。（～1596年）
この年、最初の**朱印船**を派遣する。

豆知識

朝鮮出兵については秀吉の暴挙とする説明されることが多いが、実は信長存命時にも唐入りについて論じられており、信長の既定路線を踏襲しただけという説もある。

千利休

西洋

1592年

スコットランドに長老派議会が誕生する。
ルアンの戦いにナヴァル王アンリが勝利する。
ポーランド王ジクムント、

豆知識

利休は茶人ながら「内々のことは宗易（利休）が」と言われ、秀吉と諸大名との間を取り持っていた。突如の切腹に際しては何も弁解をしておらず、切腹の理由も不明である。一説には娘を秀吉の側室に所望されて断ったためといわれる一方、三成ら若手吏僚との対立が原因ともいわれる。

中国・東アジア

1592年

明で、降将・ボハイによって寧夏の乱が起こる。
壬辰倭乱（文禄の役）が勃発。
朝鮮各地に義兵が起こる。
明、朝鮮への派兵を決定する。

豆知識

特権階級である「両班」が権力闘争を繰り広げていた李氏朝鮮では、政治が機能不全状態に陥っていた。そのため、日本に対する抵抗は民衆が自発的に集まった「義兵」が中心となり、彼らが各地でゲリラ戦を展開することとなる。

その他

西アジア・インド・アメリカなど

1593年（文禄2）
5月、**大友義統**、文禄の役での失態から改易される。

1594年（文禄3）
8月、伏見城が完成し、豊臣秀吉移る。

＼行ってみたい／
歴史スポット

秀吉の伏見城は関ヶ原の役の際に焼け落ちるが、徳川家康によって再建される。城は1623年に廃城となり解体されたが、その遺構は譜代大名の城に分配・移築されている。そのため、伏見櫓の名を持つ櫓が膳所城や大坂城、福山城、岸和田城などに残ることとなった。

1595年（文禄4）
7月、**豊臣秀次**、謀反の疑いで自刃へ追い込まれる。

豊臣秀次

豆知識
秀次を自害させた理由は謀反を企んだためとされるが、一般的には謀反は言いがかりで、秀吉が実子かわいさで邪魔になった甥を排除したものと考えられている。

スウェーデンの王位を兼ねる。

○シェイクスピア
『ロミオとジュリエット』

1593年
アンリ4世、**カトリック**に改宗する。

アンリ4世

豆知識
実は改宗は2回目。サン・バルテルミの虐殺の際、難を逃れるためにカトリックに改宗し、その後新教に戻っている。即位の時点でアンリ4世は教皇から破門されており、旧教徒からも王として認められていなかった。さらにスペインの介入も予想されたため、改宗によって難局を乗り越えようとしたのである。

1593年
ヌルハチ、女真諸部の制圧を終える。

シェイクスピア

豆知識
四大悲劇『ハムレット』『オセロ』『リア王』『マクベス』、史劇『リチャード3世』『ヘンリー4世』などを書き上げたシェイクスピアには、存在自体が嘘という説がある。誰かがシェイクスピアを名乗り戯曲を書いたというもので、その博識ぶりから哲学者で政治家でもあったフランシス・ベーコンではないかといわれる。

1594年
ムガル帝国の**アクバル**、サファヴィー朝からカンダハルを奪う。

＼行ってみたい／
歴史スポット

ファテープル・シークリーの門のひとつブランド・ダルワーザー。ファテープル・シークリーはアクバルが王子の誕生を記念して新たに築いた都市で、1571年に遷都が行なわれた。だが、慢性的な水不足と猛暑のために廃棄され、王子とも後年不仲になってしまった。

1595年
アクバル、パルチスタンを併合し北部インドの征服を完了する。

この時代の

日本史

文禄の役が開始され、朱印船貿易も始まる

天下を掌握した豊臣秀吉は、積極的な外交を展開し、1591年(天正19)には、フィリピンに入貢を促して、さらに朝鮮半島への出兵を発令。前線基地となる肥前名護屋城(佐賀県唐津市)の築城に取りかかった。

秀吉の真の狙いは中国大陸の明王朝であったが、朝鮮国が明への道案内を拒んだため、先ず、朝鮮半島を攻めることにしたのだ。

1592年(文禄元)3月、秀吉は朝鮮侵攻を発令。日本軍が渡航を開始し、「文禄の役」が勃発した。

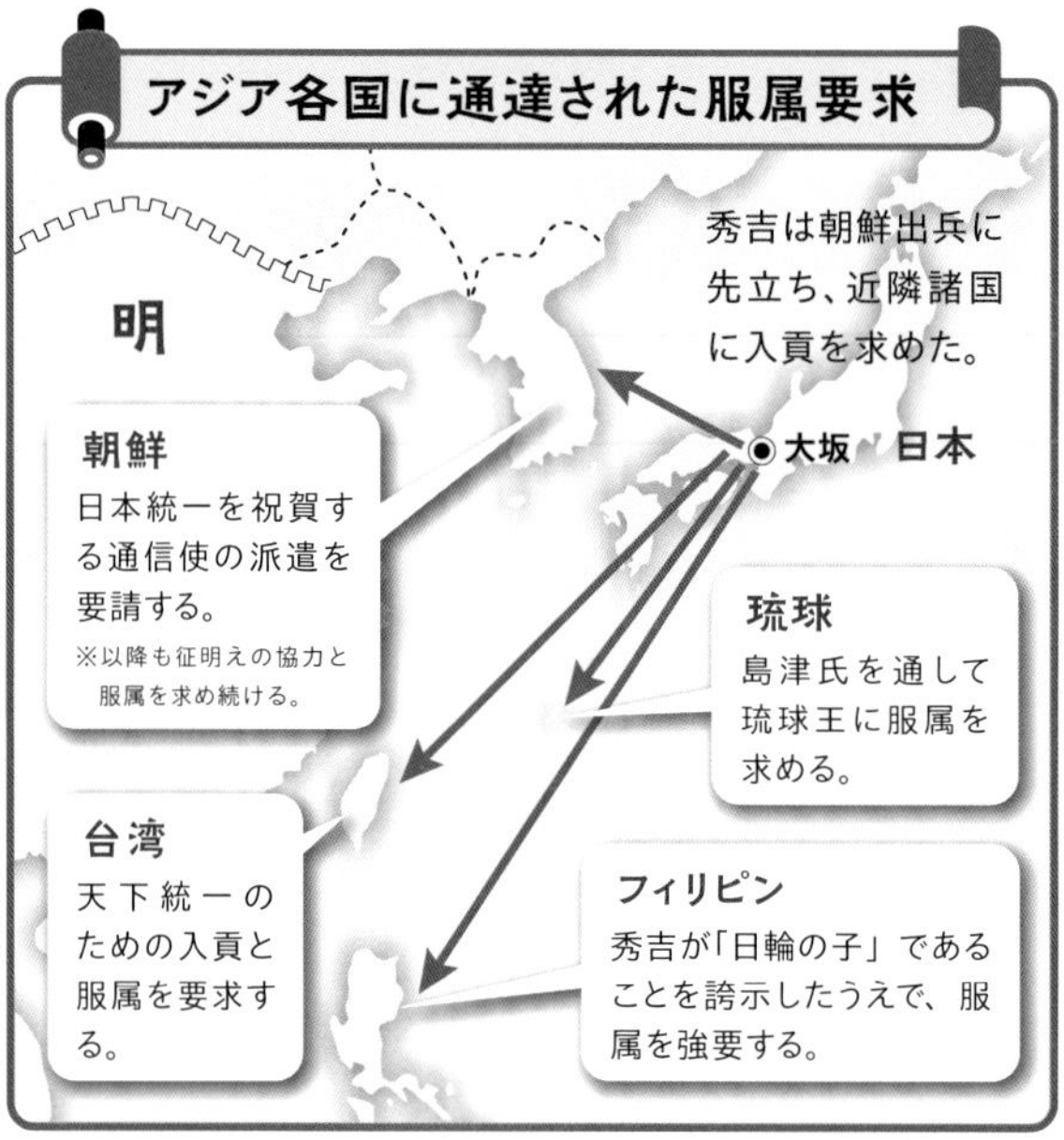

朝鮮国には日本の動向が伝えられていたが、政権内で意見が統一されていなかったので、何の準備もないまま、日本軍の侵攻を受けるかたちになった。このため開戦当初は総崩れ状態となった。

しかし、明の援軍が来ると日本軍の快進撃も止まり、結局、平壌付近まで進んだあと和議を

アジア各国に通達された服属要求

秀吉は朝鮮出兵に先立ち、近隣諸国に入貢を求めた。
明
大坂
日本
朝鮮
日本統一を祝賀する通信使の派遣を要請する。
※以降も征明えの協力と服属を求め続ける。
琉球
島津氏を通して琉球王に服属を求める。
台湾
天下統一のための入貢と服属を要求する。
フィリピン
秀吉が「日輪の子」であることを誇示したうえで、服属を強要する。

この時代の

世界史

両班政治の腐敗と「壬辰倭乱」の勃発

16世紀、朝鮮半島を統べていたのは、14世紀末に李成桂によって建国された「李氏朝鮮」であった。

同国では中国大陸の明帝国の官僚機構制度や学校制度を取り入れた国づくりが進められており、国学も前代の高麗王朝が採用していた仏教から、明帝国が採用している朱子学に切り替えられた。これは中国の南宋時代、朱熹という儒学者によって創始された学問だ。新しい音標文字であるハングルも、この時代に創始された。

この李氏朝鮮で政治の運営に携わり、社会的にも大きな影響力を持ったのが「両班」だ。これは文武の官僚を文班(東班)と武班(西班)を分けたものだ。社会的・政治的特権階級として様々な権限を与えられており、大地主として財産を増やし、官職を独占していた。

しかし、協力態勢の構築とはほど遠く、両班は激しい党争に明け暮れた。

このため李氏朝鮮の国力は、次第に衰えていった。

1592年に「壬辰倭乱」が起こったのはそんなときだ。党争に明け暮れる両班によって、政治がまったく機能していなかったため、朝鮮側は開戦当初から総崩れ状態になってしまう。

アンリ4世が改宗 ユグノー戦争が終結へ

フランスにおいて長きにわたり続いてきたユグノー戦争が終結したのもこの時期のこと。アンリ4世のカトリックへの改宗で反発が沈静化し、さらに1598年のナントの勅令によって新教徒に権利を回復させ、宗教戦争に終止符が打たれた。

また、イギリスの劇作家シェイクスピアが『ロミオとジュリエット』を完成させたのもこの時期のことである。

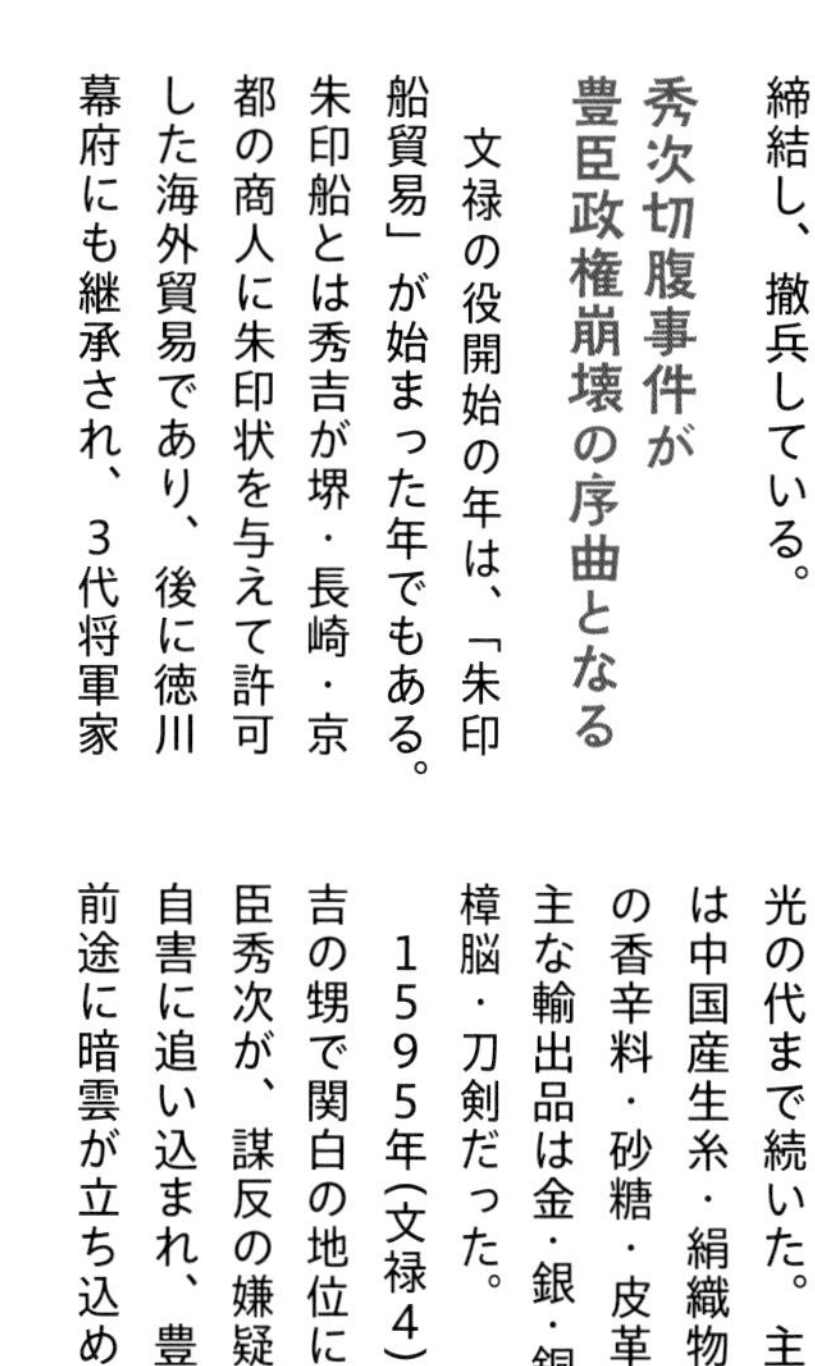

締結し、撤兵している。

秀次切腹事件が豊臣政権崩壊の序曲となる

文禄の役開始の年は、「朱印船貿易」が始まった年でもある。朱印船とは秀吉が堺・長崎・京都の商人に朱印状を与えて許可した海外貿易であり、後に徳川幕府にも継承され、3代将軍家光の代まで続いた。主な輸入品は中国産生糸・絹織物・南方産の香辛料・砂糖・皮革であり、主な輸出品は金・銀・銅・硫黄・樟脳・刀剣だった。

1595年(文禄4)7月、秀吉の甥で関白の地位にあった豊臣秀次が、謀反の嫌疑によって自害に追い込まれ、豊臣政権の前途に暗雲が立ち込めた。

思惑が外れた文禄の役
平壌の戦い　文禄元年(1592)6月
1番隊が占領したが、翌年1月、明の援軍4万が到来すると、小西行長は城を放棄して退却した。
朝鮮半島への上陸当初、日本軍は優勢に戦いを進めたが、明の援軍到来によって劣勢に追い込まれていった。
漢城の戦い
文禄元年(1592)5月
すでに国王宣祖が逃亡した漢城に日本軍が迫ると、城将も退却。日本軍が王都を占領した。
碧蹄館の戦い
文禄2年(1593)1月
明・朝鮮軍を宇喜多秀家、小早川隆景、立花宗茂らの日本軍が迎撃し、撃退する。
慶州城の戦い
文禄元年(1592)4月
加藤清正・鍋島直茂率いる2番隊が指揮官不在の慶州を占領。
明
鏡城
咸興
平壌
安辺
李延龍
沈岱
開城
漢城
趙憲
忠州
尚州
郭再祐
慶州
蔚山
東莱
釜山
晋州
順天
高敬命
李舜臣
名護屋城
加藤清正の進路
小西行長の進路
朝鮮義兵の活動地域

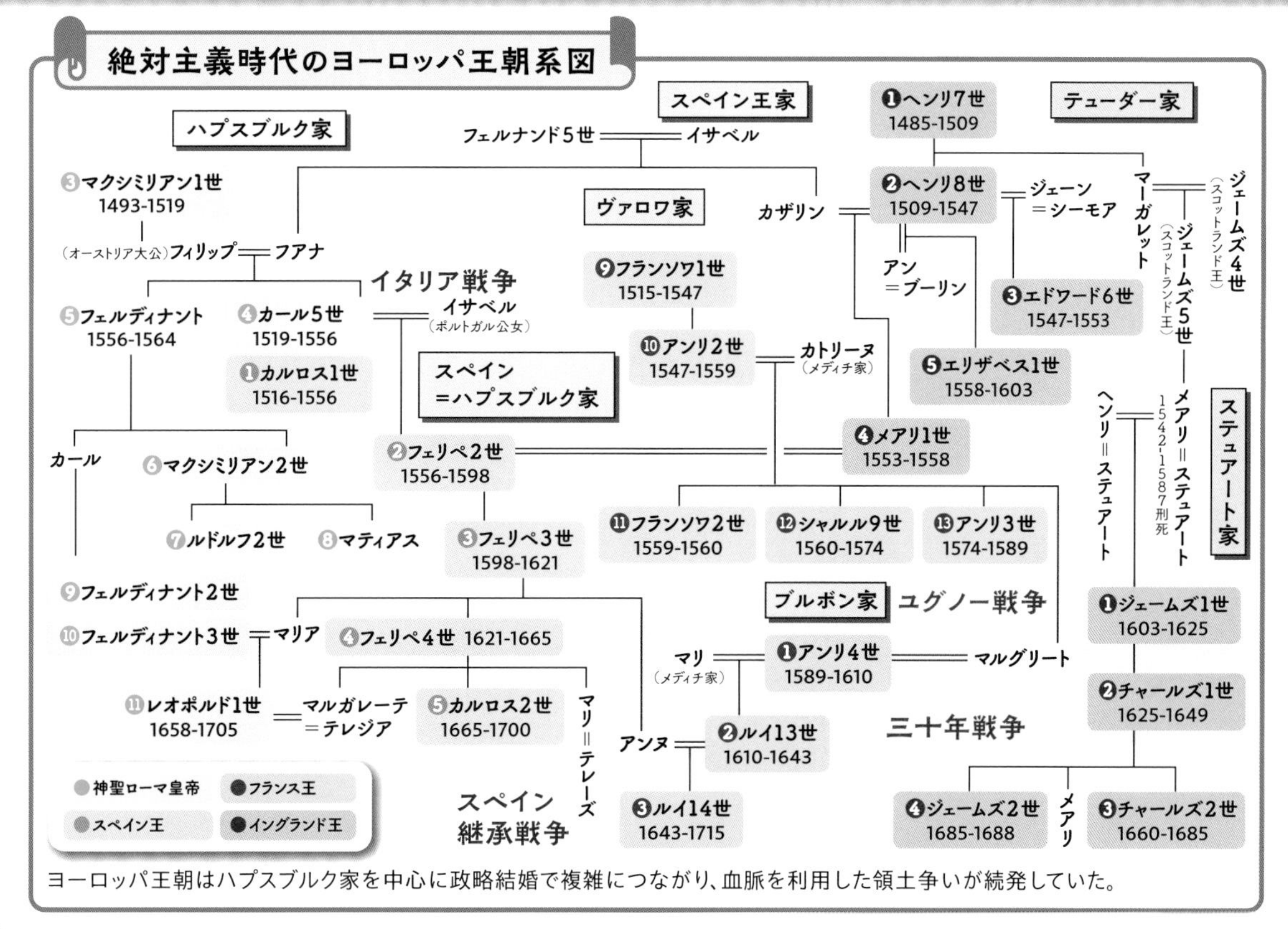

ヨーロッパ王朝はハプスブルク家を中心に政略結婚で複雑につながり、血脈を利用した領土争いが続発していた。

1596

徳川家康が関ヶ原の戦いで石田三成を破った頃、フランスでユグノー戦争が終結した

日本

1596年（慶長1）

8月、スペイン船、土佐に漂着する（**サン・フェリペ号事件**）。

12月、長崎で二十六聖人が殉教する。

1597年（慶長2）

1月、**豊臣秀吉**、朝鮮に再侵攻し、**慶長の役**が始まる。

1598年（慶長3）

7月、**五大老**・**五奉行**が設置される。

8月、豊臣秀吉が没し、慶長の役が終わる。

＼行ってみたい／
歴史スポット

日本二十六聖人殉教地。秀吉の弾圧によって犠牲となったフランシスコ会宣教師6人と日本人信徒20人は、同地が、キリストが十字架に架けられたゴルゴタの丘に似ていることから、この地を処刑の場に願い出たと言われる。

西洋

1596年

英仏、オランダと同盟を結ぶ。

1598年

フランスでナントの勅令が発布され、ユグノー戦争が終結する。

解説

ナントの勅令により、新教徒（ユグノー）に旧教徒とほぼ同等の権利が与えられ、近代ヨーロッパで初めて個人の信仰の自由が認められた。

中国・東アジア

1597年

1月、丁酉再乱（慶長の役）が勃発する。

1598年

李舜臣、露梁海戦で戦死する。

その他
西アジア・インド・アメリカなど

1597年

アッバース1世、都を**イスファハン**へ遷す。

＼行ってみたい／
歴史スポット

イマーム・モスク、アリー・カプ―宮殿、シェイフ・ロトフォラー・モスクなどが立ち並ぶイスファハンのイマーム広場。アッバース1世による遷都後、隆盛を極めたイスファハンは、「世界の半分」と讃えられた。

1599年(慶長4)

閏3月、五大老筆頭の**前田利家**(まえだとしいえ)が没し、武断派七将による**石田三成**(いしだみつなり)**襲撃事件**が起こる。

黒田長政

豆知識

トレードマークとなっている一の谷兜は、鵯越の崖をイメージしたデザイン。朝鮮出兵の際に喧嘩した福島正則より仲直りの証として贈られたもの。

石田三成

豆知識

関ヶ原の戦いに敗れた石田三成は、処刑直前、のどの渇きを訴えたところ、警備兵から「柿でもかじって我慢しろ」と言われ、「柿は痰(たん)の毒になる(喉に悪い)からいらぬ」と言い放ち、死の直前まで志を捨てない姿勢を示したという。

1600年(慶長5)

3月、オランダ船リーフデ号が豊後に漂着する。

5月、イギリス人**ウィリアム・アダムス**、オランダ人**ヤン・ヨーステン**、**徳川家康**に謁見する。

9月、徳川家康、**関ヶ原の戦い**で石田三成を破る。

イギリス、ロンドンのハンザ基地を閉鎖する。

スペイン、オランダ船の入港を禁止する。

世界史の絵画

『マリー・ド・メディシスの生涯—マルセイユ上陸』
(ピーテル・パウル・ルーベンス)

ルーベンスが神話知識を総動員してマリーの生涯を劇的に飾り立てた24枚の連作。ルーヴル美術館に展示される。

1600年

マリー・ド・メディシスがフランスの**アンリ4世**に嫁ぐ。

オランダがニューポールの海戦でスペインを破る。

マリー・ド・メディシス

豆知識

メディチ家からフランスへ嫁いだ王妃であるが、息子のルイ13世の摂政を務めるものちにと対立。自分の事績を絵画化した超大作『マリー・ド・メディシスの生涯』をルーベンスに描かせた。

1599年

満洲文字が創始される。

行ってみたい **歴史スポット**

紫禁城の乾清門の額に並ぶ漢字と満洲文字。

1600年

イギリス、カルカッタに東インド会社設立。

この時代の日本史

宣教師はスパイだった？ スペイン人の衝撃的告白

1596年(慶長元)9月、スペイン船サン・フェリペ号が、四国の土佐(高知県)に漂着する。土佐を統べる長宗我部元親は、これを不審船と断定して乗組員らを拘束し、豊臣秀吉に報告した。

秀吉は応じて、官僚の増田長盛を土佐に派遣した。

積荷の没収を通告されると、航海長のフランシスコ・デ・オランディアは激怒し、世界地図を広げて「スペインは広大な国。日本は小国」と抗弁した。

これに対し「スペインは如何にして、かくも広大な国土を有するに到ったか？」と質す長盛。するとフランシスコ・デ・オランディアは、「スペインは先ず宣教師を派遣し、布教活動とともに征服事業を進める」と得意げに応じた。

秀吉はすでに禁教令を出してキリスト教を禁じ、宣教師を国外に追放している。

このため長盛からの報告を受けるや大激怒し、京都や大坂に潜伏中だったフランシスコ会宣教師6人と、日本人信者20人を捕らえると、長崎に送って処刑した。「二十六聖人の殉教」と呼ばれる事件である。これによりスペインとの貿易は途絶えた。

南蛮貿易が収束し、貿易相手は英蘭へと転換

1597年(慶長2)1月、秀吉は2度目の朝鮮半島侵攻を開始。しかし、翌年には秀吉が没し、日本軍は撤退した。

1600年(慶長5)5月、漂着というかたちで来日したイギリス人ウィリアム・アダムスとオランダ人ヤン・ヨーステンが、徳川家康の外交顧問となった。以後家康の貿易政策は英蘭を中心とするものへと変わっていく。

同年9月には関ヶ原の合戦が勃発し、家康が対立する石田三成を撃破。名実ともに豊臣政権最大の実力者となった。

この時代の世界史

朝鮮半島で再度の戦火 商業国オランダの躍進

「壬申倭乱」終結後の交渉は失敗に終わり、日本の豊臣秀吉は再度の朝鮮侵攻を発令。ここに李氏朝鮮は「丁酉再乱」という事態に襲われた。これに対して明帝国も再び朝鮮半島に援軍を送った。

当時の明帝国では播州の乱が勃発していた。楊応龍が起こした乱のため、楊応龍の乱とも呼ばれる。明から代々播州宣慰使に任じられていた楊応龍が、日本の朝鮮出兵に便乗するかたちで起こした乱だ。

この乱が発生したことで明帝国は、朝鮮半島遠征と播州遠征の2遠征を強いられた。この経済的負担は凄まじく、明帝国の財政悪化は必至であった。1598年、豊臣秀吉の死により、日本軍は撤退する。

「壬辰倭乱」と「丁酉再乱」は、16世紀の世界で起こった戦争としては、最大規模のものであった。

世界の海洋覇権を巡る争いはイギリスvs.オランダへ

この頃ヨーロッパでは、オランダが一大商業国家になろうとしていた。

かつてスペイン領ネーデルラントの経済的中心地であったアントウェルペンは、スペインとの戦争の過程で封鎖され、経済活動の担い手の大量亡命によって活動が停滞を余儀なくされたが、独立したオランダには、南部からカルヴァン派の商工業者が大量に流入。彼らの精力的活動によって、アムステルダムが驚異的な経済発展を遂げていた。

新興国オランダに対抗するため、イギリスは、東地中海のレヴァント地方に貿易会社を作り、さらに1600年には、成長著しいオランダに対抗するため、アジアと直接貿易を行なうための拠点として、インドのカルカッタに東インド会社を設立した。

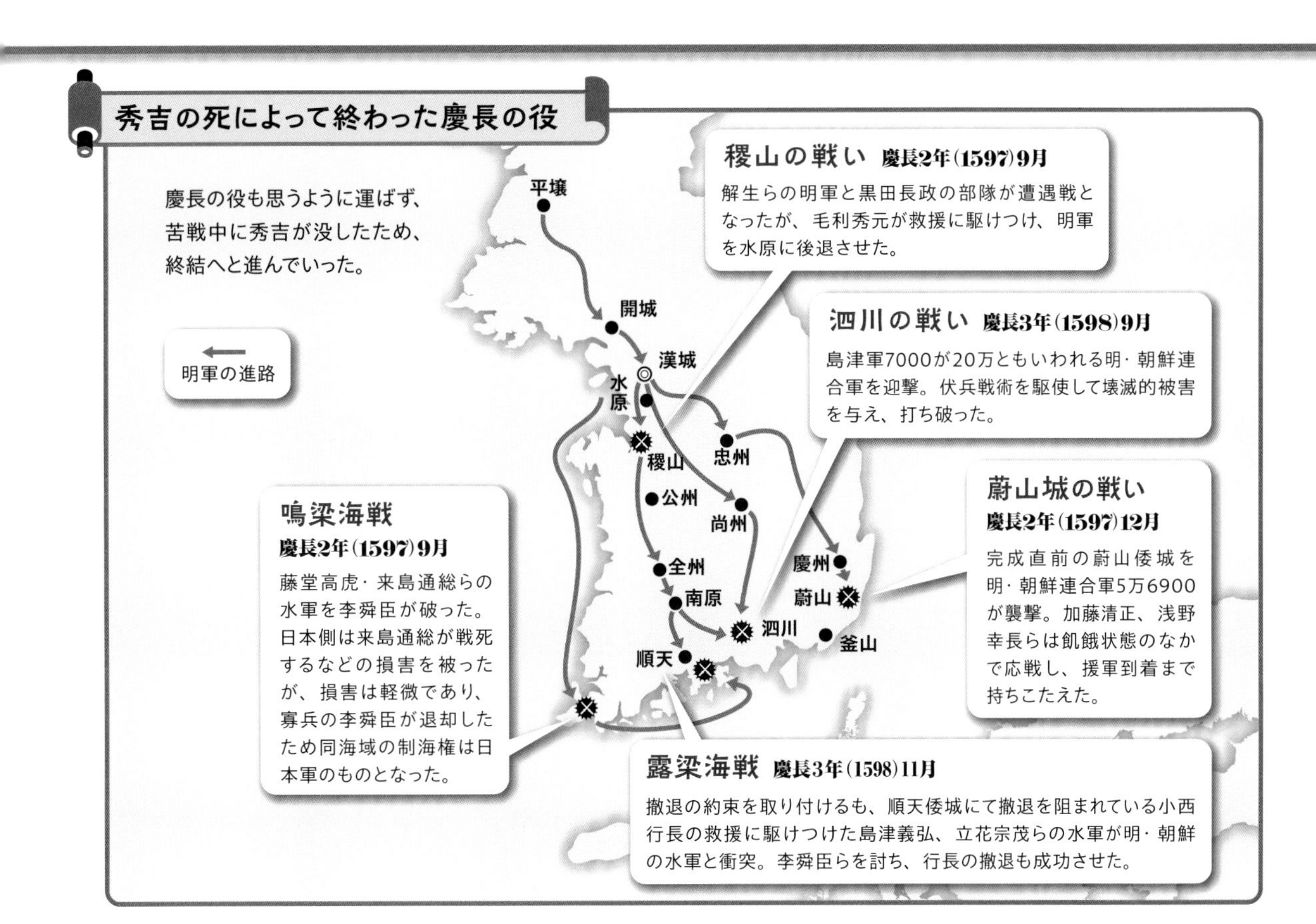

秀吉の死によって終わった慶長の役
慶長の役も思うように運ばず、苦戦中に秀吉が没したため、終結へと進んでいった。
明軍の進路
平壌
開城
漢城
水原
稷山
忠州
公州
尚州
全州
南原
慶州
蔚山
泗川
釜山
順天
稷山の戦い 慶長2年(1597)9月
解生らの明軍と黒田長政の部隊が遭遇戦となったが、毛利秀元が救援に駆けつけ、明軍を水原に後退させた。
泗川の戦い 慶長3年(1598)9月
島津軍7000が20万ともいわれる明・朝鮮連合軍を迎撃。伏兵戦術を駆使して壊滅的被害を与え、打ち破った。
蔚山城の戦い
慶長2年(1597)12月
完成直前の蔚山倭城を明・朝鮮連合軍5万6900が襲撃。加藤清正、浅野幸長らは飢餓状態のなかで応戦し、援軍到着まで持ちこたえた。
鳴梁海戦
慶長2年(1597)9月
藤堂高虎・来島通総らの水軍を李舜臣が破った。日本側は来島通総が戦死するなどの損害を被ったが、損害は軽微であり、寡兵の李舜臣が退却したため同海域の制海権は日本軍のものとなった。
露梁海戦 慶長3年(1598)11月
撤退の約束を取り付けるも、順天倭城にて撤退を阻まれている小西行長の救援に駆けつけた島津義弘、立花宗茂らの水軍が明・朝鮮の水軍と衝突。李舜臣らを討ち、行長の撤退も成功させた。

ヨーロッパ諸国の海外進出

オランダ

香辛料貿易を支配 → 繁栄 → 覇権の喪失

- 1581 オランダ独立宣言
- 1602 東インド会社設立
- 1619 バタヴィア建設
- 1621 西インド会社設立
- 1623 アンボイナ事件→イギリスの敗退
- アムステルダムが世界金融の中心に
- 1621 台湾領有(～1662年)
- 1625 ニューアムステルダム建設
- 1652 ケープ植民地建設
- 1652 英蘭戦争(～1674年オランダ敗退)
- 1664 ニューアムステルダムが英領ニューヨークに

イギリス

アメリカ大陸へ → インド経営へ／ニューイングランド植民地の経営 → 13植民地の建設

- 1588 無敵艦隊に勝利
- 1600 東インド会社設立
- 1607 ヴァージニア植民地成立
- 1620 ピルグリム・ファーザーズ
- ピューリタン革命
- 1640 マドラス占領
- 1651 航海法(オランダに対抗)
- 1661 ボンベイ占領
- 1688 名誉革命(～1689年)

フランス

インドに進出(イギリスに対抗)／アメリカ大陸植民 → 第二次英仏百年戦争へ

- 1604 東インド会社設立
- 1604 カナダ植民の開始
- 1608 ケベック建設
- 1664 東インド会社再建
- 1673 シャンデルナゴル占領
- 1673 ポンディシェリ占領
- 1682 ルイジアナ領有

関ヶ原の戦い

3か月にわたり行なわれた全国規模の争乱は、小早川秀秋の裏切りで豊臣の天下が家康のもとへ転がり込む

徳川家康が、恭順を拒む上杉景勝を討つために、京都から会津に向かったのが、関ヶ原の戦いの発端である。

反徳川派であった石田三成が、家康不在を好機と見て、毛利輝元を総大将に据えて大坂で挙兵。反徳川の西軍には、宇喜多秀家(うきたひでいえ)や島津義弘、小西行長も参加し、伏見城など徳川方の城を攻略しつつ、東に向かった。

一方、家康は、下野(しもつけ)の小山で三成の挙兵を知り、江戸に取って返した。その際に開かれた小山会議で家康は、豊臣恩顧の武将ながら三成と確執のあった福島正則を味方につけたことで、多くの大名を従わせることができた。

以降、全国の諸大名が東西両軍に分かれて各地で戦いを繰り広げることとなる。東北では伊達・最上と上杉が戦い、九州では黒田如水が復権を狙う大友氏と戦っている。東軍の主力となる福島正則、黒田長政、池田輝政らは西へ向かいながら岐阜城を攻略するなどしている。

こうした戦いはやがて9月15日の決戦へと帰結していく。

関ヶ原の後の勢力図と主な戦い

関ヶ原の戦い自体は半日で決着がついたが、その結果には石田三成の挙兵以来、全国各地で起こった合戦が大きな影響を及ぼしていた。

長谷堂城の戦い
慶長5年(1600) 9月
西軍の直江兼続率いる上杉勢を、東軍の最上・伊達連合軍が撃退する。

杭瀬川の戦い
慶長5年(1600) 9月
関ヶ原の戦いの前哨戦となった小競り合いで、西軍の島左近が活躍する。

上田城の戦い
慶長5年(1600) 9月
真田昌幸・信繁父子の策略にかかり、徳川秀忠率いる3万8000の大部隊が足止めされる。

大津城の戦い
慶長5年(1600) 9月
東軍に加担した大津城の京極高次が、西軍の立花宗茂らの攻撃を受け、関ヶ原の決戦前日まで持ちこたえる。

安濃津城の戦い
慶長5年(1600) 8月
東軍についた富田信高の城を西軍の主力部隊が攻撃。城は2日で陥落したが、富田信高夫人の活躍が知られる。

岐阜城の戦い
慶長5年(1600) 8月
東軍の先鋒部隊が西軍の織田秀信が籠る岐阜城を攻略する。

関ヶ原の戦い 関連年表

年月日	出来事
1598年(慶長3)	8月18日、豊臣秀吉、伏見城で死去。
1599年(慶長4年)	
閏3月3日	前田利家、大坂で死去。
閏3月4日	加藤清正ら武断派七将が石田三成邸を襲撃。三成、大坂を出て徳川家康を頼る。家康、三成を佐和山に蟄居させる。
12月	前田利長、徳川家康に人質を差し出して屈服する。
1600年(慶長5年)	
4月1日	徳川家康、上杉景勝に上洛を促す。
5月3日	徳川家康、上杉景勝の家臣直江兼続の答書「直江状」に激怒し、諸大名に上杉征討令を下す。
6月16日	徳川家康、会津遠征のために伏見城を出発。
7月11日	石田三成、大谷吉継と徳川家康追討を密議する。
7月19日	毛利輝元、大坂城西ノ丸に入り、豊臣秀頼を擁して西軍の総大将となる。
7月21日	徳川家康、上杉征討のために江戸を出発する。真田昌幸・信幸父子が犬伏で協議する。
7月25日	伊達政宗、白石城を攻める。徳川家康、諸将を集めて異変を告げる。(小山会議)
8月1日	西軍、伏見城を攻略する。
8月22日	福島正則・池田輝政らが木曽川を渡り、岐阜城に向かう。
8月23日	福島正則ら東軍の先発隊が岐阜城を攻落する。
9月1日	徳川家康、江戸を出発して美濃方面へ向かう。
9月6日	徳川秀忠、真田昌幸の上田城攻めを開始する。
9月8日	直江兼続が米沢を出発して最上領へ侵攻する。
9月13日	細川幽斎、勅命を受けて田辺城を開城する。東軍黒田如水と西軍大友義統が石垣原で激突する。
9月14日	徳川家康、赤坂に到着。杭瀬川で西軍の島左近が東軍に奇襲を仕掛ける。
9月15日	関ヶ原において大決戦となり、東軍が圧勝する。東北において、最上軍の長谷堂城を上杉軍が攻める。京極高次が大津城を開城する。
9月18日	東軍、石田三成の佐和山城を陥落させる。
9月21日	石田三成、伊吹山中で捕えられる。
10月1日	石田三成・小西行長・安国寺恵瓊が、京都六条河原で斬首される。

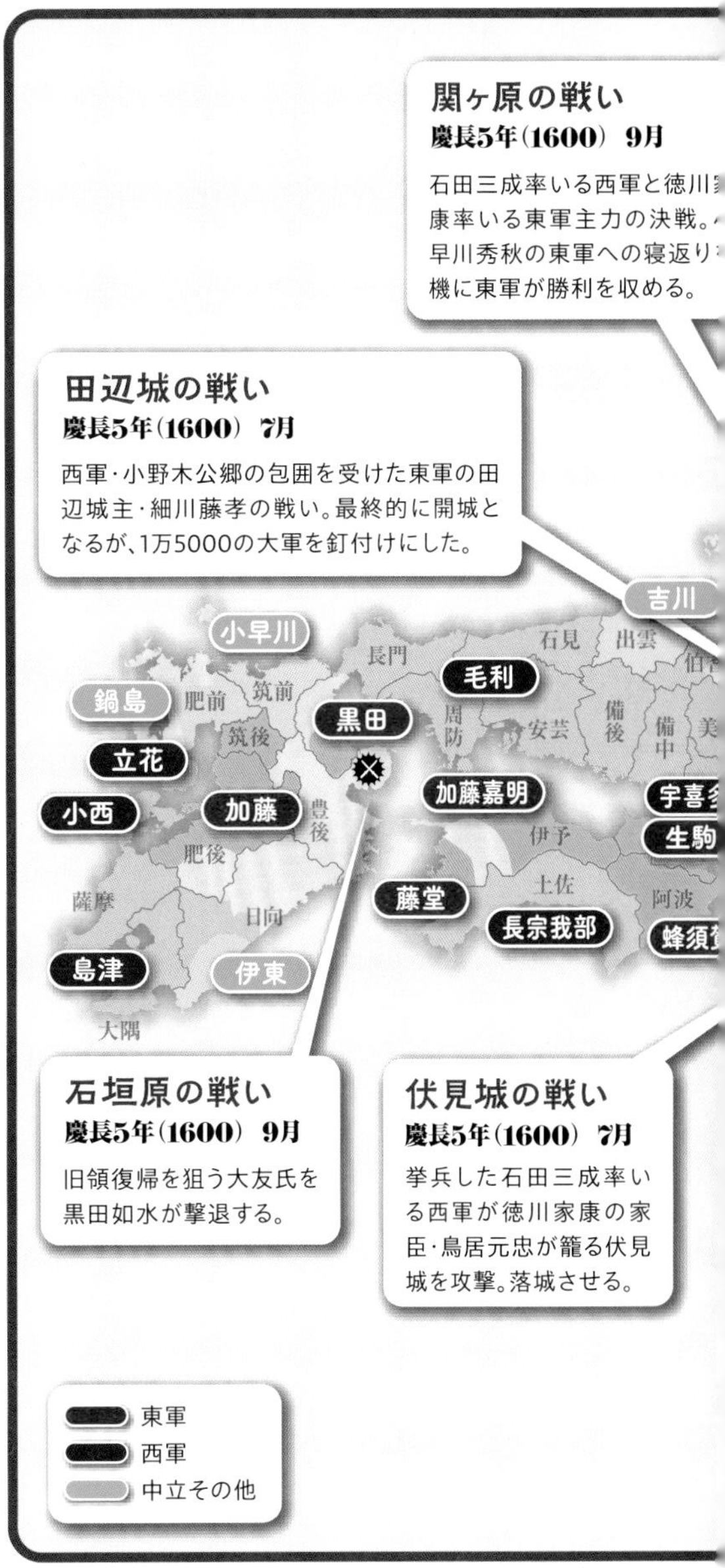

関ヶ原の戦い
慶長5年(1600) 9月
石田三成率いる西軍と徳川家康率いる東軍主力の決戦。小早川秀秋の東軍への寝返りを機に東軍が勝利を収める。

田辺城の戦い
慶長5年(1600) 7月
西軍・小野木公郷の包囲を受けた東軍の田辺城主・細川藤孝の戦い。最終的に開城となるが、1万5000の大軍を釘付けにした。

石垣原の戦い
慶長5年(1600) 9月
旧領復帰を狙う大友氏を黒田如水が撃退する。

伏見城の戦い
慶長5年(1600) 7月
挙兵した石田三成率いる西軍が徳川家康の家臣・鳥居元忠が籠る伏見城を攻撃。落城させる。

東軍
西軍
中立その他

勝敗を分けた、小早川秀秋の裏切り

家康率いる東軍が江戸を出発したのが、9月1日であり、14日には大垣城近くの美濃赤坂に到着。この時点で、西軍と接触するが、本格戦闘に至らず、翌日に関ヶ原で両軍は相まみえることとなった。

関ヶ原に集まった軍勢は、東軍約7万5000名に対し、西軍8万5000名と西軍が優勢。3万8000の徳川秀忠軍が信州上田での真田昌幸との戦闘で足止めされ参戦できなかった。

さらに西軍のほうが好位置に軍勢を配置していた。本来なら、西軍の勝ちは揺るがない条件だった。

しかし、戦闘状況は膠着する。戦いが始まっても、西軍の小早川秀秋や吉川広家といった毛利勢が動かなかったからである。彼らはすでに東軍に内通していたのだ。

そして昼頃、小早川秀秋が、家康の鉄砲による威嚇を受けて、裏切りを決行。西軍の大谷吉継の陣に襲いかかり、東軍の勝利を決定づけたのである。

西洋　西洋人の関心は神から人へ

ルネサンス期に入ると、中世のキリスト教中心の価値観によって抑圧されていた本来の人間性を取り戻そうとする動き、つまり、ヒューマニズム(人文主義)が、学者・芸術家・思想家のあいだに広がり、ヒューマニスト(人文主義者)と呼ばれる人々が登場した。古典文化の研究を通じて、新しい目で人間を見つめようとする動きは多くの共感を呼び、経済的富裕層には、彼らを庇護する人々も出現した。金融業で財をなしたメディチ家は、その代表だ。

イタリアで発祥したヒューマニズムは、広くヨーロッパに広がり、エラスムス『愚神礼賛(ぐしんらいさん)』などの作品を生み出した。また、時代が下ると小説が生まれ、科学・経済・思想など多方面で新たな潮流が生み出された。

●ルネサンス

分野	人物	生没年	概要
文学	ダンテ	1265-1321	『神曲』(トスカナ語で著される)
	ペトラルカ	1304-1374	人文主義者・詩人、『叙情詩集』
	ボッカチオ	1313-1375	人文主義者、『デカメロン』
	チョーサー	1343頃-1400	『カンタベリ物語』
	ラブレー	1494頃-1553	人文主義者、『ガルガンチュアとパンタグリュエルの物語』
	セルバンテス	1547-1616	『ドン=キホーテ』
	シェイクスピア	1564-1616	エリザベス期に活躍し、『ハムレット』『オセロ』『リア王』『マクベス』の四大悲劇を著す
思想	マキャヴェリ	1469-1527	政治学者、歴史家『君主論』
	カンパネッラ	1568-1639	ドミニコ修道会士、『太陽の都』
	ロイヒリン	1455-1522	人文主義者、旧約聖書研究
	エラスムス	1469-1536	人文主義者、『愚神礼賛』
	トマス・モア	1478-1535	人文主義者、『ユートピア』
	メランヒトン	1497-1560	人文主義者、新約聖書研究
	モンテーニュ	1533-1592	人文主義者、『随想録』

中国　娯楽小説と実用的な学問が発達した明清代

学問は明代には性理学が、清代には考証学が盛んになった。前者は朱子学・陽明学に代表される思想学であり、後者は古典の字義や文章の正否を研究する実証学になる。明の中期以降、庶民生活が豊かになり、音楽・演劇・小説などが流行した。『三国志演義』『水滸伝』『西遊記』といった日本でもなじみの深い物語は、この時期の作だ。また、明の次の清代には『紅楼夢』『儒林外史』といった作品が生み出されている。清は異民族王朝であったが、中国の文化を積極的に受容。漢人学者を登用して大規模な編纂事業を行なった。

●明代

分野	項目	概要
編纂事業	『永楽大典』	永楽帝の命で編纂された類書(百科事典)
	『四書大全』	永楽帝の命による編纂。36巻。四書(『論語』『大学』『中庸』『孟子』)の注釈書で科挙の基準。
	『五経大全』	永楽帝の命による編纂。唐代の『五経正義』の朱子学的再解釈。
儒教	陽明学:朱子学を批判し、人間の心の働きを重視(致良知)	
	王陽明(守仁)	心即理を説く陽明学を確立する。主著『伝習録』
	李卓吾	陽明学左派。「童心」を基軸にした批評。主著『焚書』
実学	『本草綱目』(李時珍)	動・植・鉱物について修正した薬物学の書
	『農政全書』(徐光啓)	これまでの農学に西洋の水利・地理学を加えた農書
	『天工開物』(宋応星)	これまでの産業を集成した書
	『崇禎暦書』(徐光啓)	アダム=シャールの協力で完成

●清代

分野	項目	概要
編纂事業	『康熙字典』	康熙帝の命で編纂。部首・画数順に並べた字書
	『古今図書集成』	雍正帝時代に完成した中国最大の類書。
	『四庫全書』	乾隆帝の命で編纂された、天下の書籍を集成した叢書
学問	考証学:明末清初より発達した学問。儒学経典の文献学研究を展開した	
	黄宗羲	君主独裁を批判し、一種の民主主義思想を説く。主著『明夷待訪録』
	顧炎武	古典研究・文献実証の学問を唱え、考証学の祖とされる

徹底比較
戦国日本と世界の文化 ❸

諸芸

日本では戦国武将のニーズに合わせて茶の湯が進化を遂げ、能や狂言などの伝統芸能が生まれた。一方西洋ではルネサンスの影響で人文主義が流行。中国では実学と儒学が発展した。

日本 茶の湯や花道などのおもてなし文化が進化を遂げる

戦国時代は戦乱の時代であったが、一方で活力あふれる時代であった。このため諸芸や学問が発展した。「茶の湯(茶道)」は、村田珠光が「侘茶」というかたちで創始。武野紹鷗が継承し、千利休によって大成された。質素と簡素を旨とする茶の湯は、万事が豪壮にして華やかな戦国時代にあって異彩を放ち、戦国大名や富裕な商人たちに愛好された。花を生ける花道(華道)、香を嗅ぎ銘柄を当てる香道も、この時代に大成している。

能は素朴性と娯楽性を増して各地に定着し、祭礼の際などに盛んに催された。能の合間に演じられる寸劇の狂言は、諷刺性の強い喜劇として民衆から支持された。このほかに鼓の演奏にあわせて軽快に舞う曲舞、叙事的な内容の語りを伴う幸若舞、同じく語りを伴う古浄瑠璃、男女の愛情を歌った小歌などが、民間で人気を博した。

言葉や文字による諸芸も発達した。言葉を使った諸芸では、複数の人々が句を詠み合うことで、ひとつの作品を完成させる連歌が流行した。文字による諸芸は『御伽草子』が代表だ。絵の余白に文章を挿入した絵本形式の書物であり、読んで楽しく、見て面白く、話して愉快な点が人々に歓迎された。「一寸法師」「ものぐさ太郎」「浦島太郎」など今日に伝えられている話も多い。夏の風物詩として今日に伝わる盆踊りも、この時代に盛んになった。このほかに歌舞伎や人形浄瑠璃などの諸芸も、この時代に登場している。

●東山文化

特徴	**15世紀中頃〜16世紀中頃** (8代将軍足利義政の時代) ※所文化が融合し、洗練された簡素さを基調とする。	
学問・文学	**有職故実**	**公事根源**(一条兼良)
	政治	**樵談治要**(一条兼良)
	医書	**医書大全**(阿佐井野宗瑞)
	連歌	**水無瀬三吟百韻**(宗祇・肖柏・宗長)
	和歌	**古今伝授**(東常縁)
		新撰菟玖波集(宗祇)
		犬筑波集(山崎宗鑑)
庶民文化・その他	**茶道**	**侘茶の創出**(村田珠光)
	花道	**立花の様式**(池坊専慶)
	神道	**唯一神道**(吉田兼俱)
	民間芸能	**祇園会、幸若舞、風流踊り、盆踊り**

●桃山文化

特徴	**16世紀後半〜17世紀初頭** ①豪華・壮大な城郭 ②仏教色が薄れ、現実的・人間的 ③侘茶の精神 ④南蛮文化の影響	
芸術・風俗	**茶道**	千利休による侘茶の完成
	能楽	武士・町衆・庶民への浸透と辻能の始まり
	歌舞伎踊り	阿国歌舞伎(出雲阿国)
	人形浄瑠璃	琉球伝来の三味線が取り入れられる
	小歌	堺の商人・高三隆達の隆達節

1615年（元和元）頃の
勢力図
津軽
久保田20万石へ転封。
佐竹
南部
慶長遣欧使節を派遣し、スペインとの直接交易を企図する。
村上
最上
伊達
溝口
上杉
米沢30万石へ転封。
松平忠輝
蒲生
相馬
前田
真田信之
金森
鳥居
徳川頼房
・禁教令（1612年）
・一国一城令（1615年）
・武家諸法度（1615年）
・禁中並公家諸法度（1615年）制定
徳川
徳川義直
本多
徳川頼宣
九鬼
この頃の
世界史
1601年 ● この頃、シェークスピアが『ハムレット』を執筆する。
1602年 ● オランダ、東インド会社を設立。
1604年 ● フランス、東インド会社を設立。カナダ植民を開始する。
1610年 ● フランスで国王アンリ4世が暗殺される。
1613年 ● ミハイル・ロマノフの即位によりロマノフ朝が始まる。
1616年 ● ヌルハチが後金国を建国する。
1618年 ● 神聖ローマ帝国で三十年戦争が勃発する
1620年 ● ピルグリム・ファーザーズがアメリカ大陸プリマスに上陸する。
1633年 ● ガリレオ・ガリレイがローマ教皇庁から異端の有罪判決を受ける。
1635年 ● フランスが三十年戦争に介入する。
1636年 ● 後金国の太宗ホンタイジが国号を清と改める。

第4章

〝徳川の平和〟の始まりと戦乱の続くヨーロッパ

豊臣氏の天下は長くは続かず、関ヶ原の戦いに勝利した徳川家康が江戸幕府を開創。
1615年（元和元）に豊臣家を滅ぼして天下を手中に収めた。
幕府は２代秀忠、３代家光と将軍職を継承するなかで強固な幕藩体制の構築に努める一方、
諸外国との関わりを次第に縮小させ、島原の乱を機に俗にいう鎖国体制を完成させ、
260年にわたる平和な時代を実現させた。

この頃、世界ではオランダ、イギリスなどが東インド会社を設立し、
海洋進出を加速させていた。日本との結びつきを強めている。
また、ドイツでは三十年戦争が激化し、国土が荒廃していった。

徳川家康が江戸幕府を開いた頃、イングランドでステュアート朝が成立した！

日本

1601年（慶長6）
朱印船貿易が始まる。

解説
朱印船は幕府から海外渡航の許可状・朱印状を与えられた船。貿易の主たる輸出品は金・銀・銅であり、輸入品は生糸や絹織物であった。

1602年（慶長7）
2月、東本願寺が建立され、本願寺が東西に分立する。
5月、**二条城**が着工される。

行ってみたい 歴史スポット
二条城二の丸御殿。二条城は徳川家康が上洛時の宿所として築城され、将軍就任後、拝賀の礼の場となった。それから264年後、江戸幕府が終焉を迎える大政奉還の舞台ともなる。

西洋

1602年
オランダ、東インド会社を設立する。

行ってみたい 歴史スポット
東本願寺の御影堂。東本願寺分離独立の背景には、秀吉により隠居させられていた教如（顕如の長男）に寺領を寄進して本願寺をふたつに分けることで、一向一揆の勢力を削ごうとした家康の思惑が働いているという。

中国・東アジア

1601年
ヌルハチ、**八旗**制度を創設する。

解説
黄・白・紅・藍の4色と、それぞれに縁をつけたもの計8種の旗で区別される8つの軍団編成とした清朝独自の軍事組織。ヌルハチの満洲八旗を起源とし、のちに蒙古、漢軍の2つが加えられた。八旗に属する武人階級が清代の支配者・特権階級となっていく。

1602年
○マテオ・リッチ、『**坤輿万国全図**』を刊行する。

世界史の絵画
『坤輿万国全図』
（マテオ・リッチ）

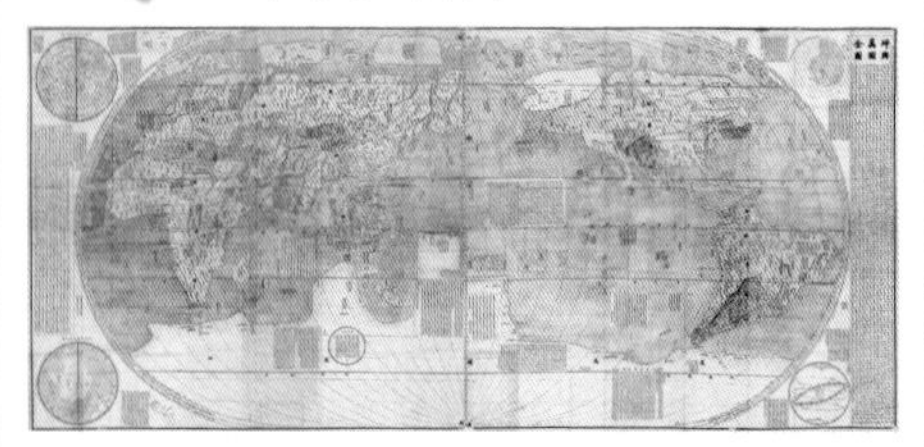

マテオ・リッチによって制作された6枚ひと組の訳版世界地図。地球球体説を基に卵型の図形の中心に中国を描き、中国人の世界観に大きな影響を与えた。

その他
西アジア・インド・アメリカなど

1603年（慶長8）

2月、徳川家康、**征夷大将軍**となり江戸幕府を開く。

4月、**出雲阿国**（いずものおくに）、女歌舞伎（おんなかぶき）を創始する。

＼行ってみたい／ **歴史スポット**

名古屋城大天守（外観復元）。1603年に幕府が諸大名に命じて土木工事を行なわせる天下普請が始まる。インフラが整えられる一方、江戸城や名古屋城、大坂城などが築かれた。

1605年（慶長10）

4月、徳川家康、将軍職を三男・**秀忠**（ひでただ）に譲り、**大御所**（おおごしょ）を称する。

徳川家康

豆知識

将軍職を退いたとはいえ、家康には天下統一の総仕上げが残っている。彼は健康維持に努めて薬を熱心に研究し、自ら薬草を調合するほどだった。

1603年

イングランドで**ジェイムズ1世**が即位し、**ステュアート朝**が成立する。

豆知識

ステュアート朝初代の国王。清教徒を圧迫すると同時に議会爆破を計画した火薬陰謀事件（1605年）を機にカトリックを圧迫し、議会を無視して増税を行なうなどしたため、議会と対立した。また、外交ではカトリック教国のフランス、スペインと接近し、さらに知識をひけらかす癖があったため非常に嫌われた王だった。

ジェームズ1世

1604年

フランス、**東インド会社**を設立。また、**カナダ植民**を開始する。

1605年

アントワープでヨーロッパ初の新聞が発行される。

○セルバンテス『**ドン・キホーテ**』

1604年

顧憲成（こけんせい）ら、無錫（むちゃく）に**東林書院**を設立する。

1605年

オランダ東インド会社、アンボイナ島を占領する。

1603年

サファヴィー朝、オスマン帝国よりタブリーズを奪還する。

1605年

ムガル帝国のアクバル没し、**ジャハンギール**が即位する。

この時代の日本史

武家の棟梁たる将軍 江戸に幕府を開設す

1603年(慶長8)2月、徳川家康は征夷大将軍に就任し、江戸に幕府を開設した。じつはこの征夷大将軍就任、家康が練りに練った策であった。

征夷大将軍就任前、家康の立場はあくまで、豊臣政権の構成員に過ぎなかった。最高実力者とはいえ、政権のトップは豊臣秀吉の遺児・豊臣秀頼。諸大名を束ねるのは、豊臣秀頼であって家康ではなかったのだ。もし、家康が秀頼をはねのけて政権のトップに立とうとしたら、豊臣恩顧の大名衆がどう動くが予想がつかなかった。「豊臣政権とは別の土俵で天下を掌握する方法はないか?」と考えた末、家康は征夷大将軍就任を選択したのだ。

征夷大将軍という役職は、武家の束ねであって、豊臣政権とは何の関係もない。

つまり、家康は豊臣政権の最高実力者という土俵から、武家の棟梁という別の土俵に乗ったのだ。

昔から棟梁の言葉に従うのが、武家の決まり。この原則は豊臣恩顧の大名にも例外なく適用される。つまり家康は、征夷大将軍に就任し、幕府を開設することで、豊臣恩顧の大名を直接統括する権限を得たのだ。

豊臣恩顧の大名としても、家康に従うのはあくまで武家の棟梁に従うのであって、家康と秀頼を切り離して考えることができた。

早々に将軍職を譲り、徳川の天下を世に示す

1605年(慶長10)4月、家康は将軍職を徳川秀忠(家康の三男)に譲って、自身は大御所と称した。征夷大将軍の職を自身の息子に譲ったことは、徳川将軍家が未来永劫、棟梁として武家の頂点に君臨し続ける決意表明であった。

この時代の世界史

中国初の世界地図と、イギリスの同君連合

中国で最初にキリスト教を布教したのは、日本と同様、イエズス会宣教師のマテオ・リッチであった。インドのゴアを経てマカオに到ったマテオ・リッチは、中国語を学習しながら江南地域を伝道した。この際、中国人のキリスト教の理解を促すため、カトリックの教えを漢訳した『天主実義』を用いた。

中国人にイエスの教えを説く一方でマテオ・リッチは、彼らが関心を示した西洋学術を積極的に紹介した。1602年に著した『坤輿万国全図』はそのひとつだ。中国初の世界地図であり、中国人に世界の広さを知らしめた。同図は日本にも伝わり、その世界観を一変させている。

1603年、イギリスでテューダー朝のエリザベス1世が没する。この女王には子どもがいなかったため、血縁関係からスコットランド王のジェームズ6世が、イギリス王ジェームズ1世を兼ねることになった。これにより両国のあいだに同君連合が成立した。

明の中枢で権力闘争が激化 北方ではヌルハチが台頭

この頃中国大陸の明帝国内部では、政争が激しさを増していた。抗争が激化したのは、万暦帝の後継者を巡る争いに加えて、宦官と結んで政界を牛耳ろうとする官僚一派と、これに反対する一派が正面衝突したためだ。反対派のリーダー顧憲成は、失脚を余儀なくされると、故郷江蘇省無錫に帰り、「東林書院」を設立。ここで講義するかたわら、政府を痛烈に批判した。書院に結集した現政府に批判的な官僚たちは、東林派を結成。現政府の反対勢力となった。

その頃、北方では次代の中華帝国を担う女真族のヌルハチが八旗制度を定め、着々とその準備を整えていた。

朱印船貿易と日本人町

江戸初期は日本人が最も盛んに海外進出を図った時代でもある。秀吉の時代から受け継がれた朱印船貿易では角倉了以、茶屋四郎次郎、大坂の末吉孫左衛門、長崎の末次平蔵らが活躍し、東南アジア各地に日本人町が生まれた。

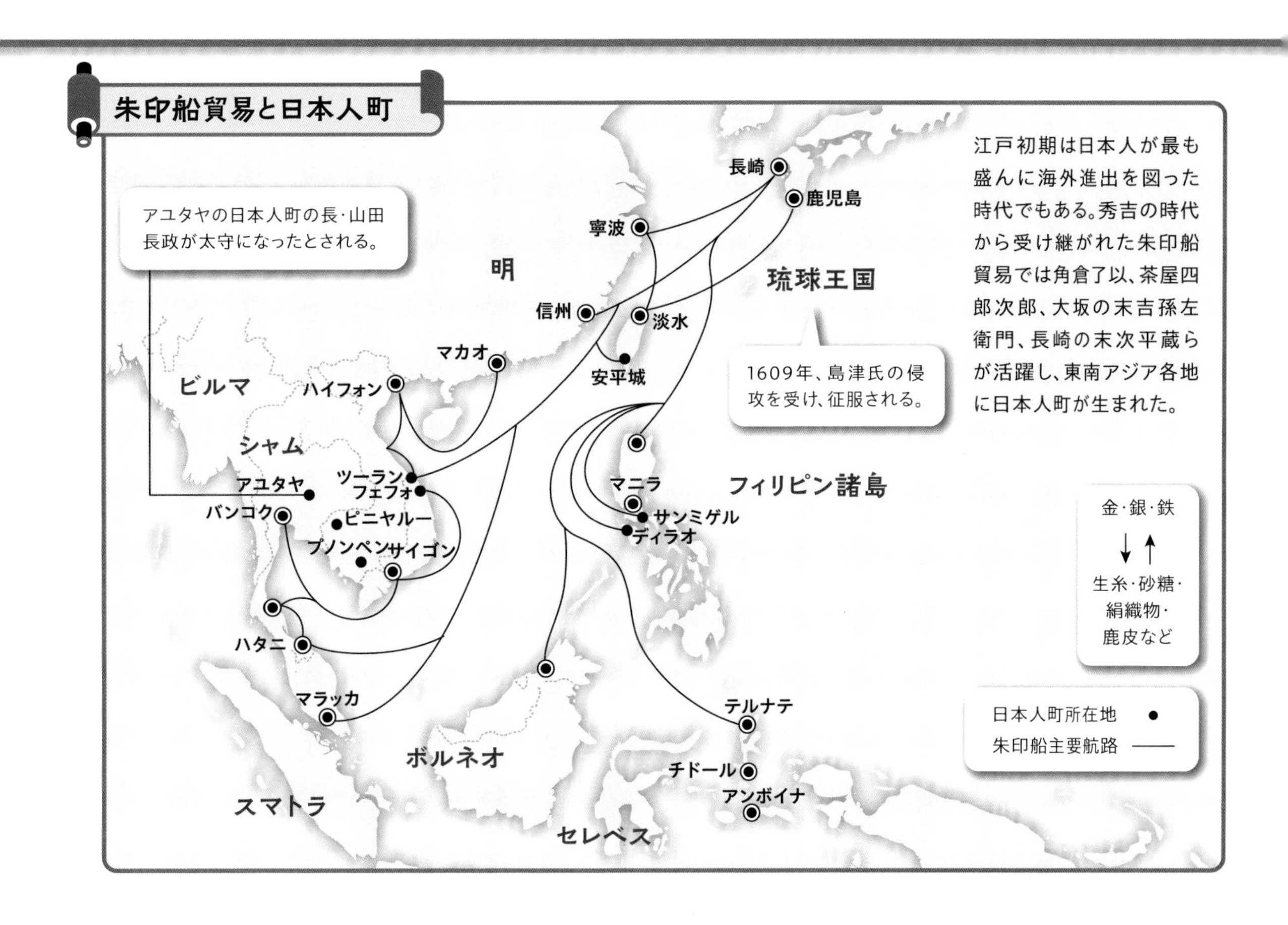

清の最大版図と統治政策

のちに明に取って代わる清の最大版図。女真族が建てた清は積極的な征服戦争により多様な民族を支配下に収め、硬軟合わせた統治政策を用いた。

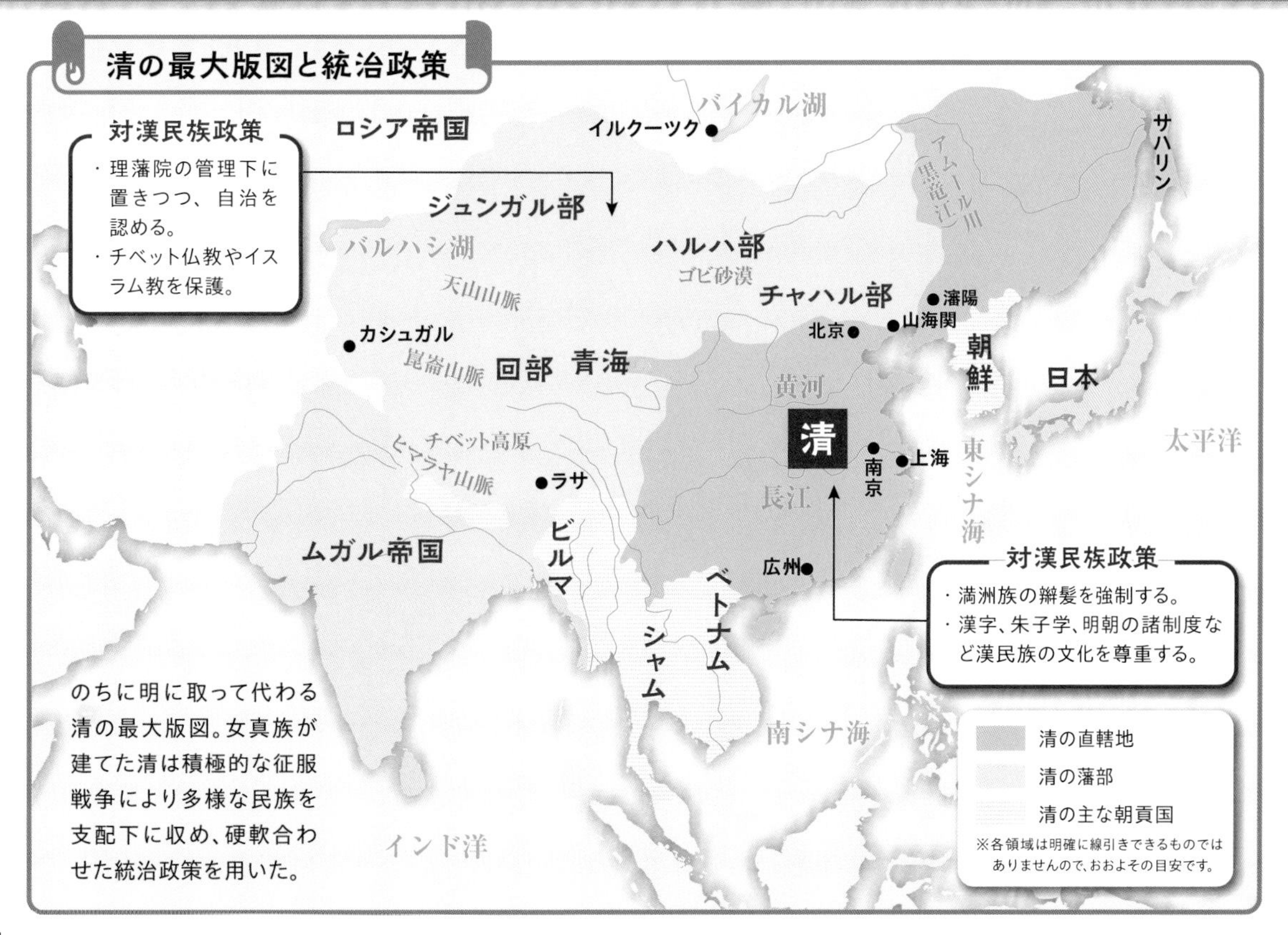

1606年～1610年

島津氏が琉球を征服した頃、オランダにアムステルダム銀行が設立された

日本

1607年(慶長12)

閏4月、徳川義直(よしなお)を尾張に封ずる。(**御三家**(ごさんけ)の創設)

5月、朝鮮使節が来日する。

7月、**徳川家康**、**駿府城**(すんぷじょう)へ移る。

この年、**鍋島騒動**(なべしま)が起こる。

解説

義直ののち、家康の十男・頼宣が紀伊55万石、11男・頼房に水戸35万石が与えられ、御三家が創設される。将軍家同様、徳川を名乗り将軍家に後継ぎが不在となった際、これに代わって将軍家を継ぐという家格とされた。

解説

朝鮮通信使は室町時代から江戸時代にかけて朝鮮から日本へ派遣された外交使節団。約150年間にわたって中断していたが、家康の時代に復興。通交が再開し江戸時代以降、12回にわたり派遣された。

\行ってみたい/ **歴史スポット**

現在でこそ復元された巽櫓と東御門や石垣が残るのみとなっている駿府城であるが、築城当時は大天守を渡り櫓で連結された4つの小天守が取り囲む珍しく、かつ堅固な城であった。

西洋

1606年

教皇**パウルス5世**がヴェネツィアを破門する。

解説

この破門は教会司法権(聖職者が一般法廷で裁かれない権利)を巡る対立が発端。破門されると聖務停止となり、洗礼も告解も受けることができなくなり、天国に行けなくなる。人々はこれを恐れ領主や君主に破門の解消を求めたため、破門は教皇の伝家の宝刀といえた。

中国・東アジア

1607年

李氏朝鮮、日本との国交を回復する。

\行ってみたい/ **歴史スポット**

李氏朝鮮の王宮だった景福宮。1395年に建設され、1910年まで朝鮮王の政務の場、王の生活の場として機能した。

その他

西アジア・インド・アメリカなど

1609年（慶長14）

2月、島津氏、琉球を征服する。

3月、対馬の宗氏、朝鮮との間に**己酉約条**を結ぶ。

7月、平戸に商館が設置され、オランダとの貿易が始まる。

9月、ルソン前総督ドン・ロドリゴ、上総に漂着する。

尚寧

豆知識

島津軍の侵攻を受けた琉球王国は、かつて「武器のない国」だったとされていたが、当時の琉球には数千人規模の軍事組織が存在しており、現在、非武装説は否定されている。

1610年（慶長15）

6月、ドン・ロドリゴの帰路、田中勝介をメキシコに派遣する。

9月、名古屋城が完成する。

豆知識

この田中勝介らが初めて太平洋を横断した日本人となった。

1609年

アムステルダム銀行が設立される。

ルドルフ2世の皇帝勅書により、ボヘミア民衆に信仰の自由が認められる。

1610年

フランスで**アンリ4世**が暗殺され、**ルイ13世**が即位する。

ルイ13世

解説

デュマの『三銃士』に登場する国王としてお馴染みの人物。父アンリ4世が暗殺されて9歳で即したため、母マリー・ド・メディシスが摂政となったが、のちに母と対立して追放し、宰相リシュリューを起用した。絶対王政の基礎を築いた国王。

1609年

朝鮮、対馬の宗氏との間に己酉約条を結ぶ。

1610年

○笑笑生『**金瓶梅**』

世界史の絵画

『金瓶梅』挿絵

『金瓶梅』は明代の長編小説で、四大奇書のひとつとされる。主人公西門慶が繰り広げる放蕩の日々が描かれるが、この西門慶と愛妾の潘金蓮は、『水滸伝』において武松に殺害される人物であり、この人物が生き延びた設定となっている。

1608年

フランス、ケベックへの入植を行なう。

行ってみたい 歴史スポット

英語圏のカナダにあって、植民の背景からケベック州での公用語はフランス語。2006年の段階で64%の人が「フランス語しか話せない」と回答している。カナダの人口の23%を占めるフランス系住民の85%がケベック州に集中し、かつてはテロ活動を含む独立運動まで起こった。

この時代の日本史

朝鮮通信使が初来日し、オランダとの貿易も開始

軍事政権たる徳川幕府が、政権を維持するには、「武力」を示し続ける以外にない。

しかし、だからといってむやみに戦争をする訳にもいかない。ここで徳川幕府が考えたのが「武威」だった。武力の威光を周囲にアピールし続けることによって権威を維持し、支配体制を固めたのだ。この武威の発揚に、行列が大きな惑割を果たした。とくに「異人行列」は体制維持のシステムとして、有効に作用した。

異人行列とは文字通り、日本人以外の人々による行列のことで、朝鮮通信使の行列が代表格になる。朝鮮通信使とは、将軍の代替わりごとに派遣された、朝鮮国の友好使節をいう。1607年(慶長12)に来日したのを皮切りに、計12回訪日している。使節を迎えるための経費は、全額日本が負担した。一行は総勢平均440名。膨大な資金が必要だった。

だが、朝鮮国からの使者を迎えることは、幕府にとって重要なことだった。「徳川将軍の威光は海外にも広まっている」と国内に喧伝できるからだ。人々が見守るなか、将軍のいる江戸へと向かう異国人行列。徳川将軍家と幕府の威光を、被支配者層に実感させるのに抜群の演出だったのだ。

スペインとの貿易再開を模索する家康

1609年(慶長14)7月、平戸に商館が設置されオランダとの貿易が開始される。

9月、ルソンの前総督ドン・ロドリコが上総(千葉県中部)に漂着すると、スペインとの貿易を再開したい徳川家康は、ドン・ロドリゴの帰途にあわせて、京都の貿易商人・田中勝介をノビスパン(スペイン領メキシコ)に派遣した。

この時代の世界史

商業覇権国家オランダが、金融面でも世界の中心に

新興の商業国家オランダは、17世紀に入るとさらに躍進をした。

まず、連合東インド会社(オランダ東インド会社)を設立して、香辛料の産地である東南アジアに進出し、アメリカにもニューネーデルラント(ニューネザーランド)などの植民地を獲得した。

また、アフリカの奴隷貿易にも深く関わるなど、世界全域に商業ネットワークを張り巡らせた。さらに北海でのニシンを中心とした漁業、ホラント州での造船業、デルフトの陶器業、ライデン周辺の毛織物工業、マース河畔の醸造業など、諸産業も盛んであった。

とくにバルト海地方との貿易で、他の諸国を圧倒したことが強みになった。

同地方は穀物や造船資材の供給源として、西ヨーロッパにとって不可欠の地域であり、この

●税制の変化

一条鞭法(いちじょうべんほう)(明代後期~清初)		地丁銀制(ちていぎんせい)(清代中期以降)
16世紀初めに江南で実施。 万暦帝(ばんれきてい)の時代に全国に広がる	実施時期	18世紀初頭から一部の地方で実施。 雍正帝(ようせいてい)の時代に全国に広がる
煩雑(はんざつ)な徴税方法を簡素化し、 税負担の不均衡を解消する	目的	康熙帝(こうきてい)による盛世滋生人丁(せいせいじせいじんてい)※で、人頭税の額が固定化したので、税を一本化して徴収する ※盛世滋生人丁…康熙帝時代の1711年以降に増えた人丁について人頭税を免除。
土地税と人丁(成年男子)の徭役(ようえき)を 一括銀納させる	内容	人頭税を廃止し、その分を土地税に 繰り込んで徴収する

この頃の明では新税制である一条鞭法が全国に浸透しつつあった。のちにこの税制は初期の清王朝に受け継がれた。

朝鮮通信使の参府経路と一覧

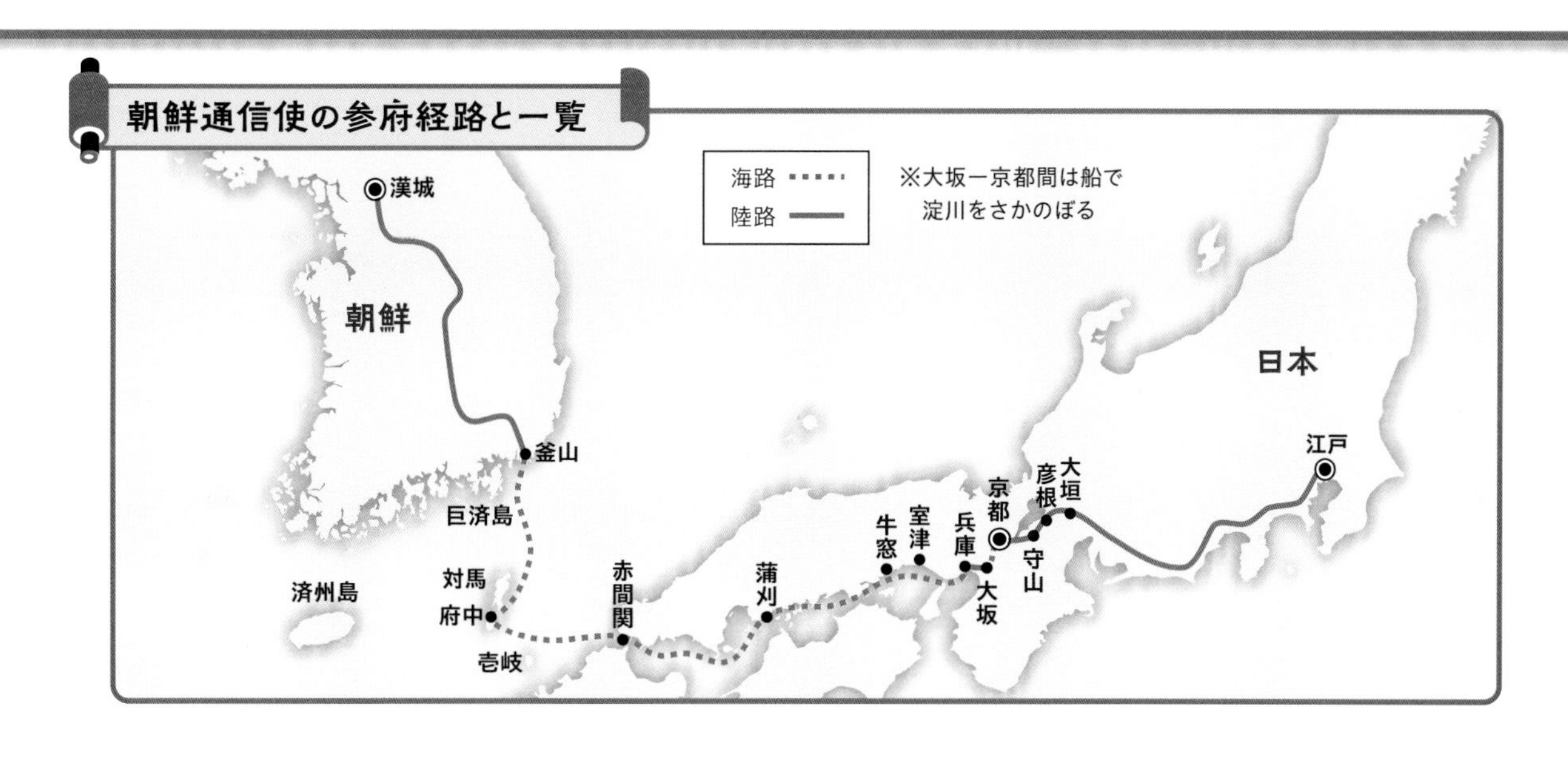

年代	使命	人数
1607年	回答兼刷還使、国交回復	504
1617年	同上。大坂平定・日本統一の祝賀	428
1624年	同上。家光将軍襲職祝賀	460
1636年	通信使。泰平祝賀。	478
1643年	家綱誕生祝賀	477
1655年	家綱将軍襲職祝賀	485
1682年	綱吉将軍襲職祝賀	473
1711年	家宣将軍襲職祝賀	500
1719年	吉宗将軍襲職祝賀	475
1748年	家重将軍襲職祝賀	477
1764年	家治将軍襲職祝賀	477
1811年	家斉将軍襲職祝賀	328

バルト海地方と西ヨーロッパを結ぶ貿易ラインは、西ヨーロッパにとっての生命線であった。オランダはこの生命線をほぼ独占していたのだ。

1609年、オランダは首都のアムステルダムに銀行を設立した。これはオランダが産業・物流ばかりでなく、金融面でも支配権を確立していたことを意味していた。オランダは世界の商品市場になったのに加え、金融ネットワークの中心ともなったのだ。

絶対王政への布石が置かれたフランス

オランダが商業・金融国家としての地位を確立しつつある時期、隣国のフランスではブルボン王朝初代となるアンリ4世が、宗教戦争で疲弊した国家の再建を進めていた。

1610年、アンリ4世が没すると、ルイ13世がフランス国王に即位した。

17世紀中頃の世界

イギリス
オランダ
フランス
スペイン
ロシア
オスマン帝国
砂糖・タバコ・綿花
コーヒー・藍・綿花
大西洋
火器など
奴隷
アフリカ
ベニン王国
コンゴ王国
アメリカ
インド洋
ムガル帝国
清
日本
江戸
長崎
太平洋
東南アジア
綿織物・茶
茶・絹織物・陶磁器
香辛料・コーヒー
銀

イギリスとフランスが争奪戦を繰り広げ、のちにイギリスが独占。

スペイン、ポルトガルの覇権を、イギリス、オランダ、フランスが奪取。

オランダがイギリスを排除して独占。

大坂夏の陣に敗れた豊臣氏が滅亡した頃、ロシアにロマノフ朝が成立した

1611

日本

1611年（慶長16）

3月、徳川家康、豊臣秀頼（ひでより）、**二条城**にて会見する。

豊臣秀頼

豆知識

小柄だった父・秀吉とは異なり、身長197㎝という巨漢だった。平戸の商館にあったオランダ人が本国へ送った文書のなかに、大坂の陣において寝返ろうとする大名を城壁から突き落としたという記述が発見され、怪力の持ち主であった可能性も指摘される。二条城の会見ではそうした偉丈夫の秀頼を見て、家康は豊臣家を滅ぼすことを決意したともいわれる。

1612年（慶長17）

3月、幕府直轄領に**禁教令**が出される。

徳川家康、駿府の**銀座**を江戸に移す。

西洋

1611年

ルドルフ2世、実権を失う。

1612年

ハプスブルク家の**フェルディナント**、ボヘミア王となり新教派の弾圧を始める。

フェルディナント

豆知識

ボヘミア王フェルディナントはのちの神聖ローマ皇帝フェルディナント2世。熱心なカトリック教徒でハプスブルク家領内の新教徒一掃を画策して反発を招き、三十年戦争を引き起こすこととなる。

中国・東アジア

1611年

明の東林（とうりん）・非東林の**党争**（とうそう）が激化する。

その他

西アジア・インド・アメリカなど

1613年（慶長18）

9月、**伊達政宗**、**支倉常長**をヨーロッパに派遣する（**慶長遣欧使節**）。

12月、禁教令が全国に及ぶ。

1614年（慶長19）

7月、豊臣秀頼が再建した京都方広寺の大仏殿の鐘銘に幕府が難癖をつける（**方広寺鐘銘事件**）。

9月、**高山右近**らキリスト教徒148名、マニラ・マカオへ追放される。

10月、**大坂冬の陣**が始まる。

1615年（元和1）

4月、**大坂夏の陣**が勃発し、翌月豊臣氏が滅亡する。

閏6月、一国一城令が出される。

7月、**武家諸法度**および**禁中並公家諸法度**が制定される。

日本史の絵画

『大坂夏の陣図屏風』（右隻）

大阪城天守閣に展示される『大坂夏の陣図屏風』。黒田長政の発注によって描かれた合戦図屏風で、左隻には大坂落城後、逃げ惑う人々の姿が描かれ「戦国のゲルニカ」とも呼ばれる。

1613年

ロシアで**ロマノフ朝**が成立する。

豆知識

創始者というと活力に満ちあふれた人物像が創造されるが、実はツァーリ（皇帝）に選出された際、若年のうえに病身で意志も弱いという人物で、母や親戚、モスクワ正教会の総主教となった父が実権を握っていた。

ミハイル・ロマノフ

1615年

ルイ13世、アンヌ・ドートリッシュと結婚する。

アンヌ・ドートリッシュ

豆知識

『三銃士』に登場するアンヌ王妃がこの人物。ルイ13世の不在中に初代バッキンガム公爵ジョージ・ヴィリアーズとの恋愛騒動を引き起こした。その際、バッキンガム公へ贈った首飾りを政敵であるリシュリューの手下に盗まれるという事件があり、『三銃士』の題材となった。

1615年

明で梃撃の案が起こる。

解説

梃撃の案とは万暦帝の皇太子の殺害未遂事件のこと。明代末期にはほかにも、1620年、病弱な泰昌帝が丸薬を飲まされ死亡した紅丸の案、泰昌帝の没後に即位した天啓帝が、側近の宮人・李選侍を引離して他宮に移した移宮の案という2つの皇位を巡る政争が起こっており、これらを総称して「三案」と呼ぶ。

1614年

ポカホンタスとロルフが結婚する。

豆知識

北米先住民ポウハタン族の女性。ジェームズタウンに入植し、たばこ栽培で成功したジョン・ロルフと結婚。先住民のキリスト教化と植民の成功例としてロンドンに招かれ、社交界でもてはやされた。

ポカホンタス

この時代の

日本史

方広寺鐘銘事件と、大坂冬の陣・夏の陣

1611年(慶長16)3月、徳川家康は京都二条城で、豊臣秀頼と対面した。『當代記』は家康が、庭に出て秀頼を迎えた旨を記す。直々に出迎えるのは、対等の相手か貴人に対してだ。先代の征夷大将軍たる家康が直接迎えた点に、家康と秀頼の関係性が分かろう。武家の束ねにはなったが、秀頼に対する敬意は変わりなかったのだ。

ところが、この3年後の1614年(慶長19)7月、「方広寺鐘銘事件」が起こる。

鐘銘事件の家康の激怒は本物だった!?

豊臣秀頼が再建した同寺院の梵鐘に「国家安康」の文言が記されており、幕府が「大御所の諱『家康』をふたつに割るとは、呪詛の意は明白」と物申したのだ。幕府の物言いは長いあいだ、「豊臣家をいずれ滅ぼそうと考えていた家康と幕府上層部が、開戦理由としてこじつけるため、鐘銘に難癖をつけた」とされてきた。

しかし、近年の研究でこの説は見直されはじめている。武士にとって諱は非常に重要であり、他者が阿りに呼ぶことは憚られた。

このため通常は「源次郎」などの通称や、「伊豆守」などの官職名で呼んだ。江戸時代の史料『摂戦実録』には、「国家安康」に対する五山僧(京都の著名な五寺院の僧)の見解が載せられている。呪詛云々については言及しないが、「好ましくないこと」という点で一致している。豊臣方はものすごい非礼を犯したのだ。家康が激怒するのは当然のことだった。

同年10月、徳川幕府は豊臣家追討を決め、大坂冬の陣が始まる。和議のあと1615年(元和元)4月に大坂夏の陣が始まり、豊臣家は滅亡した。

この時代の

世界史

イヴァン雷帝の血統断絶 新たにロマノフ王朝成立

イヴァン4世(雷帝)没後、新たに「ツァーリ(皇帝)」の座に就いたのは、息子のフョードル1世であった。

しかし、病弱なうえに精神的疾患を患っていたため、政権担当能力はなかった。このため貴族間で権力抗争が巻き起こり、最終的にはイヴァン4世の治世末期に台頭し、妹をフョードル1世の妻として宮廷に送り込んでいたボリス・ゴドノフが勝利し、政治の実権を掌握。新たに建てた壮麗な館で外国使節に謁見するなど、実質的なツァーリとして振る舞った。

フョードル1世が跡継ぎを残すことなく病死すると、急遽招集された全国会議は、満場一致でボリス・ゴドノフをツァーリに選んだ。この新ツァーリのもとロシアでは、経済振興、軍事力強化、外国文化の取り入れなどが推し進められた。

しかし、1601年の異常気象による大飢饉と、ペストの流行以降、ロシアは混乱の時代へと入る。

ロマノフ朝の成立とコサックの意外な関係

こうしたなか農民や都市貧民のなかには、領主や役人の支配から逃れるため、コサックの集団に身を投じる人々が続出した。

コサックとはロシアやウクライナで割拠していた軍事共同体だ。特定の権力に支配されることなく、タタール人、スラヴ人など多様な民族で構成されており、ロシアの南部国境付近のドン川流域や、ドニエプル川の中部流域のサポリージャ地方に住んでいた。

こうした混乱を収束すべくロシア全国会議は、1613年2月、16歳のミハイル・ロマノフを新しいツァーリに選出した。これにより、300年以上も続くロマノフ朝が成立した。

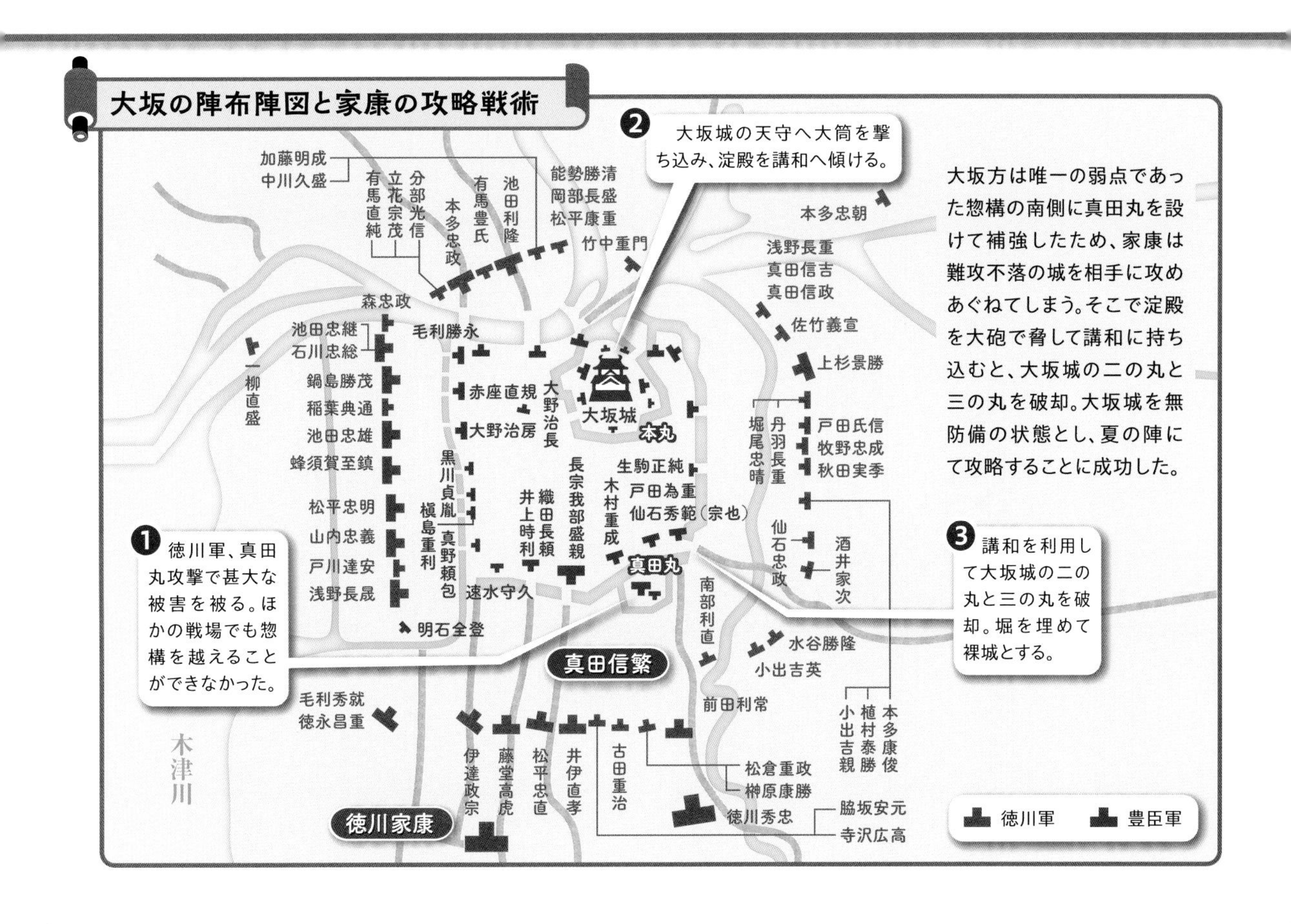
大坂の陣布陣図と家康の攻略戦術
❷ 大坂城の天守へ大筒を撃ち込み、淀殿を講和へ傾ける。
大坂方は唯一の弱点であった惣構の南側に真田丸を設けて補強したため、家康は難攻不落の城を相手に攻めあぐねてしまう。そこで淀殿を大砲で脅して講和に持ち込むと、大坂城の二の丸と三の丸を破却。大坂城を無防備の状態とし、夏の陣にて攻略することに成功した。
❶ 徳川軍、真田丸攻撃で甚大な被害を被る。ほかの戦場でも惣構を越えることができなかった。
❸ 講和を利用して大坂城の二の丸と三の丸を破却。堀を埋めて裸城とする。
加藤明成
中川久盛
有馬直純
立花宗茂
分部光信
本多忠政
有馬豊氏
池田利隆
能勢勝清
岡部長盛
松平康重
竹中重門
本多忠朝
浅野長重
真田信吉
真田信政
佐竹義宣
上杉景勝
森忠政
池田忠継
石川忠総
毛利勝永
一柳直盛
鍋島勝茂
稲葉典通
池田忠雄
蜂須賀至鎮
松平忠明
山内忠義
戸川達安
浅野長晟
赤座直規
大野治房
大野治長
黒川貞胤
槇島重利
真野頼包
速水守久
明石全登
井上時利
織田長頼
長宗我部盛親
木村重成
大坂城
本丸
生駒正純
戸田為重
仙石秀範（宗也）
真田丸
堀尾忠晴
丹羽長重
戸田氏信
牧野忠成
秋田実季
仙石忠政
酒井家次
南部利直
水谷勝隆
小出吉英
真田信繁
前田利常
毛利秀就
徳永昌重
木津川
伊達政宗
藤堂高虎
松平忠直
井伊直孝
古田重治
松倉重政
榊原康勝
小出吉親
植村泰勝
本多康俊
徳川家康
徳川秀忠
脇坂安元
寺沢広高
徳川軍
豊臣軍

拡大していくロシアの領土
ロシアは建国以来の飽くなき領土欲を発揮して東へ東へと領土の獲得を進め、アジアの最東端にたどり着いた。
スウェーデン
1721年
ニスタット条約
ニスタット
ポーランド
ペテルブルク
1712年
サンクトペテルブルク遷都
ノヴゴロド
モスクワ
キエフ
ドニエプル川
オスマン帝国
黒海
カスピ海
アラル海
ウラル山脈
ロシア
北極海
シベリア
ヤクーツク
カムチャツカ半島
ペトロパヴロフスク
オホーツク海
ニコライエフスク
スタノヴォイ山脈
1727年
キャフタ条約の国境線
アルバジン
ネルチンスク
イルクーツク
キャフタ
清
1689年
ネルチンスク条約の国境線
1462年までのモスクワ大公国（イヴァン3世即位時）
1613年までの獲得地（ロマノフ朝成立時）
1689年までの獲得地（ネルチンスク条約締結時）
1725年までの獲得地（ピョートル1世時代）
1796年までの獲得地（エカテリーナ2世時代）
イェルマークの遠征

江戸に吉原が開かれた頃、ドイツで三十年戦争が勃発し、イスタンブールにブルーモスクが完成した

日本

1616年（元和2）

4月、**徳川家康**、駿府にて没する。

8月、ヨーロッパ船の寄港地を**平戸**と**長崎**に限定する。

1617年（元和3）

3月、**日光東照社**、完成する。

3月、**吉原遊郭**（元吉原）の開設が許可される。

＼行ってみたい／
歴史スポット

世界遺産に登録される日光東照宮の陽明門。壮麗な社殿ができたのは、家康を深く尊敬していた3代将軍家光の時代。寛永の大改修によって陽明門や唐門、回廊などが造営された。随所に施された装飾は徳川政権の政治理念を反映しているという。

豆知識

吉原は江戸市中に散在していた私娼を一か所に集め、幕府公認の遊里としたもの。開業当初は現在の人形町にあったが、市街の拡大に伴い江戸の中心に位置してしまったため、1657年の明暦の大火を機に浅草寺の裏に移された。

西洋

1616年

ガリレオ・ガリレイが異端審問にかけられ、地動説を唱えないよう、注意を受ける。

世界史の絵画

『異端審問を受けるガリレオ』
（ジョゼフ=ニコラ・ロベール=フルーリー）

1回目の審問後も自説を撤回しなかったガリレオは、1633年に有罪判決を受ける。宗教裁判後もガリレオの罪が解かれることがなく、裁判の誤りが認められたのは1992年のことである。

中国・東アジア

1616年

ヌルハチ、ハン位に昇り、**大金**（**後金**）を建国する。

その他

西アジア・インド・アメリカなど

1616年

イスタンブールに**スルタン・アフメト・モスク**（ブルーモスク）が完成する。

＼行ってみたい／
歴史スポット

スルタン・アフメト・モスクは、堂内が青を基調とした美しい草花文様などのタイルで覆われているため、「ブルーモスク」と呼ばれる。

1619年(元和5)

6月、**福島正則**、武家諸法度違反で転封を命じられる。

8月、大坂町奉行および大坂城代が設置される。

この年、菱垣廻船の運行が始まる。

豆知識

処分の理由は広島城を無断で修築したためで、広島50万石から信濃川中島4万5000石への大減封となった。江戸期の正則には次のような逸話がある。ある年、上方から取り寄せた酒を積載した船が荒天で八丈島に避難したとき、島に流されていた宇喜多秀家に請われて家臣が酒を一樽譲ったという報告を受け、「けちな男と思われずに済んだ」と家臣を褒めたという。

1620年(元和6)

6月、徳川秀忠の娘・**和子**、**後水尾天皇**に入内する。

後水尾天皇

豆知識

遊廓にまでお忍びで出かけるほどの色好みであったと伝わる。譲位後にも中宮和子以外の愛妾との間に30余人の子をもうけ、識仁親王(のちの霊元天皇)が生まれたのは58歳のときのこと。子女は後水尾天皇以降、明正、後光明、後西、霊元と4代にわたって天皇となった。

1618年

ボヘミアの首都プラハにて「**窓外放擲事件**」が起こる。

ボヘミアの反乱を契機にドイツ**三十年戦争**が勃発する。(~1648年)

世界史の絵画

『窓外放擲事件』

三十年戦争の発端となった窓外放擲事件を描いた版画。プラハ城の3階の窓から投げ落とされた3名は、20m以上落下したが、窓下に積んであった干し草の上に落ちたため全員無事だった。

1620年

白山の戦いでボヘミアの新教徒が壊滅する。

1618年

ヌルハチ、明に侵攻し撫順城を奪う。

1619年

後金軍、**サルフの戦い**で明・朝鮮連合軍を破る。

オランダがジャワ島に**バタヴィア**を建設し、総督を置く。

世界史の絵画

『祈りを捧げるピルグリム・ファーザーズ』

(ロバルト・ウォルター・ウィアー)

プリマス上陸後の荒野で苦しい生活が伝えられるが、実際のところ、プリマスは荒野などではなく、先住民も親切だった。にもかかわらず、ピルグリム・ファーザーズは持参の食料しか口にせず、食料が尽きると先住民の食料を盗んだ上、首長を殺害するという暴挙に出たのだった。

1618年

ムガル帝国の**ジャハンギール**、喫煙禁止を命じる。

1619年

ヴァージニアで最初の議会が開催される。

1620年

ピルグリム・ファーザーズ、北アメリカ大陸のプリマスに上陸する。

この時代の日本史

徳川家康の死と、男だらけの江戸に出現した元吉原

1616年(元和2)4月、徳川家康が駿府城で没し、遺骸は遺言によって久能山(くのうざん)に葬られた。

積極的な外交策を採っていた家康の死により、幕府の外交政策は縮小に転じ、同年8月にはヨーロッパ船の寄港地が、平戸と長崎に限定された。

1617年(元和3)3月、幕府は吉原遊廓の開設を許可した。

遊女町はそれまで「傾城屋」の名で江戸の各所に散在していた。当時の江戸は新興の軍事都市であり、土木普請が盛んに行なわれている真っ最中。諸国から武士はむろん、男性労働者が集結し、男だらけの町になっていた。彼らの懐を目当てに、上方から遊女屋が進出し、江戸に店舗を構えていたのだ。

『異本洞房語園』によれば、京橋角町(現在の東京都中央区京橋)、鎌倉河岸(現在の東京都千代田区神田)、麹町(現在の東京都千代田区麹町)などに多かったという。

上方には当時、かつての豊臣政権によって公認された遊廓が存在しており、莫大な利益を上げていた。江戸の傾城屋サイドは「公認遊廓を設けたほうが利は大きい」として、幕府に認可を要請。幕府も「遊女屋を整備して監視下に置くほうが治安維持上便利」との理由から許可し、現在の日本橋人形町に元吉原が出現したのだ。

幕府の朝廷政策と改易事件

1619年(元和5)6月、福島正則が幕府に無断で城の修繕をした理由で改易され、1620年(元和6)6月に、徳川秀忠の娘・和子が、後水尾天皇に入内した。

豊臣恩顧の大名筆頭格を排除し、天皇家と縁戚関係を結んだことで、徳川将軍家の地位は強化された。

この時代の世界史

教会の教えと科学の見解 中国北方には帝国が誕生

キリスト教では古くから、教義に基づいて正統と異端を峻別し、異端と見なされた場合、火あぶりの刑に処されることも珍しくはなかった。

1616年、イタリア人の天文学者・数学者・自然哲学者ガリレオ・ガリレイが異端審問に問われた。これはガリレオ・ガリレイが「地動説」を提唱したことによる。

キリスト教では昔から、世界や人類は神が創出したとする教えに基づき、宇宙の中心に地球があり、その周囲を太陽など複数の天体が回っているという「天動説」を説いてきた。

科学が未発達な時代は誰も疑いを抱かなかったが、天文学が発達してくると、天動説では説明がつかない天体の動きも次第に明らかになり始めた。

ここで宇宙の中心には太陽があり、地球は他の天体と一緒に太陽の周りを周回しているとする「地動説」が生まれた。教会が公式見解とする天動説の真っ向否定だ。このためガリレオ・ガリレイは、異端に問われるはめになった。

●ルネサンス期の自然科学と技術

分野	人物	生没年	出身地	概要
天文学	コペルニクス	1473-1543	ポーランド	**地動説**を主張
	ブルーノ	1548-1600	イタリア	**地動説**や汎神論を唱える
	ガリレイ	1564-1642	イタリア	振り子の等時性、落下の法則、望遠鏡製作、**地動説**を主張
	ケプラー	1571-1630	ドイツ	「惑星の三法則」を発見
技術	グーテンベルク	1400頃-1468	ドイツ	**活版印刷術**の発明
	ルネサンスの三大発明(火薬・羅針盤・印刷術)……中国起源、イスラム経由の技術を改良する **製紙法**……中国からイスラム経由で12世紀以降に広まり、従来の羊皮紙に代わる			

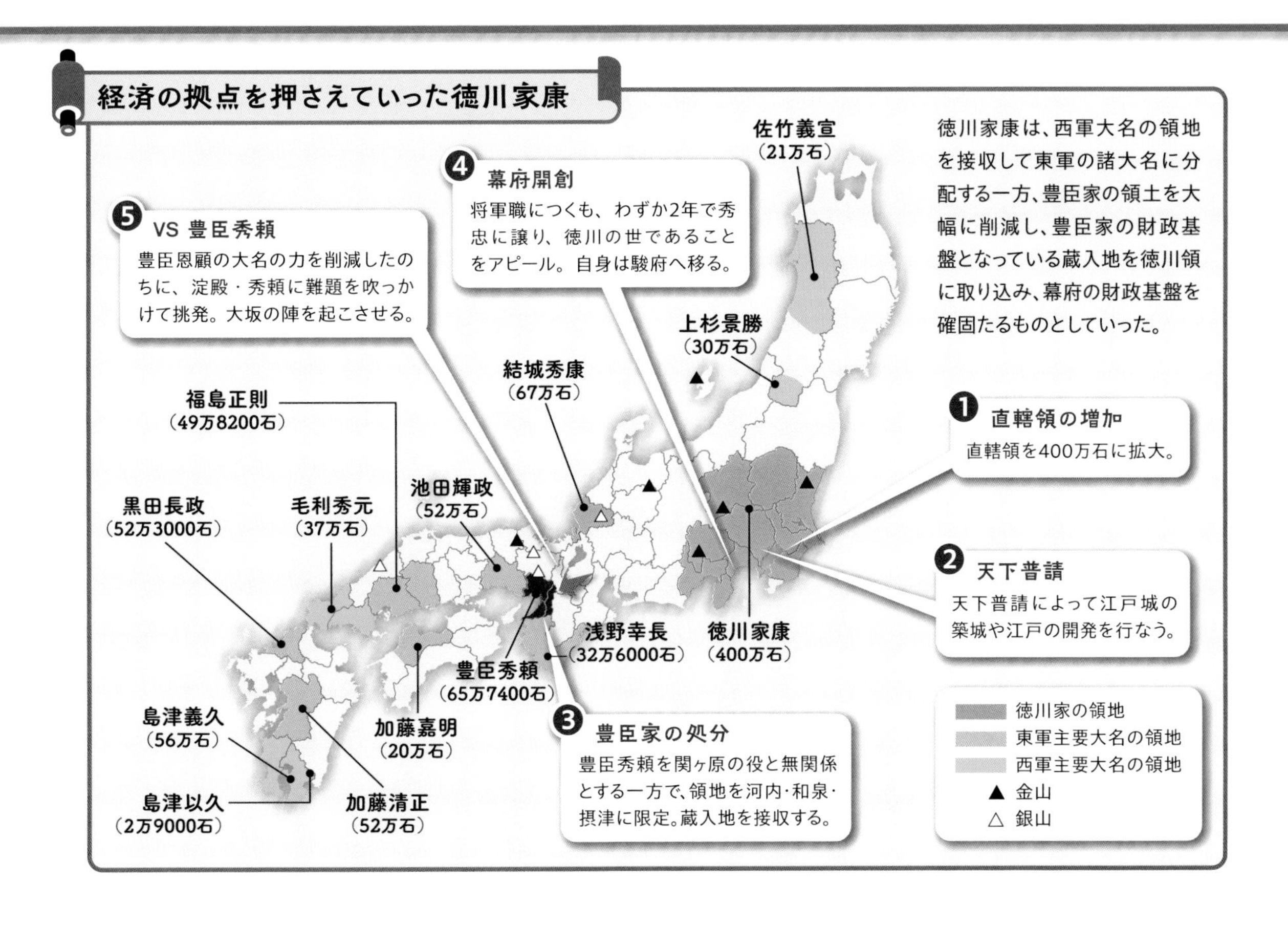

経済の拠点を押さえていった徳川家康
徳川家康は、西軍大名の領地を接収して東軍の諸大名に分配する一方、豊臣家の領土を大幅に削減し、豊臣家の財政基盤となっている蔵入地を徳川領に取り込み、幕府の財政基盤を確固たるものとしていった。
❶ 直轄領の増加
直轄領を400万石に拡大。
❷ 天下普請
天下普請によって江戸城の築城や江戸の開発を行なう。
❸ 豊臣家の処分
豊臣秀頼を関ヶ原の役と無関係とする一方で、領地を河内・和泉・摂津に限定。蔵入地を接収する。
❹ 幕府開創
将軍職につくも、わずか2年で秀忠に譲り、徳川の世であることをアピール。自身は駿府へ移る。
❺ VS 豊臣秀頼
豊臣恩顧の大名の力を削減したのちに、淀殿・秀頼に難題を吹っかけて挑発。大坂の陣を起こさせる。
佐竹義宣（21万石）
上杉景勝（30万石）
結城秀康（67万石）
福島正則（49万8200石）
池田輝政（52万石）
黒田長政（52万3000石）
毛利秀元（37万石）
浅野幸長（32万6000石）
徳川家康（400万石）
豊臣秀頼（65万7400石）
島津義久（56万石）
加藤嘉明（20万石）
島津以久（2万9000石）
加藤清正（52万石）
徳川家の領地
東軍主要大名の領地
西軍主要大名の領地
▲ 金山
△ 銀山

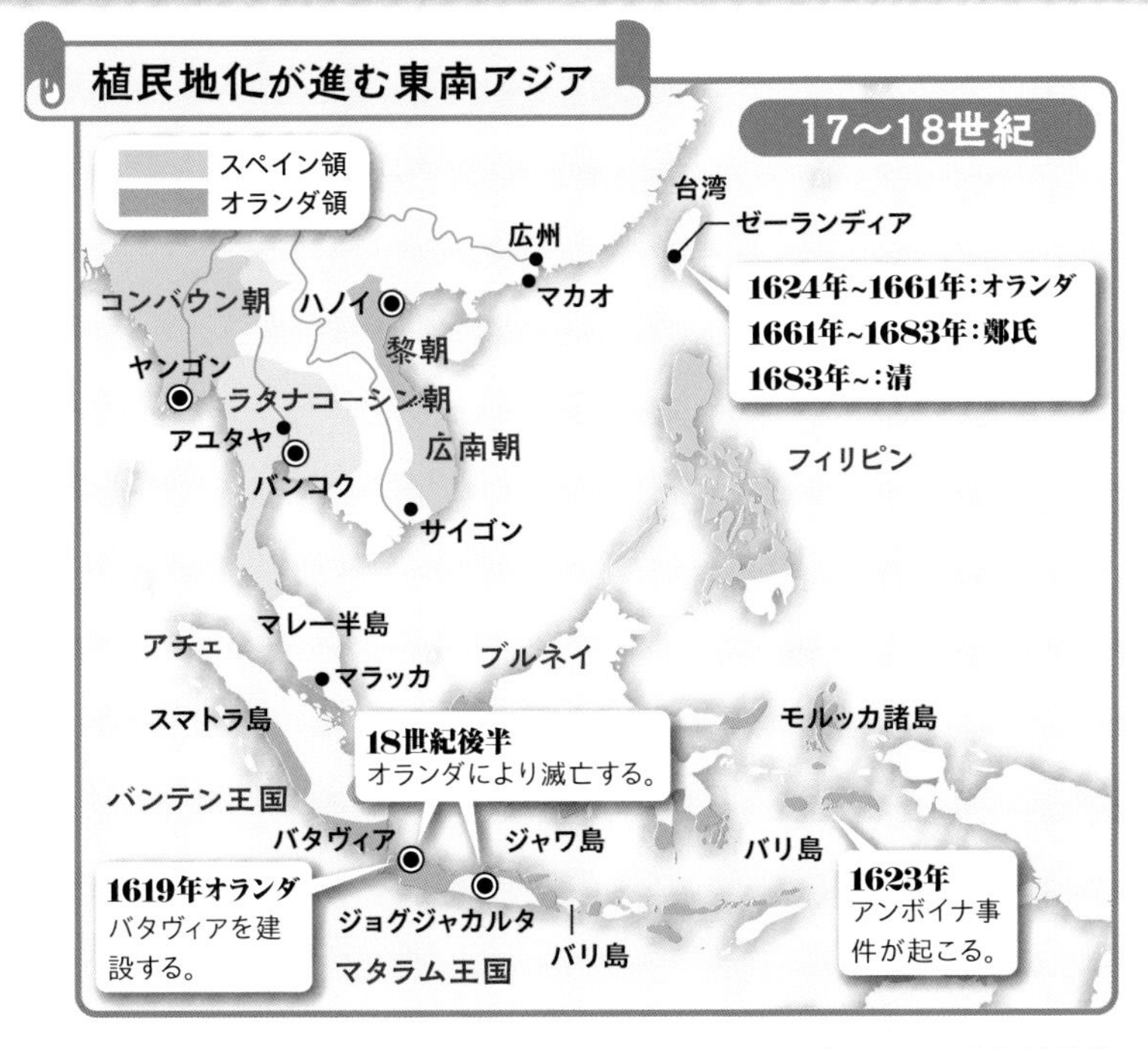

香辛料を産出する東南アジアには、マジャパヒト王国やバンテン王国などが栄えていたが、ヨーロッパの侵略によって次々に植民地化されていった。とくにオランダはインドネシアのマタラム、バンテン王国を滅ぼすと、アンボイナ事件でイギリスを東南アジアから排除し、香辛料貿易を独占した。

ガリレオ・ガリレイが異端審問に問われた年、遠く離れた中国大陸北方では、女真族のヌルハチ（姓はアイシンギョロ。漢字表記で愛新覚羅）が、「後金国」を建国し、最高位たる「ハン」に即位。年号を天命とした。彼は軍事組織であるのと同時に、行政・社会組織ともなる八旗を編成して、女真族を統括し、モンゴル文字をもとに満洲文字を制定して、統一政策を進めていった。

後金国の急成長に警戒感を抱いた明帝国は、李氏朝鮮とともに10万の遠征軍を派遣したが、ヌルハチは1619年、サルフでこれを撃破した。

1621年～1625年

元和の大殉教が起こった頃、"三銃士の悪役"リシュリューがフランスで強権を振るっていた！

1621

日本

1621年(元和7)
9月、シャム(タイ)の国使が来日する。

1622年(元和8)
8月、キリスト教徒55名、長崎立山で処刑される(**元和の大殉教**)。
10月、**本多正純**が改易される。

日本史の絵画

『元和の大殉教図』

キリスト教の司祭および信徒55名が処刑される様を描いた絵画。宣教師をかくまった信徒を一家まとめて処刑したため、女性や子供の殉教者も目立つ。

西洋

1622年
皇帝軍、ファルツを占領し、ファルツ選帝侯フリードリヒ、オランダへ逃亡する。

中国・東アジア

1621年
後金、遼陽・瀋陽を占領する。
この頃、明の宮中で宦官の**魏忠賢**が専横。

行ってみたい 歴史スポット

世界遺産にも登録される瀋陽故宮。付近には太祖ヌルハチの墓廟「東陵」と、太宗ホンタイジの墓廟「北陵」などがあり清帝国の陵園ともなっている。

その他

西アジア・インド・アメリカなど

1621年
オランダが**西インド会社**を設立する。

1622年
イスタンブールでイェニチェリの反乱が発生し、オスマン2世が退位。のちに殺害される。
サファヴィー朝、ポルトガルから**ホルムズ**を奪還する。

1623年(元和9)

2月、**松平忠直**、豊後に流される。
7月、**徳川家光**、将軍宣下。
11月、イギリス、平戸の商館を閉鎖して退去する。

＼行ってみたい／
歴史スポット

平戸にて復元されたオランダ商館。当時のオランダは中継貿易によって世界の覇権を握っていた海洋大国であった。

1624年(寛永1)

3月、スペイン船の来航を禁止する。

豆知識

家光と御台所・鷹司孝子の仲は結婚当初から険悪で、間もなく大奥から追放されて江戸城中ノ丸にて死ぬまで過ごした。当時の家光が男色家だったことも原因のひとつともいわれている。

1625年(寛永2)

8月、家光、鷹司信房の娘・孝子と結婚。
11月、**天海**、**上野寛永寺**を建立する。

徳川家光

豆知識

2代将軍秀忠は妻のお江とともに家光の弟忠長を溺愛しており、家光の将軍職継承が危ぶまれていたが、家光の乳母・春日局が存命時の家康に直談判し、家光の後継を明言させたといわれる。

1624年

フランス、**リシュリュー**を登用する。

リシュリュー

豆知識

『三銃士』では陰謀家として描かれ銃士隊の敵であるが、実際はとても有能な宰相。貴族を抑えて中央集権化と王権の強化に努めた。マリー・ド・メディシスにより抜擢され、ルイ13世の不興を買った際にもマリーの手で救われているが、ルイ13世とマリーが対立した際にはあっさりマリーを捨てている。

1625年

デンマーク、**三十年戦争**に介入する。

1623年

中部ベトナムの阮氏、プレイ・ノコール(サイゴン)に進出する。
アンボイナ事件が起こり、イギリス東インド会社が東南アジアから撤退する。

1624年

オランダ、台湾に**ゼーランディア城**を築く。

1625年

魏忠賢、**東林派**の弾圧を開始。

世界史の絵画

『アンボイナ事件』

モルッカ諸島アンボイナ島にあるイギリス東インド会社商館をオランダが襲い、商館員を全員殺害した事件。当時は生活に困窮した多くの日本の浪人が海外に出ており、事件ではイギリス人9名、ポルトガル人1名とともに、日本人傭兵10名が斬首されている。

1624年

サファヴィー朝、オスマン帝国からバグダードを含むメソポタミア平原を奪還する。
イギリスとフランスの植民団がセントキッツ島に入植する。
オランダ、北アメリカにニューネーデルラントを建設する。

この時代の日本史

幕府3代将軍家光登場 「五人組制度」も制定

幕府はキリスト教の信仰を禁じていたが、隠れて信仰する人々は少なくなかった。1622年（元和8）、キリスト教徒55名が長崎で処刑された。日本史上これを「元和の大殉教」と呼ぶ。

1623年（元和9）、第2代将軍・徳川秀忠は将軍職を退いて大御所となり、ここに徳川家光が第3代将軍に就任した。

家光は外交の制限に舵を切ったため、同年11月には、イギリスが平戸の商館から退去。翌年の3月にはキリスト教禁止を強化するため、スペイン船の来航禁止に踏み切り、同国との国交も断絶させた。

この年には、日本に潜伏していた宣教師ルイス・ソテロが処刑されている。

整備されていく江戸の統治システム

1625年（寛永2）には、関所・伝馬・人身売買・一期奉公・失火などの規定が定まった。

関所は古代には軍事施設として設けられ、中世には通行料徴収の目的で設けられていたが、江戸時代の関所は出入りの取り締まり目的で設けられた。

関所を通るには公的な「関所手形」が必要であり、関所役人によって旅の目的などが厳しく吟味された。関所を通らない関所やぶりは厳罰に処された。

また、この頃には「五人組制度」も定められた。目的は連帯責任による年貢滞納の禁止や、相互監視による犯罪の取り締まりと告発だ。原則として5戸1組で強制的に編成され、規定の遵守を誓約した「五人組帳」があった。

これと同年、長らく家康のブレーンを務めてきた南光坊天海（なんこうぼうてんかい）によって、江戸城の鬼門（きもん）となる上野山に「東叡山寛永寺（とうえいざんかんえいじ）」が建立された。東叡山とは「東の比叡山」の意だ。

この時代の世界史

急成長する後金国と、動揺するオスマン帝国

サルフの戦いで明・朝鮮連合軍を撃破したヌルハチ率いる後金国は、1621年、中国大陸北方を流れる遼河以東一帯を制圧した。

明帝国が後金国の勢いを抑えきれないのは、後金国の勢いもさることながら、老大国と化した明帝国の屋台骨が揺らいでいたためだ。

顧憲成を中心とする東林派が政府批判を始めると、批判された官僚グループと宦官は、結託して非東林派を結成。これにより両派のあいだで激しい非難合戦が繰り広げられ、政争へと発展していった。

この政争で暗躍したのが、非東林派に属した宦官・魏忠賢である。

この魏忠賢によって東林派の人々は次々と捕らえられ、追放もしくは獄死となった。一連の弾圧のなかで、顧憲成が設立した東林書院も1625年、強制的に閉鎖された。

動揺を始めたオスマン帝国

1622年、オスマン帝国でイェニチェリの反乱が勃発する。イェニチェリとは、オスマン帝国軍の歩兵軍団をいう。

創設当初は戦争で捕らえたキリスト教徒で編成された奴隷部隊であったが、やがて彼らの子弟から優秀な人材が選抜され、イスラム教に改宗したうえで入隊した。

オスマン帝国軍の中核的戦力であったが、それゆえに独立心とプライドが高く、意に沿わないことがあると、しばしば反乱を起こした。

1622年の反乱もスルタンのオスマン2世がイェニチェリに代わる軍団を創出しようとしているという噂が発端だったという。帝国の首都イスタンブールで発生したこの反乱により、オスマン2世は退位に追い込まれ、のちに殺害されている。

戦国〜江戸初期にかけてのキリシタンの受難史

秀吉の禁教令では大名のキリスト教信仰こそ禁止されたものの、庶民に強制されることはなかった。江戸時代に入り、キリスト教諸国による日本侵略に意図を知った徳川政権は、信仰そのものを排除し信者を弾圧するようになった。
元和の大殉教(江戸の大殉教)
元和9年(1623) 12月
宣教師を含む信者50名が小伝馬町の牢から江戸市中を引き回され、東海道沿いの札の辻から品川に至る地で、火刑に処せられた。
元和の大殉教(長崎の大殉教)
元和8年(1622)
長崎の西坂でキリスト教徒55名が火刑と斬首によって処刑された。
江戸
京都
長崎
二十六聖人の殉教
慶長元年(1597) 2月
豊臣秀吉の命令によって26人のカトリック信者が長崎で磔の刑に処された。
元和の大殉教(京都の大殉教)
元和5年(1619)
52名のキリシタンが市中引き回しの上、京都六条河原にて火刑に処される。

フランスの敏腕宰相 絶対主義国家を作り上げる

1624年、フランスではルイ13世が宰相にリシュリューを登用した。リシュリューはユグノーや貴族の勢力を抑え、絶対王政の確立に尽力した。

ユグノーの根拠地であったラ・ロシェルを1628年に攻略したリシュリューは、大貴族たちを処刑。三部会の召集を停止してパリ高等法院の権限を縮小。さらに財政・軍制・法制の改革を行なっている。

この頃中国大陸北方では、後金国が1621年に瀋陽を制圧し、1625年に同地を都として遷都を行なっている。東南アジアはオランダの掌握するところとなっていたが、1623年には、イギリス荘官印を虐殺するアンボイナ事件を起こし、香辛料諸島の支配を確立している。

フランス絶対主義の特徴

リシュリューらによって確立されたフランスの絶対主義は、ヨーロッパ最大の常備軍と発達した官僚制を権力基盤とし、議会(三部会)の召集が停止されて国王の独裁体制が敷かれていた。

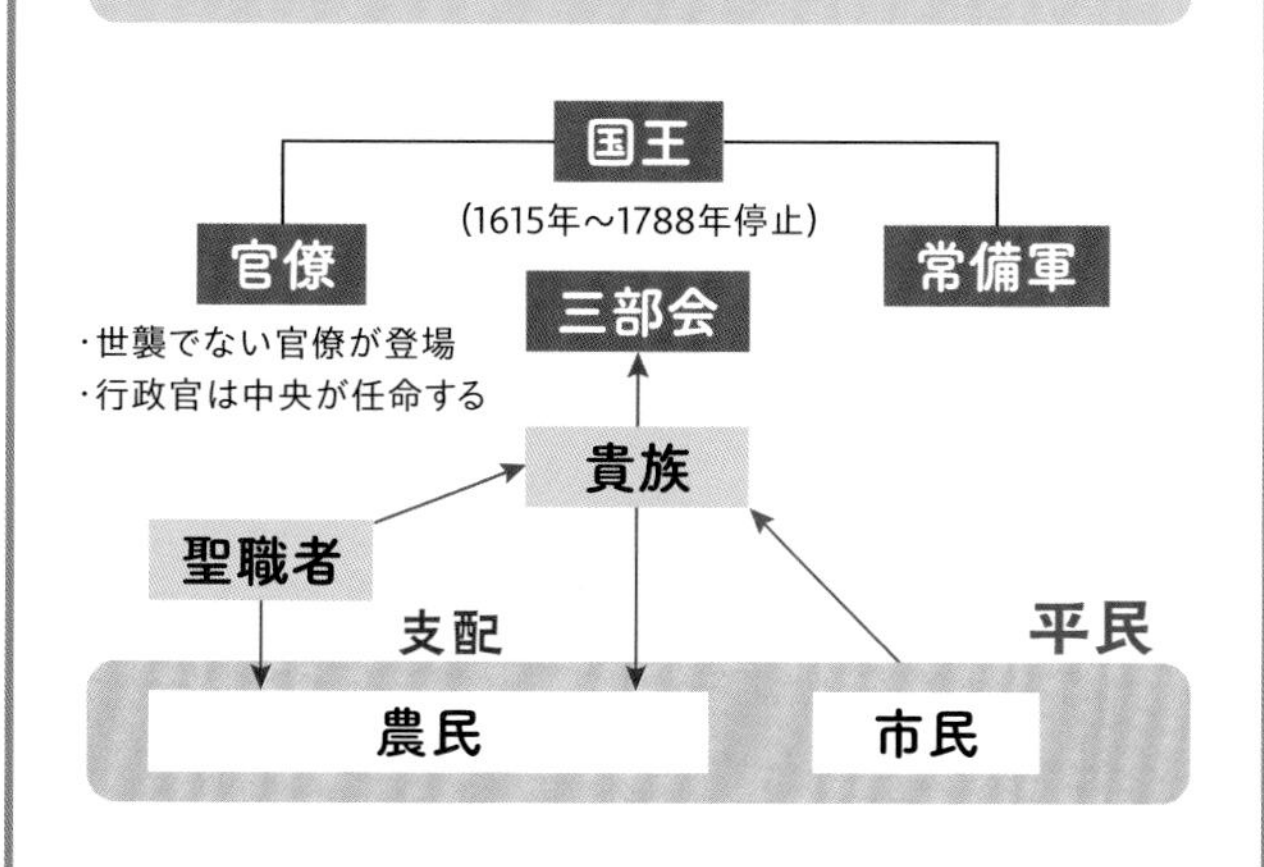

1626年～1630年

紫衣事件が起こり、後水尾天皇が譲位した頃、グスタフ・アドルフ率いるスウェーデン軍が三十年戦争に介入した

日本

1626年（寛永3）

8月、将軍家光、上洛する。

○**狩野探幽『二条城襖絵』**

1627年（寛永4）

7月、幕府、**後水尾天皇**の**紫衣勅許**（しえ）を無効にする。

この年、キリシタン340人を島原藩主・**松倉重政**（まつくらしげまさ）が処刑する。

西洋

1627年

ヴァレンシュタインと**ティリ**指揮下の皇帝軍、ドイツ北部を制圧する。

中国・東アジア

1626年

ヌルハチ、寧遠城攻略に失敗して戦傷死。**ホンタイジ**が即位する。

1627年

明で**崇禎帝**（すうていてい）が即位。**魏忠賢派**が弾圧され、魏忠賢、自殺する。

豆知識

ホンタイジはヌルハチの8男であり、後継に当たって騒動が起こった。清の皇帝位は皇族間の同意を得る必要があったため、後継争いが頻発した。そこで生まれたのが「太子密建」。5代雍正帝が定めた制度で、皇帝が生前に適任者の名を書いて錦の箱に納め、乾清宮の正面の額の裏に置き、皇帝の死後、これを開封して後継者を明らかにする方法である。

ホンタイジ

その他
西アジア・インド・アメリカなど

1627年

イギリス、バルバドス島に入植する。

＼行ってみたい／
歴史スポット

イギリス人によって建設されたバルバドス島東海岸のギャリソン歴史地区は、現在世界遺産に登録されている。

1630

解説

高位の僧に紫衣を与えることは朝廷の財源となっていたが、1613年、徳川家康が〈紫衣着用の際はあらかじめ知らせること〉という法度を出していた。だが1626年に後水尾天皇は幕府に相談なく大徳寺・妙心寺等の僧数十人に紫衣の着用を許可。幕府は翌年その勅許状を無効とし、これに抗議した大徳寺の僧・沢庵らを流罪にした。

1629年(寛永6)

7月、**紫衣事件**が起こり、**沢庵**ら流罪。

10月、女舞・女歌舞伎が禁止される。

10月、**春日局**、天皇に拝謁する。

11月、**後水尾天皇**、興子内親王(**明正天皇**)に譲位を行なう。

この年、**絵踏**が始まる。

1630年(寛永7)

山田長政、シャムで暗殺される。

山田長政

豆知識

1612年に朱印船でシャム(タイ)へ渡り、日本人傭兵として頭角を現し、スペイン艦隊の襲撃を撃退した人物とされるが、タイの記録に該当する人物が見られず、実在も疑われている。

1628年

イギリスで**権利の請願**が出される。

1629年

リューベックの和約が結ばれ、デンマーク、ドイツへの不可侵を約す。

1630年

グスタフ・アドルフ指揮下のスウェーデン軍が新教側に立ってドイツへ侵攻する。

グスタフ・アドルフ

豆知識

スウェーデンの強国化を進めて「北方の獅子王」と呼ばれた国王。とくに彼が行なった軍制改革は、旅団制の創始と最前線に砲を配備して機動させるもので、後世に大きな影響を与えた。新教側に立っての介入後、ミュンヘンを攻略しウィーンへ迫るなど快進撃を続けた。

1628年

スペイン艦隊、アユタヤで朱印船を襲撃する。

鄭芝龍、明に帰順する。

1628年

ムガル帝国で**シャー・ジャハーン**が即位する。

世界史の絵画

『戦争と平和の寓意』
(ピーテル・パウル・ルーベンス)

バロック最大の巨匠ルーベンスには、外交官という横顔がある。画家として国際的な名声を手にしていた彼は、スペインとイングランドの間を奔走し、和平を取り持った。イギリス滞在中、1629年に描きチャールズ1世に献上されたのが、本作だった。

シャー・ジャハーン

豆知識

父帝ジャハーンギールに対して反乱を起こして失敗した過去があるが、父の失脚後、親族の支持を受けて即位することができた。サファヴィー朝からカンダハルを奪回し、デカン高原へ勢力を広げるなどしたが、国内ではイスラム化を強行し、反発を招いている。

この時代の日本史

強まる幕府の統制「絵踏」も始まる

徳川家光は1627年(寛永4)、後水尾天皇が大徳寺の正隠(しょういん)に出した紫衣の勅許状無効を宣言し、京都所司代に紫衣を没収させた。

紫衣とは紫色の法衣・袈裟だ。古くから宗派を問わず、朝廷が「紫衣着用に適す」と認めた僧に着用を許していた。該当する僧の徳の高さを視覚化するのに加え、朝廷の収入源ともなっていた。幕府はこれを「諸宗諸本山法度」で制限していたが、朝廷は幕府に相談なく紫衣の勅許を出した。

これが事件に発展したのは1629年(寛永9)こと。勅許状無効に抗議した大徳寺の沢庵など複数の僧が、流罪に処された。

このとき後水尾天皇も退位した。この退位は幕府に強制されたのではなく、勅許状無効に対する抗議の意味で、幕府に事前の相談なく譲位したとも言われている。いずれにしても天皇の権威と伝統より、幕府の法令が優先することを印象づけた事件であった。

絵踏が始まりキリスト教弾圧が本格化

同年、「絵踏」が始まっている。これは幕府がキリスト教徒摘発のため、キリストや聖母マリアの像を刻んだ板を踏ませたことをいう。

信仰心がなければ踏むのにためらいはないが、信仰心があれば踏むのに躊躇するから、キリスト教徒か否か?が判明するという理屈だ。

長崎奉行の水野守信によって考案されたと言われており、通商関係を結んでいるオランダの要請によって廃止されるまで、228年のあいだ毎年正月に行なわれた。

紫衣事件、踏絵とも、幕府による統制がますます強まりつつあることを示す出来事だった。

この時代の世界史

外国勢力も介入して、宗教戦争がドロ沼化

明帝国領への侵攻を続けていた後金国では、1626年にハンのヌルハチが寧遠城攻略に失敗し、戦傷がもとで死亡する。これを受けてヌルハチの第8子ホンタイジが、帝位についた。

新興で勢いのある後金国と、衰亡著しい明帝国が争っていた時期、ドイツでは1618年に勃発した「三十年戦争」が継続中であった。これはドイツ国内のカトリックとプロテスタントの武力衝突であったが、ドイツ全域はもちろん、外国のプロテスタント勢力も介入して長期的な戦争となった。

ドイツではオーストリアのハプスブルク家の君主を代々皇帝と仰いでいたが、皇帝がカトリックを奉じていたため、国内と外国のプロテスタント勢力の攻勢が激しく、イギリスとオランダから資金援助を受けたデンマークのクリスチャン4世は、ドイツ全土を蹂躙しそうな勢いを示した。

これに対し皇帝側では、ローマカトリックを奉じるスペインからの資金援助のもと、ヴァレンシュタインとティリの2名将が反転攻勢に出、1627年にはドイツ北部を制圧。さらに攻勢に転じた。

このため1629年、デンマークがドイツへの不可侵を約した「リューベックの和約」が締結された。

明では魏忠賢が失脚イギリスでは権利の請願が提出される

1627年、中国の明帝国で崇禎帝が即位する。同帝は東林派と非東林派の抗争を抑え、宦官の魏忠賢を排除した。これにより魏忠賢は自害に追い込まれている。

1630年、デンマークとの和平がなったドイツに、今度はスウェーデン王グスタフ・アド

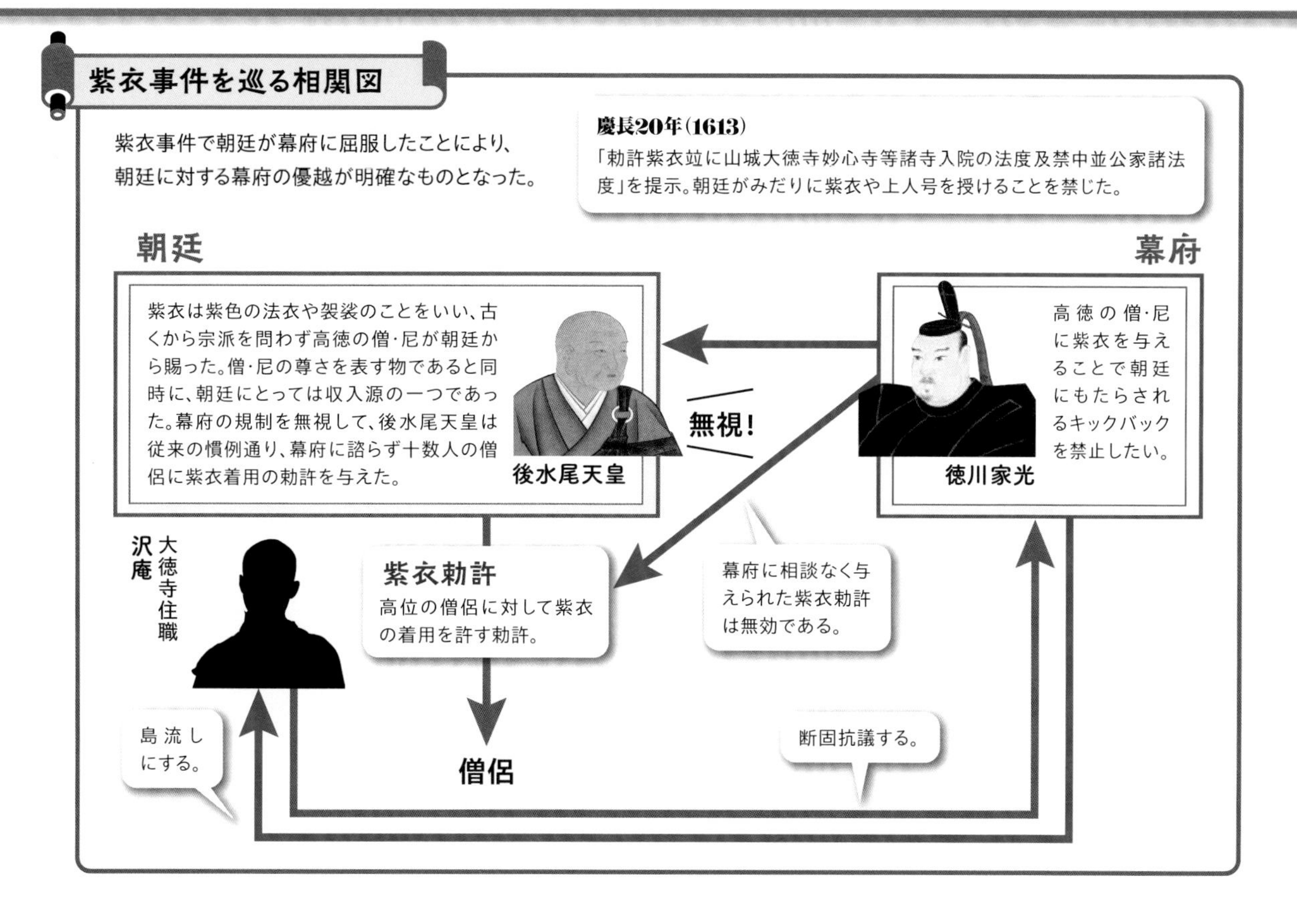

紫衣事件を巡る相関図
紫衣事件で朝廷が幕府に屈服したことにより、朝廷に対する幕府の優越が明確なものとなった。
慶長20年(1613)
「勅許紫衣竝に山城大徳寺妙心寺等諸寺入院の法度及禁中並公家諸法度」を提示。朝廷がみだりに紫衣や上人号を授けることを禁じた。
朝廷
幕府
紫衣は紫色の法衣や袈裟のことをいい、古くから宗派を問わず高徳の僧・尼が朝廷から賜った。僧・尼の尊さを表す物であると同時に、朝廷にとっては収入源の一つであった。幕府の規制を無視して、後水尾天皇は従来の慣例通り、幕府に諮らず十数人の僧侶に紫衣着用の勅許を与えた。
後水尾天皇
無視!
高徳の僧・尼に紫衣を与えることで朝廷にもたらされるキックバックを禁止したい。
徳川家光
大徳寺住職
沢庵
紫衣勅許
高位の僧侶に対して紫衣の着用を許す勅許。
幕府に相談なく与えられた紫衣勅許は無効である。
島流しにする。
断固抗議する。
僧侶

ルフが侵攻を開始した。

また、イギリスにおいては、議会を無視して絶対主義政策を進めるチャールズ1世に対し、議会の同意のない課税と不逮捕特権に反対する権利の請願が提出されている。

チャールズ1世はこれを無視し、議会と国王の亀裂が深まりつつあった。

●イギリス議会政治の発達史

年代	出来事	国王
1215年	**大憲章(マグナ=カルタ)**=立憲政治の基礎ができる	ジョン
←	王権の濫用の防止 貴族・都市の特権の成文化	
1265年	**シモン=ド=モンフォールの議会**=議会の起源	ヘンリ3世
←	封臣会議に州騎士と都市の代表が参加する	
1295年	**模範議会**=議会の制度化	エドワード1世
←	貴族、聖職者のほかに、各州2、各市2名の市民が議会に参加	
1341年	**二院制の成立**	エドワード3世
←	貴族と高位聖職者が上院、騎士と市民が下院を形成	
16世紀	ジェントリが地域代表の下院に進出し、国政に参加	
←		
1628年	**権利の請願**	チャールズ1世
←	議会の協賛を得ずに寄付、課税などを強要しないこと、みだりに逮捕、投獄しないことなどが述べられている。	
17世紀	**長期議会**	
19世紀	自由主義改革の流れのなかで、選挙法改正が進む。	
←		
1911年	**下院の優越(議会法)**	ジョージ5世

参勤交代の制度が定められた頃、フランスが三十年戦争に介入し、インドでタージ・マハルの建設が始まった

日本

1631年（寛永8）

6月、奉書船制度が始まる。

8月、中国船に糸割符制度が適用される。

1632年（寛永9）

5月、肥後熊本の**加藤忠広**が改易され、10月、小倉の細川氏が熊本に、明石の小笠原氏が小倉に転封される。

10月、**徳川忠長**が改易される。

徳川忠長

豆知識

家光の2歳年下の弟で、甲斐・駿河・遠江55万石を与えられていたが、最大の庇護者であった母お江と父秀忠が没すると、両親の愛を得られなかった家光の復讐の標的に。乱行を理由に居城・駿府城を召し上げられて甲斐に蟄居させられると、1632年に改易され、翌年、自害した。

西洋

1631年

ブライテンフェルトの戦いでスウェーデン軍が皇帝軍に圧勝する。

1632年

リュッツェンの戦いで**グスタフ・アドルフ**が戦死する。

グスタフ・アドルフ

豆知識

リュッツェンの戦いは、当初、スウェーデン軍が優勢であったが、戦場が霧に包まれていたため、近視のグスタフ・アドルフが知らず知らずのうちに最前線に出てしまい、そこを狙撃されたという説がまことしやかに伝えられている。

世界史の絵画

『ブライテンフェルトの戦い』

ブライテンフェルトの戦いを描いた版画。中央に槍が突き立ち、周囲をマスケット銃兵が囲むテルシオという隊形が当時の部隊の主流だった。

中国・東アジア

1631年

明で**李自成**、**孔有徳の乱**が起こる。

豆知識

清との戦いのための増税に加え、相次ぐ飢饉によって疲弊した明では各地で反乱が起こり、分裂状態となる。そうした農民反乱のリーダーが李自成。厳しい軍紀と租税の撤廃、均田の実施などで人民の支持を得て勢力を拡大していった。

その他

西アジア・インド・アメリカなど

1632年

シャー・ジャハーン、フーグリのポルトガル人居留地を破壊する。

シャー・ジャハーン、前年に没した愛姫**ムムターズ・マハル**のために、**タージ・マハル**を着工する。

1633年（寛永10）

2月、奉書船以外の海外渡航を禁止する。

3月、黒田騒動（筑前黒田家の御家騒動）が起こる。

1634年（寛永11）

5月、出島の築造を開始する。

8月、譜代大名の妻子を江戸に移す。

1635年（寛永12）

5月、幕府、外国船の入港と貿易を長崎・平戸に限定し、日本人の海外渡航・帰国を禁止する。

6月、武家諸法度を改補。参勤交代と500石以上の大船建造を禁止する。

解説

『武家諸法度』寛永令第二条に「大名・小名、在江戸交替相定むる所なり、毎歳夏四月中、参勤いたすべし」の文言が加えられたことによって、制度としての参勤交代が明文化された。これによって大名の財政負担は多大なものとなり、各藩とも費用の節約に腐心することとなる。

行ってみたい 歴史スポット

1636年に完成した扇形の敷地にオランダ商館などが立ち並んだ出島は、開国後、周囲は埋め立てられたが、1951年に復元整備が始まり、現在、16棟の建物が復元され、当時の景観を伝えている。

1634年

皇帝軍の**ヴァレンシュタイン**が暗殺される。

ヴァレンシュタイン

豆知識

ベーメンで新教徒貴族の家に生まれたが、三十年戦争では旧教側の皇帝を支持し、3万の傭兵を自費募集して参戦した。皇帝軍総司令官として活躍し、リュッツェンの戦い後、独断で新教徒側との休戦交渉に入ったために不信を買い免職。スウェーデンと接近しようとしたために殺害された。

1635年

神聖ローマ皇帝、新教派諸侯と**プラハの和約**を結び、和睦する。

フランス、スペインに宣戦し、神聖ローマ帝国と**新教側**に立って参戦する。

解説

宗教戦争として始まった三十年戦争であったが、カトリック教国のフランスは、ハプスブルク家の勢力を削ぐために新教側に立って参戦したため、戦争は国家間の争いへと様相を変えた。

1635年

後金、チャハルを降し大元伝国の璽を得る。

1633年

イギリス、ベンガル地方への植民を開始する。

行ってみたい 歴史スポット

白大理石による白亜の霊廟として知られるタージ・マハルであるが、当初の計画ではシャー・ジャハーン自身の黒大理石製の霊廟を、ヤムナー川を挟んだ対岸に建設する予定だった。だが、子のアウラングゼーブのクーデターによりシャー・ジャハーンは幽閉され、願いはかなわなかった。

この時代の日本史

着々と進む鎖国体制 大名の参勤交代も決定

1631年(寛永8)6月、奉書船制度が始まる。これまで朱印船には朱印状のみが必要とされてきたが、老中の奉書も必要とする旨が決定したのだ。

さらに同年、江戸・大坂の商人が糸割符に加入する。糸割符とは「糸割符仲間」と呼ばれた特定の商人に、輸入生糸を一括購入させる制度をいう。これまでポルトガルとの交易にのみ適用していたが、この年から中国船にも適用した。

日本人の海外渡航はこれまで黙認されていたが、1633年(寛永10)2月、幕府は奉書船以外の海外渡航を禁止する旨の法を出す。

同時に海外居住が5年以上の日本人の帰国を禁止し(第1次鎖国令)、翌1634年(寛永11)にも同様の法令が出された(第2次鎖国令)。また、同年の8月、幕府は譜代大名に「妻子を江戸に移す」旨の命令を下している。妻子を人質にとって、幕府を裏切らないよう釘を指す狙いがあった。

1635年(寛永12)5月には、日本人の海外渡航と帰国が、全面的に禁止され、違反者は処刑することが決定された(第3次鎖国令)。

参勤交代の制度が定まる一方、造船技術は停滞へ

こうして外交に関する幕府の統制が強まるなか、同年6月には「武家諸法度」が改補された。

武家諸法度は幕府の武家に対する統制であり、大坂夏の陣後に出されて以来、将軍の代替わりごとに改訂を重ねつつ出された。家光の出した武家諸法度は、出された時期の元号をとって「寛永令」と呼ばれる。

ここでは領地と江戸で交代勤務をする「参勤交代」や、500石以上の船の建造禁止などが盛り込まれた。

この時代の世界史

グスタフ・アドルフとヴァレンシュタインの対決

1630年、先の戦いで大功を挙げたヴァレンシュタインが突如、皇帝軍総司令官の地位を剥奪される。大功をあげたヴァレンシュタインを前に疑心暗鬼に陥った皇帝と、ヴァレンシュタインの大功を妬んだ諸侯の仕業であった。ヴァレンシュタインは反論することなく、故郷に帰っている。

いっぽうドイツ領内に侵攻したスウェーデン王グスタフ・アドルフは破竹の勢いで進撃を続け、ブライテンフェルトの戦いで皇帝軍に圧勝。続くレヒ川の戦いでも皇帝軍を撃破した。この戦いでは皇帝側にあって、ヴァレンシュタインと並び称せられたティリが戦死した。

ティリを失ったことで皇帝側は、罷免したヴァレンシュタインに、復職を依頼せざるを得なくなった。

1632年、ヴァレンシュタインは、皇帝側の要請に応じて再登場。グスタフ・アドルフと、リュッツェンで激突した。

この戦いは敵将グスタフ・アドルフを討ち取ることはできたが、戦い自体は皇帝側の敗北であった。

報われなかったヴァレンシュタインの功績

1634年2月、ヴァレンシュタインは皇帝側が放った刺客によって暗殺された。暗殺された理由に関しては諸説あり、詳しいことは判然としない。

皇帝はヴァレンシュタインの死を受けて、深い哀悼の意を示したが、その一方で暗殺を実行した人々に勲章、領地、高い地位を授けて行賞とした。

だがそれとは関係なしに戦争は激化の一途をたどり、1635年には、フランスがプロテスタント側に立って、スペインと皇帝側に宣戦。戦争終結の見込みはまったくなかった。

大名の改易

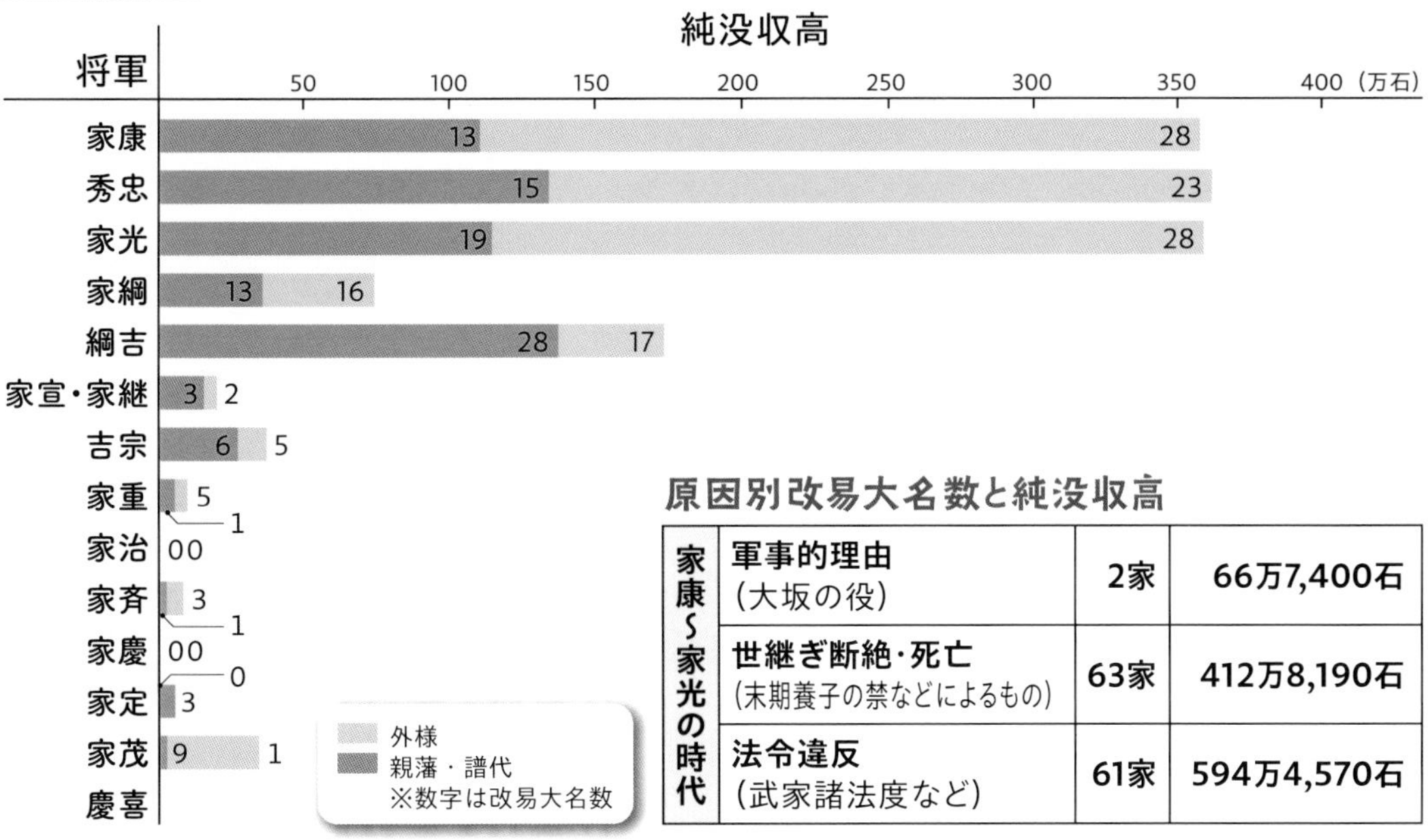

原因別改易大名数と純没収高

家康〜家光の時代	軍事的理由（大坂の役）	2家	66万7,400石
	世継ぎ断絶・死亡（末期養子の禁などによるもの）	63家	412万8,190石
	法令違反（武家諸法度など）	61家	594万4,570石

実弟・徳川忠長を改易とした家光であるが、彼とその父秀忠の時代は、38もの大名家を改易しており、開幕以来、家光の時代までは最も改易の多かった時代となっている。

三十年戦争の経過

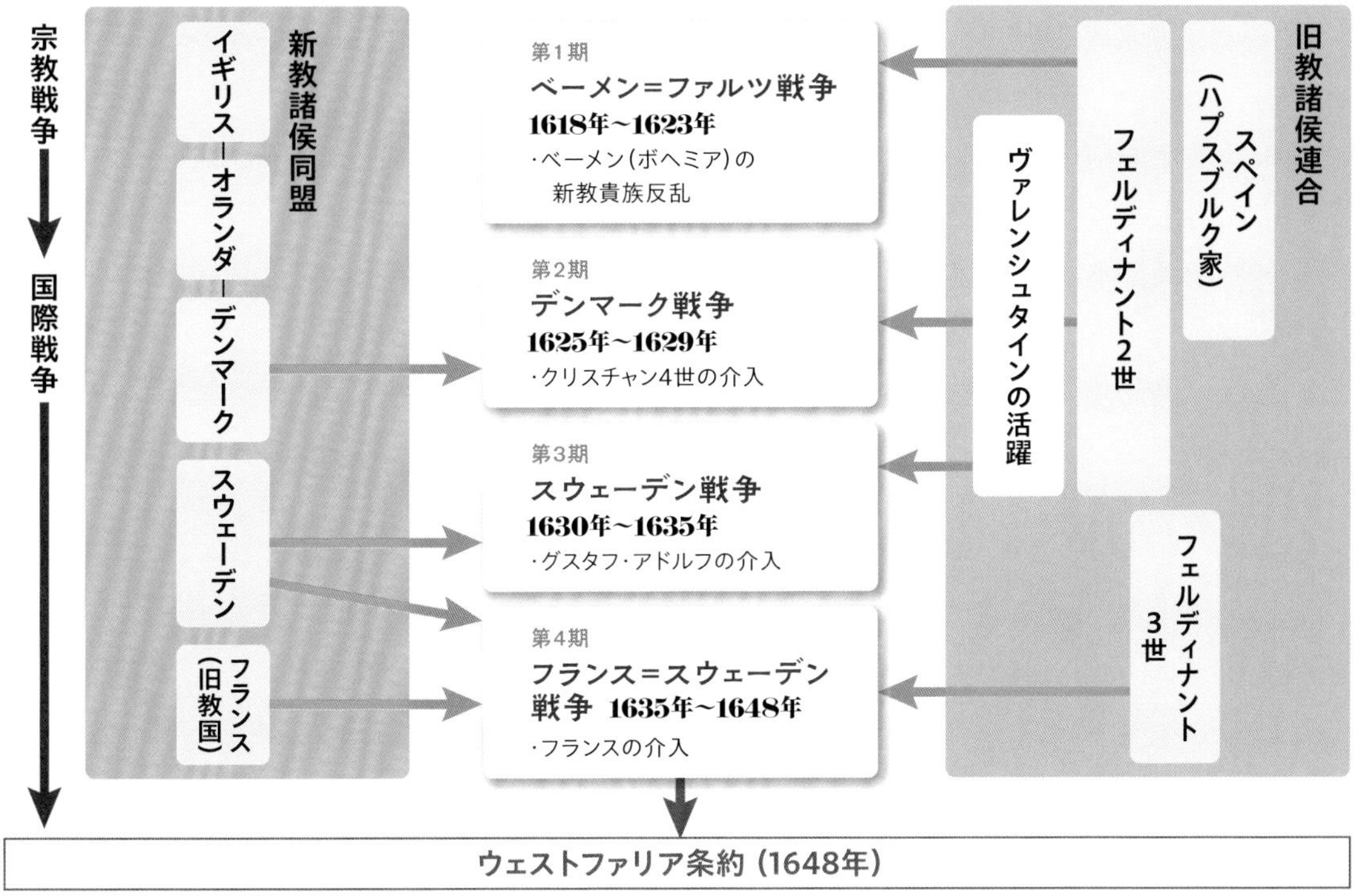

1636

島原の乱が勃発した頃、イギリスにハーバード大学が創設され、中国北方で清が成立した

日本

1636年（寛永13）

4月、**日光東照社**大造営が完成する。

6月、江戸に銀座が設置され、**寛永通宝**が新鋳される。

○**俵谷宗達『風神雷神図屏風』**

寛永通宝

1637年（寛永14）

10月、**島原の乱**が勃発する。

この年、**生駒騒動**が明るみになる。

天草四郎

解説

戦国時代は中国銭のほか日本の模造銭や私鋳銭が流通し、撰銭令が出されるなど混沌とした状況にあった。そこで江戸幕府は慶長金銀と言われる金貨・銀貨を発行し混乱した状況を一掃。また寛永通宝を発行することで悪銭の使用を禁止し、中国銭の輸出を認め銭貨の一本化を進めた。

豆知識

島原の乱の指導者とされる天草四郎は、関ヶ原の戦いで敗死したキリシタン大名で、小西行長の遺臣・益田好次の子とされるが、一方で豊臣秀頼の遺児であるという異説も伝わる。

西洋

1636年

イギリスに**ハーバード大学**が創設される。

1637年

○この頃、オランダ文化に黄金時代が到来する。

世界史の絵画

『夜警』
（レンブラント・ファン・レイン）

アムステルダムの小銃手組合の出動場面を描いた作品。当時のオランダには多くの承認が移住しており、広域での経済活動が展開されていた。文化も爛熟期を迎え、市民をパトロンとして文化が花開き、『夜警』のような集団肖像画が流行していた。

中国・東アジア

1636年

ホンタイジ、国号を**大清**と改め皇帝を称す。

崇禎帝

その他

西アジア・インド・アメリカなど

豆知識

1644年、李自成の乱による滅亡の時に直面した明の崇禎帝は、息子たちを紫禁城から脱出させると、側室と娘たちを自ら手にかけて殺害した。このとき15歳の皇女にかけた「そちは何の因果で皇帝の家などに生まれたのか」という言葉が伝わる。その後崇禎帝は非常鐘を鳴らしたが、駆け付けたのは宦官の王承恩だけ。ここに至り紫禁城北の景山へ上り、寿皇亭で首を吊って自殺した。

1638年（寛永15）

2月、原城陥落し、島原の乱が鎮圧される。

豆知識

生駒騒動は、讃岐17万石の生駒氏にて起こった江戸家老家と国家老家による権力闘争である。国家老側が幕府に訴え出たことで明るみとなり、藩主は「器にあらず」と改易され生駒家が改易となった。

1639年（寛永16）

7月、ポルトガル船の来航が禁止される。

豆知識

ポルトガル船の来航禁止をもって鎖国体制の完成とされるが、実際には長崎・出島においてオランダ・中国と、対馬を介して朝鮮と、薩摩を介して琉球と、松前を介して蝦夷と通交が行なわれていた。完全に国を閉じる「鎖国」ではなかったことがわかる。

1640年（寛永17）

6月、**宗門改役**が設置される。

7月、**池田騒動**が起こる。

行ってみたい 歴史スポット

石垣などの遺構が残る原城址。討伐上使として最初に遣わされた板倉重昌を戦死させるなど堅固な守りを誇った。だが、兵糧攻めやオランダ船からの艦砲射撃などによって士気を低下させ、松平信綱指揮の総攻撃を受けて陥落した。

1639年

オランダ艦隊、ダウンズの海戦でスペイン艦隊を破る。

豆知識

独立を求める動きは現代になっても盛んで、政府がカタルーニャ民族を軽視する政策を続けていることから、2010年代に独立運動が盛り上がった。

1640年

カタルーニャで反乱が起こる。（～1659年）

ポルトガル、独立を回復する。

1639年

徐光啓の『**農政全書**』が刊行される。

世界史の絵画

『セント・ジョージ要塞』

18世紀末に描かれたセント・ジョージ要塞のスケッチ。中央部にそびえる尖塔は、インド最古の聖公会系教会として建てられたセント・メアリーズ教会のもの。

1638年

ムガル帝国、カンダハルを占領する。

オスマン帝国、バグダードを奪取する。

1639年

オスマン帝国とサファヴィー朝がカスレ・シーリーン条約を締結し国境を画定する。

ムガル帝国、イギリスにマドラスに要塞を築く許可を当てる。

この時代の日本史

島原の乱が終結し鎖国体制がほぼ完成

１６３６年（寛永13）、幕府は日本人とポルトガル人の混血を海外追放する命を発する（第４次鎖国令）。

１６３７年（寛永14）10月25日には、九州で「島原の乱」が勃発した。日本人キリスト教徒、流浪の牢人、島原の農民などが、16歳の美少年・天草四郎時貞を盟主とし、原城（長崎県南島原市南有馬町）に籠城したのだ。

島原藩による禁教の強化と重税、さらに税を納められないことに対する残忍極まりない刑罰が要因となった。

11月8日、この報が江戸に伝わると、幕府は板倉重昌(いたくらしげまさ)を鎮圧に向かわせた。重昌は九州の諸大名を指揮して原城を攻めるものの、一揆衆は大量の鉄砲を島原藩から奪っているうえに、合戦経験者の牢人衆もいるため、抵抗は頑強だった。最初の総攻撃は跳ね返され、２度目の総攻撃で重昌は戦死してしまう。

１６３８年（寛永15）１月４日、重昌に代わって指揮官となった老中・松平信綱(まつだいらのぶつな)は、投降を勧め、内部攪乱を試みるが、一揆勢は頑として応じない。しかし、翌年の２月になると、逃亡者が出始めた。捕縛して質すと、城内の食糧が尽きているという。

この時代の世界史

旭日の勢いにある清帝国 落日を免れないスペイン

ヌルハチのあとを継いでハンとなったホンタイジは、しばしば明帝国と干戈(かんか)を交えるも、なかなか決定的勝利を得られないでいた。

彼はモンゴル高原を迂回して明帝国を攻めるべく、先ず、内モンゴルのチャハル部を制圧した。この際に入手したのが、元王朝に伝わっていた玉璽(ぎょくじ)「伝国璽」だ。皇帝のみが持つことを許される玉製の印章でありこれを所有することが皇帝の証とされていた。

玉璽を手に入れたホンタイジは１６３６年、国号を中国風に「清」と改め、部族名である女真を「満洲」と改めた。翌年、自国の樹立を認めない李氏朝鮮を攻めて臣従させると、１６３７年にはモンゴル諸部を平定。投降してきた漢人からなる蒙古八旗・漢軍八旗などを編成し、諸制度を整え、清帝国の基礎を築いていった。

銀の枯渇からスペインの凋落が顕著に

東で清帝国が旭日の勢いにあった時期、西ではスペイン王国が落日に向かっていた。スペインが「日の沈まない国」として富強を誇れたのは、アメリカで産する無尽蔵の銀があったからだ。

ところが、17世紀に入ると、今までスペインの富強を支えていた銀の供給量が激減してしまうのだ。

古今東西、経済力は軍事力に直結する。この原則は１６３９年、ダウンズの海戦における敗北というかたちで示された。スペイン艦隊がオランダ海軍との海戦に破れてしまったのだ。

スペインの衰退が明らかになったことで、同君連合の関係にあったポルトガルは１６４０年、イギリスの援助のもとにブラガンサ朝を樹立して再独立した。

好機到来と見た信綱は2月27日、原城に総攻撃をかけた。その日のうちに二の丸と三の丸が陥落。翌日には本丸が陥落した。男たちは次々と討ち死にし、婦女子は神の名を口々に唱えつつ、本丸裏手の断崖から身を投げた。

島原の乱終結後、キリスト教が軍事的脅威になることを確信した幕府は、1639年（寛永16）7月、ポルトガル船の来航を禁止した（第5次鎖国令）。

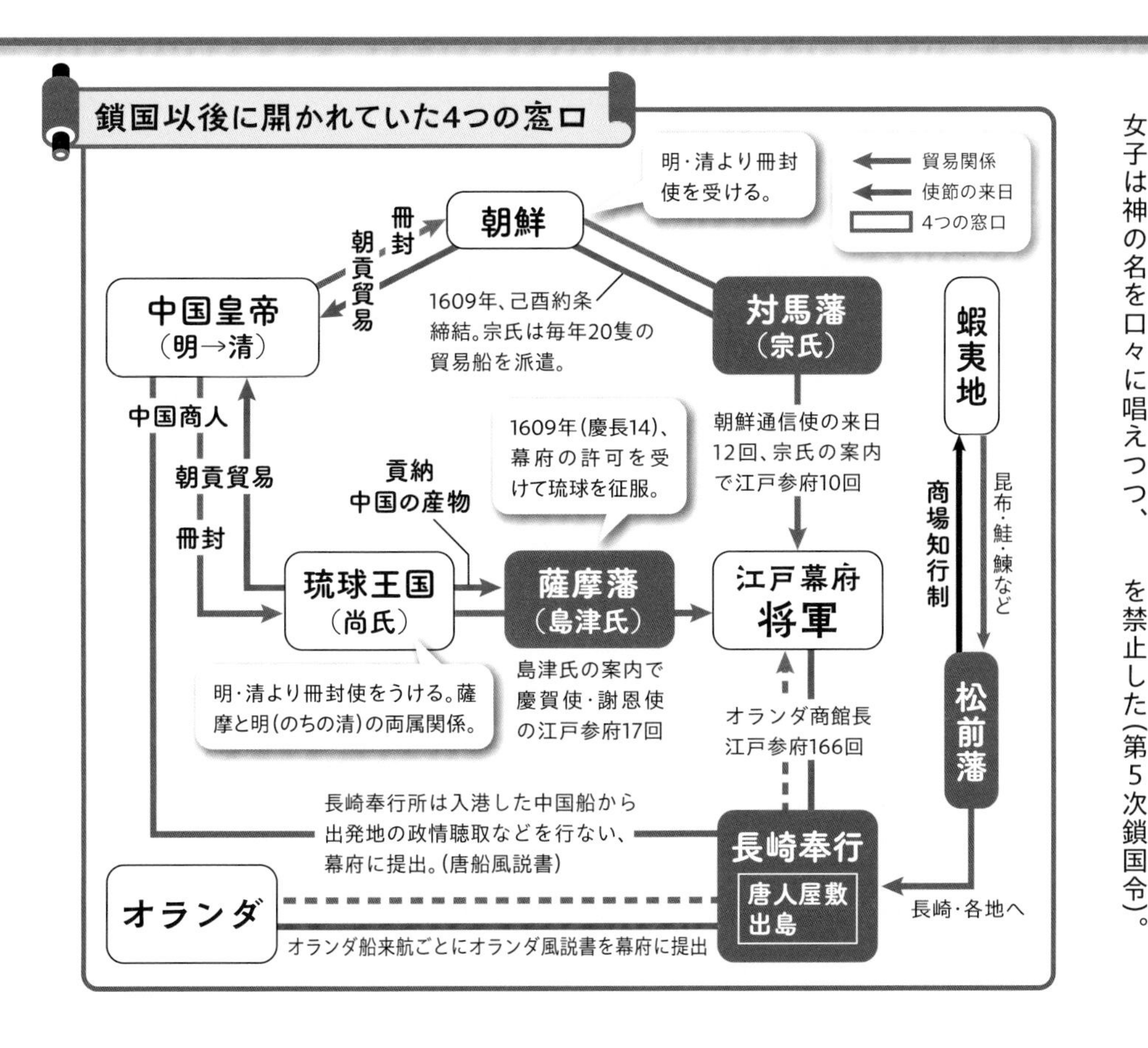

ヨーロッパ諸国の海外進出

スペイン

アメリカ大陸の征服 → アメリカ大陸の経営 → 海上権の喪失 → 衰退

- 1492 アメリカ大陸到達
- 1521 アステカ帝国征服
- 1533 インカ帝国征服
  - ・エンコミエンダ制
  - ・銀山開発（ポトシ銀山など）
  - ↓インディオ酷使と黒人奴隷の輸入（奴隷貿易）
- 黄金時代（太陽の沈まぬ国）
- 1571 マニラ建設（アジア貿易の拠点）↓メキシコの銀が中国へ流入
- 1580 ポルトガルと合邦（〜1640年）
- 1588 無敵艦隊、イギリスに敗れる

ポルトガル

インド航路開拓 → インド洋制圧 → 香辛料貿易独占 → 衰退

- 1498 インド航路発見
- 1510 ゴア占領
- 1511 マラッカ占領 モルッカ諸島制圧
- 1517 明との通商開始
- 1557 マカオに居住権を得る
- 中継貿易に終始し、国内産業発展せず

比較！

戦い方

足軽の登場とともに槍が長大化し、戦争に明け暮れるヨーロッパでは、テルシオが陣形の主流に。

ングボウ（長弓）とクロスボウ（弩）があった。クロスボウは威力・射程・命中率こそ優れているが、連射速度に難点があり、ロングボウは命中率が射手の技量に左右される点が悩みだった。

日本・西洋とも鉄砲普及以後は、鉄砲と弓矢がセットで使われることが多かった。これは当時の鉄砲が前装式のため、次発装填までに時間がかかったことによる。飛び道具による応酬が終わると、白兵戦が開始された。

日本の場合、白兵戦の主力武器となったのは槍であり、刀剣は補助的武器、もしくは首取り専用の道具であった。

日本

応仁・文明の乱以降、足軽を動員した集団戦へと移行。甲冑は動きやすい当世具足が主流となった。

◆戦国武将

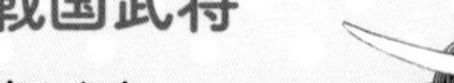

変わり兜
武将たちの間では、奇抜な意匠の兜が流行。戦場で目立つことで個をアピールする手段となった。

陣羽織
上級将校が戦場で羽織る上着。背中に家紋があしらわれるなど、華やかでファッション性が高い。

刀
日本刀と呼ばれる刀剣は、「太刀」「打刀」「脇差」「短刀」に分類される。戦国の戦場では素早く抜ける打刀が主流。

当世具足
胴丸や腹巻に籠手や脛当、膝鎧、咽喉輪などがセットにされたもので、従来の大鎧より15kgほども軽く、隙間も少なかった。後期には西洋甲冑の胴を活用した南蛮胴具足も生まれた。

◆弓足軽

陣笠 兜と並び、頭部を防御する防具。野営時には鍋代わりにもなった。

弓
先制攻撃の武器として盛んに用いられた。戦国時代の弓は弓胎弓といい、竹と木を組み合わせた合成弓の一種。有効射程は250mほどで、戦いが始まると、直線的に射る矢とともに、敵の頭上から屋の雨を降らせる矢衾によって攻撃が行なわれた。

◆槍足軽

胴
胴を防御する部分。

槍
戦国時代の武器の主役は刀よりも槍である。素槍は長さ約3.6m程であるが扱いにはそれなりに訓練が必要であった。足軽には6mを超える長大な長柄槍が支給され、突くというより殴ったり、足軽が穂先を敵に向けて隙間なく並び穂先を一斉に突き出す「槍衾」として用いられた。

中国 清

八旗制度（P.108）に基づく軍制が敷かれていた。

盔
頭頂部に飾りのついた兜。

甲冑 八旗制度に基づき、黄・白・紅・藍とカラフルに色分けされていた。

弓

西洋

中世から近世への過渡期にあたり、騎馬突撃を行なう戦場の花形であった騎士が廃れ、ルネサンス期を経てスペインの「テルシオ」がヨーロッパを席巻するようになった。ドイツではランツクネヒトと呼ばれる傭兵集団が生まれ、イタリア戦争で活躍した。

徹底

戦国日本と世界の文化❹

弓と槍の戦いを主体としながら、集団戦が始まった日本。火器が著しい発展を見せ、

予期しない遭遇は別として、正面から軍勢同士がぶつかり合う場合、日本・西洋とも飛び道具によって戦闘の火ぶたが切られた。

鉄砲普及前の日本では、弓矢が飛び道具の主体だった。戦国期の弓矢は、現在の弓矢とはくらべものにならないほど強力だった。中世の武士の生活を描いた『男衾三郎絵詞』中には、屈強な武士が3人がかりで弓の弦を張っている場面が描かれており、弓の威力が分かる。投石も鉄砲普及前の有力な飛び道具であり、戦国大名によっては投石専門部隊を抱えていた。

西洋でも鉄砲の登場前、弓矢が飛び道具の主体だった。西洋の場合は弓矢には、ロ

◆ 百年戦争時代のフランス騎士

バシネット
尖った鼻が特徴的な兜。面頬は持ち上げることも、外すこともできた。

コート・オヴ・プレーツ
鎖鎧の上に胸甲や籠手を付けた中世末期の甲冑。

ヒーター・シールド
騎兵用につくられたアイロン形の盾。

◆ ランツクネヒト

パイク
長さ5.5mの長槍（パイク）。騎士の騎槍をアウトレンジできる長さとなっている。ランツクネヒトはほかに戦斧と槍がひとつになったハルバードを用いた。

上着
派手な衣装で目立つことをモットーとした。

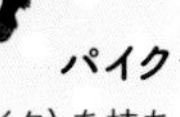

◆ テルシオ

パイク
中心に長槍（パイク）を持ち密集した兵団が配される。

マスケット銃兵
パイク兵の周囲をマスケット銃を持った兵が固める。

マスケット銃兵とパイク兵を組み合わせた隊形で、敵の接近をマスケット銃で防ぎ、接近した敵をパイク兵が討ち取る。

オスマン帝国

1453年に行なわれたコンスタンティノープル攻略戦の再現画。当時のオスマン帝国の兵制がわかる。

◆ シパーヒー

ジルフ・キュラーフ
鎖頭巾と一体になった兜。

カルカン
金属で覆われた円型の盾。

コラジン
鎖鎧と金属板を組み合わせた鎧。馬も同様の鎧で身を守っている。

ヤタガン
独特な形の片刃刀。15世紀中頃から「テュフェク」と呼ばれる火縄銃が装備され始めた。

キリジ
トルコを起源とする湾刀。

◆ イェニチェリ

1360年頃に創設された親衛隊で、帝国内のキリスト教徒の男子を徴用してイスラムに改宗させ、軍隊教育を施し育成された。

ボルハ帽
イェニチェリの特徴的な帽子は、連隊ごとに定められた飾りが取り付けられていた。

◆ ウルバン砲

コンスタンティノープル攻略に用いられた巨砲。

押さえておきたい！

江戸時代

戦国の教訓はいかにして生かされ、泰平の260年が生まれたのか？

「慶安の変」勃発により、幕府転覆計画が明るみに

島原の乱終結以降も、国内では戦国の遺風が残って不穏であった。その象徴的事件となったのが、江戸幕府第3代将軍徳川家光が没した1651年(慶安4)に起こった「慶安の変」だ。

これは江戸で軍学を講じていた牢人・由井正雪と同志3000人が、幕府転覆計画を練ったが、実行直前、密告によって発覚した事件だ。由井正雪は自害し、一味の多くは捕縛されて刑に処せられた。家光の没後に生じた社会的混乱を衝いた事件であった。

歴史学者の北島正元氏は、岩波書店刊行の『江戸時代』において、同志3000人は誇張としつつも、反乱計画が牢人を主体として、「旗本・藩士・豪農・僧侶まで参加していた」旨を指摘している。また、この事件に徳川御三家中の最大実力者、紀伊徳川家の徳川頼宣が絡んでいるという風評もあった。反乱は未然に防がれたが、このあとも町奴・旗本奴などが市中を横行して、抗争を繰り広げるなど、暴力による問題解決の空気は薄まる気配がなかった。

この不穏な空気を絶ったのが、江戸幕府第5代将軍の徳川綱吉であった。日本史上、綱吉ほど誤解されていた将軍はいない。「生類憐みの令」を発し、とくに犬を保護したことから、かつては「人の命よりも犬の命を優先した」など、メチャクチャな評価をされてきた。だが、近年の研究により、綱吉評は大幅に変わってきている。

すでに見たように、江戸時代になってもなお、戦国の遺風と殺伐たる空気は漂っていた。実際、綱吉が将軍に就任した時期も、人命は非常に軽視されていた。武家では主人が家来を手討ちにすることも珍しくなく、病人・老人が野辺に捨てられることは日常茶飯事で、口減らしのための幼児殺しも絶え間がなかった。また、辻斬りなどの蛮行も行なわれていた。

「生類憐みの令」で、戦国の遺風を絶った

「生類憐みの令」とは、この戦国の遺風を絶つために出された法令だった。とくに犬が焦点になったのは、横行している野良犬に噛まれることが多かったからだ。江戸に多いものを詠んだ「伊勢屋、稲荷に、犬の糞」との川柳が、野良犬の多さを物語ろう。だからこそ、中野に犬小屋を作って収容した。「生類憐みの令」により、弥生時代に大陸から伝わって以来続いていた犬食の風習も消えている。

また、赤穂浪士が「主君の恨みを晴らす」目的で起こした元禄赤穂事件に際して、法に則って赤穂浪士を処断したことにより、戦国時代以来の暴力の支配を終焉させ、法による支配を実現した。この綱吉以降、時代は本格的に泰平期へと移行していくのだ。

その頃世界は!?

江戸時代の世界情勢

- 1642年　イギリスで清教徒革命が起こる。
- 1644年　李自成により明が滅亡する。
- 1648年　ウエストファリア条約が締結され、三十年戦争が終結する。
- 1652年　英蘭戦争が勃発する。(〜1674年)
- 1688年　イギリスで名誉革命が勃発する。
- 1701年　スペイン継承戦争が勃発する。(〜1714年)

江戸幕府の支配体制

◆幕藩体制の仕組み

※数値は江戸中期のもの

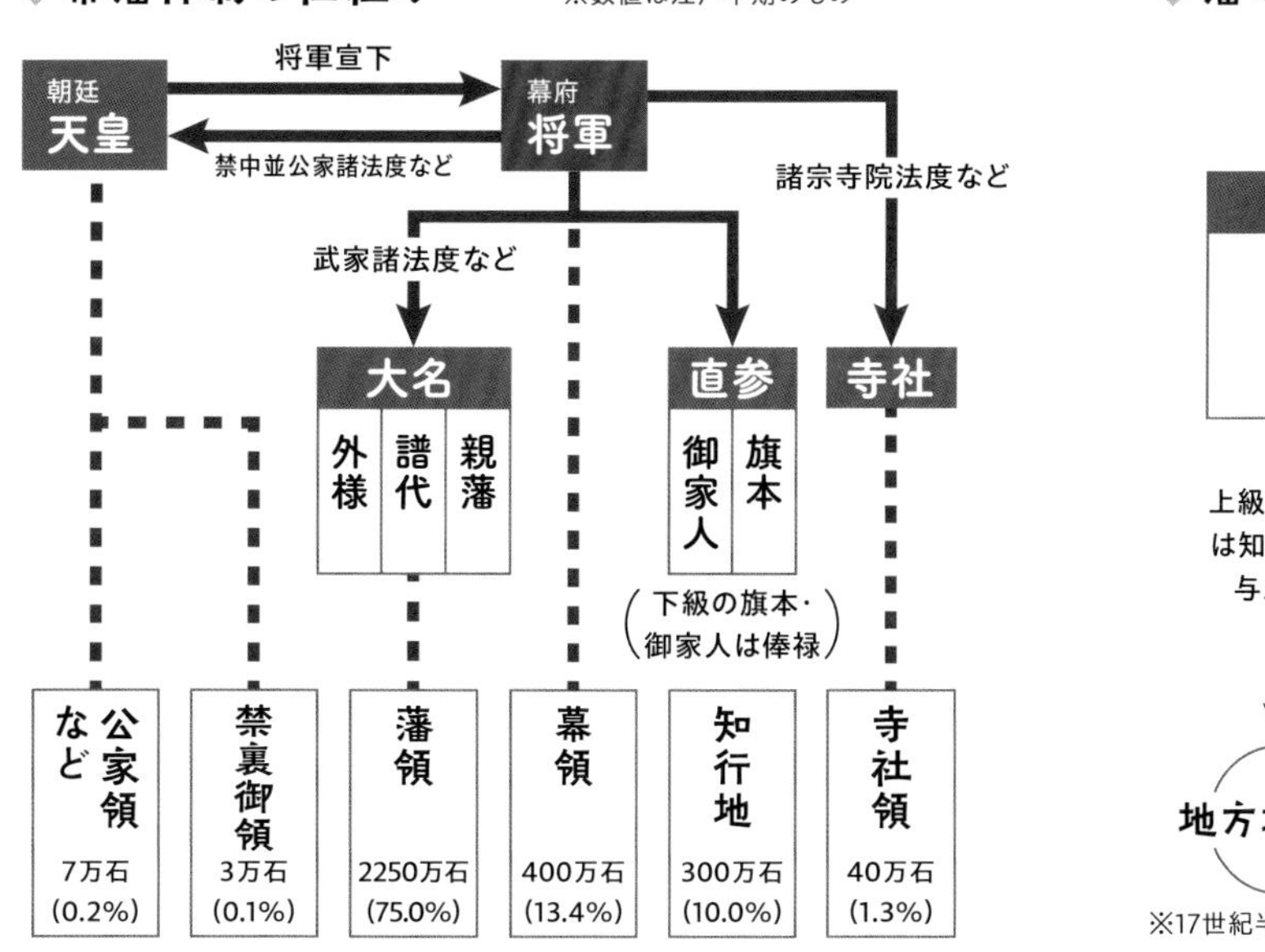

◆藩の支配機構

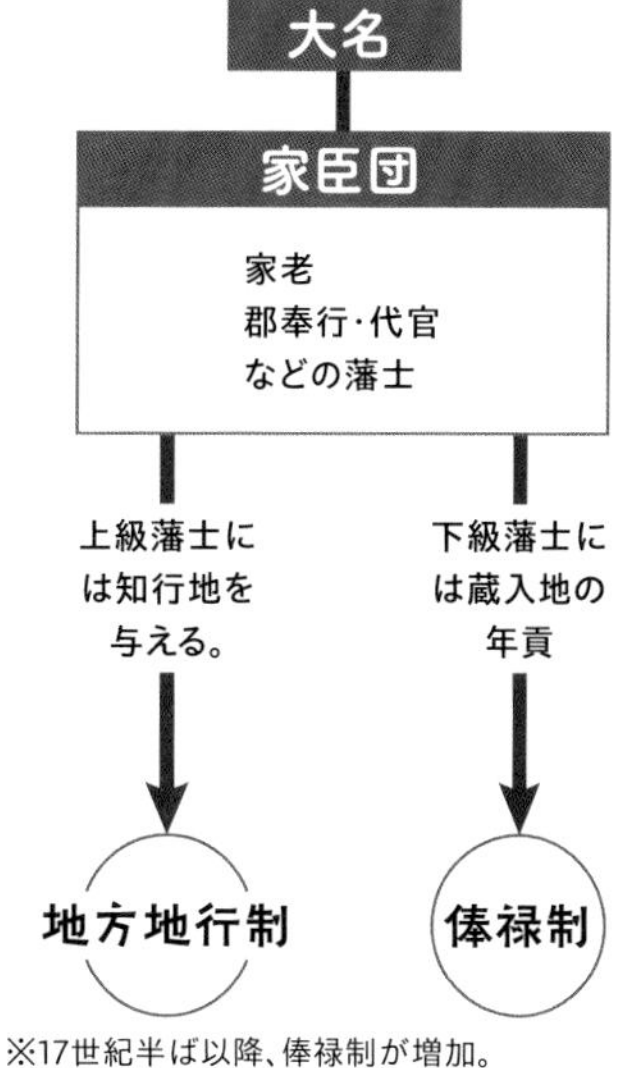

※17世紀半ば以降、俸禄制が増加。

◆朝廷に対する統制

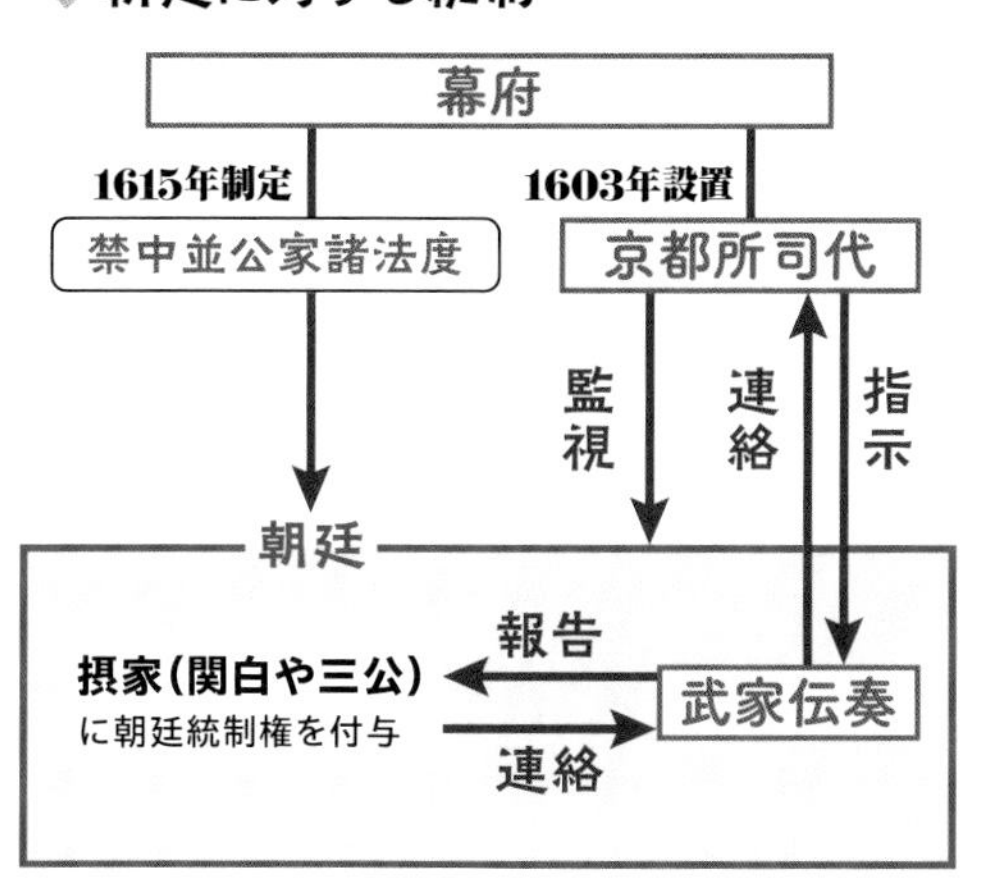

◆藩の支配機構

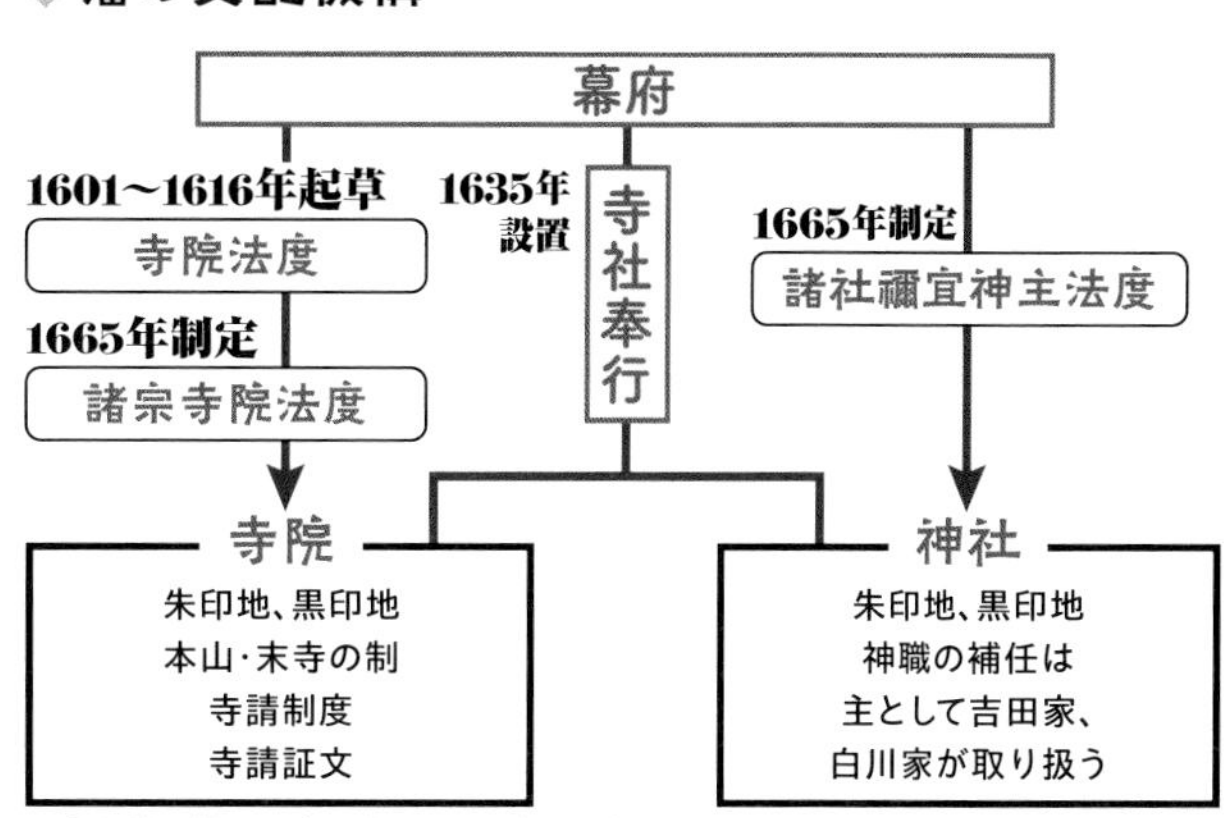

※朱印地は将軍の朱印状で、黒印地は大名の黒印状で認められた土地のこと

- プロイセン国が建国される。
- 1740年 オーストリア継承戦争が勃発する。（～1748年）
- 1776年 アメリカ独立宣言が行なわれる。
- 1789年 フランス革命が勃発する。
- 1814年 ウィーン会議が開催される。
- 1840年 清でアヘン戦争が勃発する。（～1842年）
- 1851年 清で太平天国の乱が勃発する。（～1864年）
- 1853年 クリミア戦争が勃発する。（～1856年）
- 1861年 アメリカで南北戦争が勃発する。（～1865年）
- 1867年 マルクス『資本論』第1巻が刊行される。

【監修】安藤優一郎（あんどう・ゆういちろう）

歴史家、文学博士。1965年、千葉県生まれ。早稲田大学教育学部卒業、同大学院文学研究科博士後期課程満期退学。JR東日本「大人の休日倶楽部」など生涯学習講座の講師を務める。おもな著書に『徳川家康「関東国替え」の真実』(有隣堂)、『賊軍の将・家康』『お殿様の定年後』(以上、日本経済新聞出版)、『越前福井藩主 松平春嶽』(平凡社新書)、『大名格差』『徳川幕府の資金繰り』(以上、彩図社)、『大江戸の娯楽裏事情』『江戸の旅行の裏事情』(以上、朝日新書)などがある。

【参考文献】

『詳説世界史研究』木下康彦、吉田寅、木村靖二、『世界史人名辞典』水村光男編著、『世界史B用語集』全国歴史教育研究協議会、『もういちど読む山川世界史PLUS ヨーロッパ・アメリカ編』木村靖二・岸本美緒・小松久男編、『もういちど読む山川世界史PLUS アジア編』木村靖二・岸本美緒・小松久男編、『改訂版 詳説日本史研究』佐藤信、高埜利彦、鳥海靖、五味文彦(以上、山川出版社)／『日本の歴史12 室町人の精神』桜井英治、『日本の歴史13一揆と戦国大名』久留島典子、『日本の歴史14周縁から見た中世日本』大石直正、『日本の歴史15織豊政権と江戸幕府』池上裕子、『日本の歴史16天下泰平』横田冬彦、『ヴァロワ朝 フランス王朝史2』『ブルボン朝 フランス王朝史3』佐藤賢一、『神聖ローマ帝国』菊池良生(以上、講談社)／『歴史風景館 世界史のミュージアム』『世界史のパサージュ』(以上、東京法令出版)／『ダークヒストリー2 図説 ヨーロッパ王室史』ブレンダ・ラルフ・ルイス、樺山紘一日本語監修、中村佐千絵訳、『ラルース図説世界史人物百科2(ルネサンス-啓蒙時代「1492-1789」)(コロンブスからワシントンまで)』フランソワ・トレモリエール、カトリーヌ・リシ編、樺山紘一日本語版監修(以上、原書房)／『異端審問 大国スペインを蝕んだ恐怖支配』トビー・グリーン、小林朋則訳、『歴代天皇総覧―皇位はどう継承されたか』笠原英彦、『物語 スペインの歴史―海洋帝国の黄金時代』岩根圀和、『物語イタリアの歴史―解体から統一まで』藤沢道郎、『物語イギリスの歴史(上)―古代ブリテン島からエリザベス1世まで』君塚直隆、『ルネサンスの歴史(上)黄金世紀のイタリア』『ルネサンスの歴史(下)反宗教改革のイタリア 』以上、I・モンタネッリ、R・ジェルヴァーゾ、藤沢道郎訳、『歴史と人物 戦国争乱 「桶狭間の戦い」から「大坂の陣」まで』(以上、中央公論新社)／『ピョートル大帝とその時代―サンクト・ペテルブルグ誕生』土肥恒之(中央公論社)／『戦国武将逸話と謎の真相』川口素生(PHP研究所)／『近世ヨーロッパ軍事史―ルネサンスからナポレオンまで』アレッサンドロ・バルベーロ、西澤龍生、石黒盛久訳(論創社)／『最新世界史図説 タペストリー』帝国書院編集部(帝国書院)／『岩波日本史辞典』永原慶二、石上英一(岩波書店)／『「世界史」で読み解けば日本史が分かる』神野正史(祥伝社)／『図説テューダー朝の歴史』永井万里子(河出書房新社)／『世界伝記大事典』(ほるぷ出版)／『戦国時代ものしり事典』奈良本辰也監修(主婦と生活社)

編集	笹岡政宏
編集協力	株式会社ロム・インターナショナル
執筆協力	原 遙平
デザイン	スパロウ(竹内真太郎・宗方健之輔・新井良子・菊地紗ゆり・秦はるな)
写真協力	Pixta、Adobe Stock
カバーイラスト	※Kome

並べてわかる戦国時代
日本史・世界史 並列年表

2023年3月2日 初版発行

編集人 笹岡政宏
発行人 松下大介
発行所 株式会社ホビージャパン
〒151-0053 東京都渋谷区代々木2-15-8 新宿HOBBYビル
電 話 03-6734-6340［編集］ 03-5304-9112［営業］
印刷所 大日本印刷株式会社

Printed in JAPAN
ISBN978-4-7986-3061-8 C0076